# Tiberius

**Historische Biografie**

Herausgegeben von
Manfred Clauss
Nikolas Jaspert
Michael North
und
Volker Reinhardt

Holger Sonnabend

# Tiberius

## Kaiser ohne Volk

wbg Philipp von Zabern

Abbildungsnachweis: S. 8: Eric Vandeville / akg-images, S. 21: akg-images, S. 33: akg-images / Balage Balogh / archaeologyillustrated.com, S. 42: akg-images / De Agostini Picture Lib. / G. Dagli Orti, S. 45: Bernard Bonnefon / akg-images, S. 53: akg-images / Album / E. Viader / Prisma, S. 54: Wikimedia Commons / Portable Antiquities Scheme, S. 60: Hervé Champollion / akg-images, S. 115: akg-images / Nimatallah, S. 122: akg-images / Bildarchiv Steffens, S. 162: Bernard Bonnefon / akg-images, S. 179: akg-images / Pirozzi, S. 189: Wikimedia Commons / Sailko, S. 198: akg-images, S. 201: akg-images / De Agostini Picture Lib. / G. Nimatallah, S. 210: akg-images / Alfons Rath / Bildagentur Rath – Luftbildservice, S. 233: akg-images / Pictures From History

Die Deutsche Nationalbibliothek verzeichnet diese Publikation in der Deutschen Nationalbibliografie; detaillierte bibliografische Daten sind im Internet über http://dnb.dnb.de abrufbar.



wbg Philipp von Zabern ist ein Imprint der wbg.

Die Herausgabe des Werkes wurde durch die Vereinsmitglieder der wbg ermöglicht.

Lektorat: Melanie Kattanek, Hemmingen
Satz: Arnold & Domnick, Leipzig
Frontispiz: Blick auf Marina Piccola an Capris Südküste.
Foto: akg-images/picture alliance/Paul Mayall.
Gedruckt auf säurefreiem und alterungsbeständigem Papier
Printed in Germany

Besuchen Sie uns im Internet: www.wbg-wissenverbindet.de

ISBN 978-3-8053-5258-1

Elektronisch sind folgende Ausgaben erhältlich:
eBook (PDF): ISBN 978-3-8053-5269-7
eBook (epub): ISBN 978-3-8053-5268-0

# Inhaltsverzeichnis

# Vorwort des Herausgebers

„Biographien haben Konjunktur“, schrieb vor einiger Zeit der Autor einer sehr erfolgreichen Lebensbeschreibung. Er hätte auch schreiben können: Biographien hatten und haben immer Konjunktur; denn dies gilt seit der griechisch-römischen Antike.

Herausragende Gestalten interessieren den Menschen seit über zwei Jahrtausenden. Viele Autoren sind schon damals als Biographen berühmt geworden, wie der römische Schriftsteller Sueton, der in der ersten Hälfte des 2. Jahrhunderts n. Chr. wirkte. Sueton stellte ein großes Werk „Über bedeutende Persönlichkeiten“ zusammen, das in fünf Abteilungen Dichter, Redner, Historiker, Philosophen und Grammatiker umfasste. Es gab allerdings auch ein Buch über berühmte Hetären. Sueton trug zusammen, was er in den unterschiedlichsten Quellen fand: Literarische und inschriftliche Belege, Archivmaterial – er war zeitweise Sekretär des Kaisers Hadrian (117–138 n. Chr.) gewesen –, offizielle Verlautbarungen mit amtlichen Nachrichten und Memoirenliteratur. Und er interessierte sich für Klatsch und Gerüchte und hatte geradezu eine Vorliebe für Wundergeschichten aller Art. Dem antiken Autor ist später immer wieder vorgeworfen worden, er erfasse nicht das Innere des Menschen – wie sollte dies überhaupt möglich sein? – und interessiere sich nicht für die großen Zusammenhänge, ja es ist sogar von einem Verfall der antiken Geschichtsschreibung die Rede, die sich bei ihm drastisch bemerkbar mache. Ob dies alles so zutrifft, sei dahingestellt. Was auf jeden Fall nicht zu bestreiten ist: Suetons Darstellungsweise sollte in Zukunft zur herrschenden Form der Geschichtsschreibung werden.

In seiner Wirkung auf die Nachwelt steht der griechische Philosoph und Biograph Plutarch aus Chaironea diesem Sueton nicht nach. Aus seinem gewaltigen Werk, das er um die Wende vom 1. zum 2. nachchristlichen Jahrhundert verfasste, ragen seine historischen Biographien heraus. Als Grundkonzeption ging Plutarch davon aus, dass Griechen und Römer ebenbürtig seien. Daher stellte er die Lebensläufe je eines Griechen und eines Römers zu Parallel-Biographien zusammen, insgesamt 23 Paare. Damit wollte er auch zur Verständigung der beiden, jeweils von zahlreichen Vorurteilen belasteten, Bevölkerungsgruppen beitragen.

Das Schema, dass die antike Biographen ihren Darstellungen zugrunde legten, war einfach, denn es entsprach dem Ablauf des menschlichen Lebens: von der Herkunft und Geburt, über Kindheit mit Erziehung und Bildung, der öffentlichen Karriere und den damit verbundenen historischen Taten, bis zum Tod. Im Zentrum standen die politischen, in christlicher Zeit kirchen-politischen, militärischen und gegebenenfalls intellektuellen Leistungen.

Während die antiken Autoren die Zeit- und Lebensumstände ihrer Helden bei ihren Lesern weitgehend voraussetzen konnten, ist dies für die Gestalten der Antike längst anders. Der heutige Historiker muss gegenüber dem antiken Geschichtsschreiber seine Personen stärker in ihre Zeit und deren Gesellschaft einbinden. Doch dies hat auch einen Vorteil: Auf diese Weise werden spannende Lebensgeschichten vorgestellt, und zugleich entsteht ein Panorama der damaligen Zeit.

Das menschliche Leben, jedes menschliche Leben, ist ein Roman, an dem der Betroffene selbst ‚schreibt' und sein Biograph dies fortsetzt. Lebensbeschreibungen müssen also, dies gilt für die Antike mehr als für neuere Zeiten, wie ein Roman geschrieben werden, denn die Biographen antiker Persönlichkeiten stoßen bei ihren Arbeiten immer wieder auf Leerstellen.

Für vieles, vielleicht sogar für das meiste, was heutige interessieren, besitzen wir keine Quellen, die kaum mehr als Splitter des vor langer Zeit verflossenen Lebens bieten. Hier ist der Historiker gefordert, hier sind dann seine Erfahrung und Phantasie gefragt, geht es doch oft, wie Pierre Bourdieu es formulierte, um eine „biographische Illusion". Und da die so geforderte Phantasie, auch wenn sie auf systematischer Kenntnis der antiken Zeugnisse beruht, nicht gelehrt werden kann, gibt es immer wieder neue Lebensbeschreibungen ein und derselben Persönlichkeit.

Jede Biographie zu einer bestimmten Person ist anders, weil die schreibenden Historiker unterschiedliche Schwerpunkte setzen und unterschiedliche methodische Zugänge wählen. Historische Erkenntnis hängt wesentlich von den Zeitumständen ab, in denen die Fragen gestellt werden, und von den Personen, welche die Fragen stellen. So erklärt sich auch, dass immer wieder neue Biographien verfasst werden, ja verfasst werden müssen. Jeder schreibt seinen eigenen Alexander, Caesar, Augustus, Konstantin oder seinen eigenen Tiberius.

Hossenberg, im Herbst 2020
Manfred Clauss

Porträt des Tiberius aus Caere (Cerverteri)

# Tiberius – Herrscher ohne Volk

Tiberius war nach Augustus der zweite römische Kaiser. Seine Nachfolger hießen Caligula, Claudius und Nero. Augustus war eine Lichtgestalt. Caligula und Nero gelten als Exzentriker, als Despoten und Tyrannen. Claudius regierte ordentlich und ohne großes Aufsehen. Und welche Rolle spielt Tiberius? Welchen Platz unter den ersten römischen Kaisern soll man ihm zuweisen? In der allgemeinen Wahrnehmung, die sich auch an einer nicht besonders hohen Zahl moderner Biographien ablesen lässt, tritt er hinter Augustus, Caligula und Nero zurück. Das hat damit zu tun, dass er nicht über die dauerhaften Ruhm begründende Strahlkraft verfügte. Und auch damit, dass er nicht das nötige Glück hatte. Aber er war ein solider, gewissenhafter, pflichtbewusster Arbeiter. Doch das kam bei den Römern nicht so an.

Schon der Anfang seines Lebens hätte in eine bessere Zeit fallen können. Als Tiberius geboren wurde, herrschte Krieg. Einige Monate zuvor war der Dictator Iulius Caesar einem Attentat zum Opfer gefallen. Seine Anhänger und seine Gegner führten daraufhin einen erbitterten Bürgerkrieg. Tiberius, kaum auf der Welt, war auf der falschen Seite, weil sich sein Vater für die späteren Verlierer entschieden hatte. Zum Glück heiratete der Sieger seine Mutter. So gelangte Tiberius, ohne sein Zutun, in den engsten Zirkel der Macht. Und hier bewährte er sich vor allem in militärischer Hinsicht. Viele Triumphe, die Kaiser Augustus feierte, hatte er seinem Feldherrn Tiberius zu verdanken. Doch dann verließ der gefeierte Triumphator Rom und verbrachte mehrere Jahre fern der Hauptstadt im selbstgewählten Exil auf der griechischen Insel Rhodos.

Erst mit 55 Jahren wurde er Kaiser, als Nachfolger seines Stief-, Schwieger- und Adoptivvaters Augustus, der die alte römische Republik in eine Monarchie verwandelt hatte. Durch seine militärischen Erfolge hatte sich Tiberius den Ruf eines herausragenden Soldaten erworben. Doch die Herrschaft über das römische Imperium war von anderem Kaliber. Für Augustus war die Alleinherrschaft maßgeschneidert, für Tiberius nicht. Lange, zu lange hatte er warten müssen, und er war auch nicht erste, nicht einmal zweite Wahl. Er kam deutlich zu spät an die Macht. Das war keine gute Ausgangsposition, zumal sein Vorgänger eine ansehnliche Leistungsbilanz aufzuweisen hatte. Außerdem war Augustus ein Meister der Selbstdarstellung gewesen. In einer Gesellschaft, in der Formen wichtiger waren als Inhalte, war diese Begabung eine wesentliche Voraussetzung für erfolgreiches Herrschen. Tiberius gab sich alle Mühe. Eine Fehlbesetzung war er nicht. Im Gegenteil: Er brachte politisch einiges in Bewegung, mehr als viele andere römische Kaiser nach ihm. Er sorgte allein dadurch, dass er die Nachfolge des Augustus antrat, für Stabilität und Kontinuität des neuen politischen Systems. Aber die Herzen des Volkes flogen ihm nicht zu. So blieb er ein unglücklicher, ein »trauriger« (Zvi Yavetz) Kaiser und zog sich für die letzten Jahre seines Lebens auf die Insel Capri zurück.

Als er im Alter von 77 Jahren starb, freute sich das Volk und forderte, den Leichnam des Tiberius in den Tiber zu werfen. Dies blieb ihm letztlich erspart. Erspart blieb ihm auch, lesen zu müssen, was antike Schriftsteller und auch moderne Historiker später über ihn schrieben. Ein Kaiser ohne Charakter und Moral sei er gewesen, brutal, grausam, heuchlerisch und zu Exzessen aller Art neigend. Christliche Autoren urteilten milder. Tiberius war Kaiser, als Jesus Christus wirkte und starb. Und so erklärten sie ihn zu einem Freund und Förderer der Christen.

Warum kam Tiberius beim Volk nicht an – weder bei den oberen noch bei den unteren Schichten? Was hat er für Rom getan, welchen Platz nimmt er in der römischen Geschichte ein? Warum gehört er nicht wie Augustus oder Nero zu jenen, die sofort genannt werden, wenn von römischen Kaisern die Rede ist? Welchen Anteil hatte er daran, dass unter seiner Herrschaft der Siegeszug des Christentums begann?

Die Antworten auf diese Fragen ergeben das Porträt einer klugen, verantwortungs- und pflichtbewussten, menschlich und kommunikativ jedoch komplizierten Persönlichkeit sowie das faszinierende Bild einer ereignisreichen und wichtigen Phase der Geschichte des antiken Rom. Und die Biographie des Kaisers Tiberius offenbart als aktuelle Botschaft aus der Vergangenheit das Dilemma eines führenden Politikers, dem das Volk abhanden kam. Vor dem Hintergrund heutiger Diskussionen um Nähe und Ferne zwischen Regierenden und Regierten ist eine Beschäftigung mit Tiberius also mehr als eine bloß geschichtliche Lektion.

# 1. Konstrukt oder Realität? Einige Vorbemerkungen zu den Quellen

Die Quellenlage zu Tiberius ist einerseits günstig, andererseits problematisch. Es gibt vier ausführliche literarische Hauptquellen. Keine von ihnen zeichnet sich durch Objektivität aus. Die eine stammt von einem Anhänger des Tiberius, die drei übrigen Verfasser standen ihm skeptisch, kritisch und negativ gegenüber. Der Anhänger war Zeitgenosse, die anderen schrieben später in der Retrospektive, wobei sie sich auch zeitgenössischer Quellen bedienten.

## Velleius Paterculus

Der Zeitgenosse ist Velleius Paterculus. Er veröffentlichte im Jahr 29 oder 30, also acht oder sieben Jahre vor dem Tod des Tiberius, eine kurz gefasste *Römische Geschichte*, gedacht als Vorarbeit zu einem ausführlicheren Werk, das jedoch nicht erhalten oder nicht zur Ausführung gelangt ist. Am ausführlichsten behandelt Velleius die Zeit der späten Republik und das von ihm selbst erlebte frühe Prinzipat. Tiberius wird von ihm außerordentlich positiv dargestellt, als idealer Herrscher ohne jeden Fehler. Das Buch endet sogar mit einem Gebet für Tiberius: Velleius ruft die Götter an, sie mögen den Staat, den Frieden und den Prinzeps beschützen, bewahren und behüten, und man möge diesem möglichst spät einen Nachfolger schenken, jedoch einen, der wie er in der Lage sei, auf den Schultern die Last eines Weltreichs zu tragen.[1]

Wegen seiner geradezu hymnischen Verehrung des Tiberius wird Velleius in der Forschung gerne als Schmeichler und Opportunist herabgewürdigt. Tatsächlich kannte er Tiberius persönlich. Er stammte aus dem

Ritterstand, einer privilegierten Schicht der Gesellschaft, die die Kaiser als Reservoir für das zivile und militärische Führungspersonal nutzten. Insofern gehörte er zu einer sozialen Gruppe, die von den politischen und administrativen Verhältnissen im Prinzipat profitierte. Das schließt jedoch nicht aus, dass seine öffentlich artikulierten Sympathien für den Prinzeps nicht tatsächlich echt gewesen sind. Angesichts einer massiven Phalanx von Kritikern und Anklägern nimmt sich die kontrastive Haltung eines Velleius, gleichgültig, welche Motivation dahinter stand, mitunter geradezu wohltuend aus.

## Tacitus

Die Reihe der Gegner des Tiberius führt der Historiker Publius Cornelius Tacitus an.[2] Seine Verdikte hatten den größten Einfluss auf das neuzeitliche Tiberius-Bild.

Tacitus wurde um das Jahr 55 geboren. Zu diesem Zeitpunkt war Tiberius bereits achtzehn Jahre tot. Er kannte ihn also nicht mehr persönlich. Jedoch schöpfte er aus Quellen aus der Zeit des Tiberius. Den Informationen, die er aus diesen Quellen bezog, verlieh er seine ganz eigene Note. Tacitus war Historiker, er war aber auch Politiker und Senator. Er absolvierte unter den flavischen Kaisern Vespasian, Titus und Domitian eine erfolgreiche Laufbahn, die ihn bis zum Konsulat und zur Statthalterschaft in der Provinz Asia führte. Die Geschichtsschreibung war für Tacitus eine Fortsetzung der politischen Arbeit mit anderen Mitteln. Seine beiden Hauptwerke waren die *Historien* und die *Annalen*. In den *Historien* beschrieb er die Geschichte der römischen Kaiserzeit vom Tod Neros (68) bis zum Tod des letzten flavischen Kaisers Domitian (96). Die *Annalen* widmete er der Zeit davor, der frühen Kaiserzeit vom Tod des Augustus bis Nero, und damit auch der Zeit des Tiberius.

Der von Tacitus gezeichnete Tiberius ist der Tiberius, wie ihn die Senatoren sahen, die mit seiner Art der Herrschaft nicht zufrieden waren. Die Reputation eines Kaisers bei den Senatoren, von denen viele auch unter den Bedingungen der Monarchie ihre alten republikanischen Ideale nicht aufgegeben hatten, hing entscheidend von der Art und Weise ab, wie dieser Kaiser mit ihnen umging. Der Senat wollte noch gehört und gebraucht werden. Das Ideal der Senatoren war die Verbindung von *principatus* und *liber-*

*tas*, von monarchischer Herrschaft unter Bewahrung der Freiheitsrechte des Adels.[3] Dem Tiberius stellt Tacitus in dieser Hinsicht ein schlechtes Zeugnis aus. Seine Kritik hatte ihre Ursache vor allem in den sogenannten Majestätsprozessen, die sich in der Zeit des Tiberius häuften und bei denen tatsächliche oder vermeintliche Oppositionelle aus den höheren Kreisen wegen Beleidigung des Prinzeps oder der Würde seines Amtes angeklagt und hingerichtet wurden.

Tacitus war ein guter Historiker. Er erzählt nichts Falsches. Alle Fakten stimmen. Seine besondere, nicht ungefährliche Begabung besteht darin, den Fakten in subtiler Weise eine von ihm gewünschte Deutung zu geben. So gelingt es ihm, zu suggerieren, dass Tiberius nie ehrlich, sondern immer ein Heuchler gewesen sei, der sich permanent verstellt habe. Bei allem, was Tiberius tat, wittert Tacitus eine üble, perfide Idee. Der Historiker und Senator Tacitus hatte den Kaiser von Anfang an so konzipiert, wie er uns in seinem Werk begegnet: Tiberius hatte also gar nicht die Chance, anders gesehen zu werden.

## Sueton

Etwa zeitgleich mit Tacitus legte Gaius Suetonius Tranquillus – kurz: Sueton – eine Sammlung von Biographien römischer Kaiser vor. Er begann bereits mit Iulius Caesar, dem Ahnherrn der ersten Dynastie, und endete mit Domitian, dem letzten Vertreter der flavischen Kaiserfamilie, der 96 starb (sein als tyrannisch empfundenes Regime war übrigens für Tacitus der Anstoß gewesen, sich mit der Geschichtsschreibung zu befassen).

Sueton, um 70 geboren und um 130 gestorben, kannte sich bei den römischen Kaisern gut aus. Er verfügte über hervorragendes Material, da er im Hauptberuf kaiserlicher Archivar in Rom war. Genauer gesagt bekleidete er unter den Kaisern Traian und Hadrian das Amt eines *ab epistulis*, das heißt: Er hatte die kaiserliche Korrespondenz zu erledigen, und in dieser Eigenschaft hatte er freien Zugang zu den Archiven. Hier fand er nicht nur politisch relevantes Material, sondern auch manches zum Privatleben der Caesaren. Auf diese Weise mag er auch überhaupt auf den Gedanken gekommen sein, Biographien der Kaiser schreiben.

Einen hohen literarischen Wert hat man den Kaiserbiographien Suetons in der philologischen und historischen Forschung nicht beimessen wollen.

Das ist angemessen, ein solcher war aber auch gar nicht der Anspruch des Autors. Sueton wollte unterhalten, Kaiser auch aus der Schlüssellochperspektive betrachten, womit er einem in der ersten Hälfte des 2. Jahrhunderts vorherrschenden Publikumsgeschmack entsprach. Das römische Kaisertum war in dieser Zeit, anders als zu den Zeiten eines Augustus oder Tiberius, institutionell fest etabliert. Daher interessierte sich die Bevölkerung auch und vor allem für Persönliches, für Aussehen, Charakter, Vorlieben, Schwächen. Und bei Sueton wurden die Leser und Hörer gut bedient, nicht zuletzt weil er in seinen Biographien ein übersichtliches Darstellungsschema wählte. Eingerahmt von den Eckdaten zu Geburt, früher Karriere, Zeit als Kaiser und Tod präsentiert er in festen Rubriken eine Reihe prägnanter Eigenschaften des jeweiligen Herrschers. Seine Tiberius-Vita hat vom faktischen Gehalt her einen hohen Wert. Wie Tacitus neigte auch Sueton nicht zu Erfindungen oder zur bewussten Verbreitung von Falschmeldungen. Jedenfalls gilt dies für die Informationen, die er in den Archiven entdeckt hat. Er zog allerdings auch andere Quellen heran, die in ihrer Glaubwürdigkeit nicht über jeden Zweifel erhaben sind. Die Biographien des Augustus und des Tiberius sind ausführlicher als die der anderen Kaiser. Das liegt daran, dass Sueton im Jahr 121 seinen Posten als Kanzleichef wegen Unstimmigkeiten und Unbotmäßigkeiten räumen musste und ihm für die späteren Kaiserviten somit nicht mehr so viel exzellentes Material zur Verfügung stand. Für die frühen Kaiser aber konnte er Kostbarkeiten wie Zitate aus der Korrespondenz von Augustus mit Tiberius verwerten.

Sueton war wie Tacitus kein Freund des Tiberius, allerdings aus anderen Gründen. Er sah den Kaiser nicht aus der Perspektive des Senators, sondern aus der des Hofbeamten. Seine Vorbilder waren die Kaiser Augustus, der Begründer des Prinzipats, und Hadrian, unter dem er arbeitete. Hadrian war neben Mark Aurel der profilierteste Vertreter des sogenannten »humanitären Kaisertums«, also »guter« Kaiser, die mit den Oberschichten kooperierten, allgemein akzeptierte Werte repräsentierten und zudem bestrebt waren, auch für »das Volk« da zu sein. Tiberius entsprach nach Ansicht Suetons diesem Ideal nicht. Dass er die letzten elf Jahre seiner Herrschaft auf der Insel Capri verbrachte, war für Sueton ein schwerer Verstoß gegen die von ihm vertretenen Prinzipien der römischen Monarchie.

## Cassius Dio

Cassius Dio ist der späteste der »Großen Vier«, die die schriftliche Überlieferung zu Tiberius geprägt haben. Von seiner Haltung und seiner Ausrichtung her steht er Tacitus am nächsten. Wie sein frühkaiserzeitlicher Kollege war er Senator und viel beschäftigter Politiker, der sich gleichzeitig mit Geschichte und Geschichtsschreibung befasste.

Er stammte aus der Stadt Nikaia, dem heutigen İznik, im Nordwesten Kleinasiens. Somit gehörte er zum griechischen Kulturkreis. Unter seinen vielen Werken ragt die monumentale *Römische Geschichte* heraus, in der er die frühe Kaiserzeit und damit auch die Herrschaft des Tiberius ausführlich beschrieben hat. Allerdings sind nicht alle Partien erhalten. Das Werk wurde nach 230 publiziert, fast zweihundert Jahre nach dem Tod des Tiberius. Dios Quellen für diese Phase der Geschichte waren, wie bei Tacitus, heute nicht mehr erhaltene zeitgenössische Schriften. Wahrscheinlich gehörte auch Tacitus zu seinen Vorlagen.[4]

Jedenfalls hat Dios Tiberius große Ähnlichkeit mit dem Tiberius des Tacitus. Auch Dio hält ihn für einen schwachen, grausamen, heuchlerischen Herrscher. Dabei handelt es sich jedoch nicht um eine bloße literarische Adaption. Vielmehr spielte bei dieser Bewertung auch der Zeithintergrund eine Rolle: Dios Karriere als Politiker fiel in die Zeit der Kaiser aus der Dynastie der Severer (193–235). Es war eine unruhige Zeit. Innenpolitische Instabilität und außenpolitische Bedrohungen sorgten für ein Klima der Verunsicherung. Gefragt waren starke Herrscher und fähige Feldherren. Das war, gepaart mit stabilen staatlichen Strukturen, die Idealvorstellung des Senators Cassius Dio, und er legte sie in seinem Geschichtswerk auch als Folie über die Vergangenheit. Die Herrschaft des Tiberius schnitt dabei nicht sonderlich gut ab, auch wenn es Rom unter seiner Regierung wesentlich besser ging als zur Zeit der Severer. Doch auch das ambivalente Verhältnis des Tiberius zum Senat und seine Schwierigkeit, einen direkten Draht zum Volk zu finden, hatten einen Anteil daran, dass Dio den zweiten Prinzeps als einen insgesamt schlechten Kaiser präsentierte.

## Weitere Quellen

Neben den vier Hauptquellen gibt es eine Reihe weiterer literarischer Quellen, in denen Tiberius und seine Zeit Erwähnung finden. Allerdings handelt es sich dabei nicht um zusammenhängende historische oder biographische Darstellungen, sondern um Einzelinformationen in anderen Kontexten, wie etwa bei Strabon, Plinius dem Älteren oder Seneca. Substanziell tragen sie zu einer Biographie des Tiberius indes wenig bei. Hervorzuheben sind jedoch die christlichen Autoren Tertullian und Eusebius – sie waren für die Vereinnahmung des Tiberius durch die christliche Publizistik von eminenter Bedeutung.

Weitere Quellengattungen, die über das Leben und die Herrschaft des Tiberius Auskunft geben können, sind Inschriften, Münzen und archäologische Überreste. Die Inschriften und Münzen bewegen sich, was Bildmotive und Legenden angeht, im konventionellen, von Augustus vorgegebenen Rahmen. Durch Bauten insbesondere repräsentativer Art ist Tiberius, anders als die meisten anderen römischen Kaiser, kaum in Erscheinung getreten. Sowohl in der Hauptstadt Rom als auch in den Provinzen des Römischen Reiches ist sein Beitrag zur imperialen Architektur überschaubar. Auch das ist einer der Gründe dafür, warum Tiberius heute allgemein wenig Aufmerksamkeit findet. Hätte er, wie zum Beispiel sein späterer »Kollege« Caracalla, der römischen Bevölkerung eine prächtige Thermenanlage geschenkt, wäre sein Name auch bei heutigen Rom-Besuchern noch sehr präsent. Aber Tiberius schonte lieber die Staatskasse – was sich für seine Reputation als nicht besonders förderlich erwies.

# 2. Abschied aus Rom

Es war an sich kein besonders aufregendes, die Menschen aufrührendes oder gar elektrisierendes Ereignis, als Kaiser Tiberius im Jahr 26 n. Chr., dem 13. Jahr seiner Regierung, die Hauptstadt Rom verließ, um Kampanien, der am Golf von Neapel gelegenen Landschaft, einen Besuch abzustatten. Und anfangs sah es auch so aus, als handele es sich um eine ganz normale Dienstreise. Professionell und routiniert spulte der Kaiser sein Programm ab. Die erste Station war Capua. Hier, wo fast hundert Jahre zuvor der berühmte Aufstand der Sklaven unter ihrem Anführer Spartacus begonnen hatte, weihte Tiberius das Kapitol ein, den Tempel für die drei Gottheiten Jupiter, Juno und Minerva. In Nola, der zweiten Station seiner Reise, nahm er an der feierlichen Eröffnung einer Kult- und Gedenkstätte für seinen Vorgänger Augustus teil, der zwölf Jahre zuvor hier gestorben war. Ein ganz normales Programm also.

Doch nach der Abwicklung der protokollarisch vorgeschriebenen Pflichtveranstaltungen nahmen die Dinge eine unerwartete Wende. Tiberius überraschte seine Begleiter mit der Mitteilung, er habe seine Planungen geändert. Er werde nicht nach Rom zurückkehren. Er wolle nach Capri weiterreisen. Nach Capri? Sicher doch nur für einen kurzen Aufenthalt? Oder doch nur für ein paar Monate – schließlich hatte sich der Kaiser fünf Jahre vorher schon einmal für längere Zeit nach Kampanien zurückgezogen und war dann wieder in die Metropole am Tiber zurückgekehrt. Nein, gab der Kaiser zu verstehen, nicht nur für einen kurzen Aufenthalt, oder um dort den Sommer oder den Winter zu verbringen. Sondern für länger, vielleicht sogar für immer. Der Kaiser ließ, wie die konsternierten Berater zur Kenntnis nehmen mussten, keinen Zweifel an seiner Entschlossenheit.

Die malerisch vor der Küste Neapels gelegene Insel wusste zu diesem Zeitpunkt noch nicht, dass sie einmal zum Sehnsuchtsort von Künstlern, Gelehrten und Bildungsreisenden aus aller Welt werden würde. Schon gar nicht ahnte sie, dass sie dereinst schier endlose Ströme von Touristen würde ertragen müssen. Wäre sie bereits im Jahr 26 so überlaufen gewesen wie heute, wäre Tiberius sicher nicht auf die Idee gekommen, sie als Regierungs-Refugium auszuwählen. Dann hätte es ihn vielleicht nach Rhodos verschlagen, wohin er sich schon einmal für mehrere Jahre zurückgezogen hatte – damals, als Augustus noch Kaiser gewesen war. Capri war zu dieser Zeit noch ruhig, beschaulich, einsam, kurzum: ein perfekter Rückzugsort.

Tiberius, zu diesem Zeitpunkt 67 Jahre alt, tauschte den Moloch Rom gegen das Kleinod Capri ein. Jedoch war es nicht sein Plan, dort seine Tage als Pensionär zu verbringen und die zweifellos schönen Sonnenuntergänge zu genießen. Zwar war er erst der zweite Kaiser, seitdem Rom sich von einer Republik in eine Monarchie gewandelt hatte. Doch er wusste: Zurücktreten war keine Option. Der Kaiser musste »Flagge zeigen«, auch wenn er die Geschäfte lieber anderen übergeben hätte. Aber war das nicht bereits längst geschehen? Viele Bürger in der Hauptstadt hatten den Eindruck, dass Seian, der mächtige Präfekt der Prätorianergarde, faktisch die Zügel in der Hand hielt. Gerade erst hatte er dem Kaiser das Leben gerettet, als bei einem Bankett in einer Höhle bei Sperlonga Felsbrocken auf die Gesellschaft gestürzt waren. Seian sollte Tiberius auch zum Rückzug nach Capri gedrängt haben, weil, wie diejenigen, die sich zu den gewöhnlich gut unterrichteten Kreisen zählten, behaupteten, er dann in Rom seine Macht ungehindert ausleben könne. Manche wunderten sich, dass er Tiberius nicht schon längst aus dem Amt entfernt hatte. Doch Tiberius war verantwortungsbewusst und ein harter Arbeiter. Er räumte zwar den Arbeitsplatz in Rom, nicht aber den Platz des Herrschers. Und Tiberius war in der Realität auch nicht so abhängig von Seian, wie man es behauptete. Die Zügel hielt er, wenn es darauf ankam, immer noch selbst in den Händen.

Andere versicherten, Tiberius habe Rom wegen seiner Mutter Livia verlassen. Schon als Augustus noch lebte, hatte sie als dessen Frau großen Einfluss genommen, auch auf die Politik. Nach Augustus' Tod hatte sie keine Anstalten gemacht, diese Rolle abzulegen. Im Gegenteil: Als Kaisermutter hatte sie noch dominanter agiert als zuvor als Kaisergattin. Mehrfach war es, wie es hieß, zwischen Mutter und Sohn zu heftigen Auseinandersetzungen gekommen.

Und dann gab es einige, die meinten, Tiberius habe Rom aus Eitelkeit verlassen. Er habe im Alter mit seiner äußeren Erscheinung gehadert.[1] So, wie Tiberius zu dieser Zeit ausgesehen haben soll, bekamen ihn die Zeitgenossen auf den Münzporträts oder den Statuen jedenfalls nie zu sehen, wo er – wie es auch bei Augustus der Fall gewesen war – altersmäßig auf einer bestimmten Stufe der entwickelten Jugend »eingefroren« war. Tacitus beschreibt den Tiberius des Jahres 26 mit den Worten: »Seine hohe Gestalt war sehr hager und gebeugt, sein Scheitel kahl, sein Gesicht voller Geschwüre und gewöhnlich mit Pflastern übersät.«[2] Diesen Anblick wollte er, wie Tacitus suggeriert, den Menschen ersparen.

Der prominente künftige Inselbewohner war entschlossen, seine Regierungstätigkeit von Capri aus fortzusetzen. In Rom fühlte er sich nicht mehr wohl – wie, seit er Kaiser war, eigentlich nie so richtig. Doch Pflicht war Pflicht, und so hatte er bis dahin all seine Aufgaben in der Millionenmetropole am Tiber gewissenhaft, wenn auch nicht immer mit der nötigen Fortune und schon gar nicht mit der Anerkennung, die er eigentlich erwartete, erfüllt. In den letzten Jahren hatte ihm auch der Senat das Leben schwergemacht. Eigentlich hatte Tiberius von Anfang an versucht, ein gutes Verhältnis zu den Mitgliedern jenes Gremiums aufzubauen, das, bevor Augustus aus der Republik eine Monarchie gemacht hatte, oberste Regierungsinstanz gewesen war. Doch viele Senatoren wussten sein Bemühen um kollegiale Zusammenarbeit nicht zu schätzen. Immer häufiger war es zu Auseinandersetzungen gekommen.

Capri war keine zufällige Wahl. Der Historiker Tacitus erzählt, Tiberius sei insbesondere von der Lage der Insel angetan gewesen. »Ihre Abgeschiedenheit sagte ihm am meisten zu«, führt er aus,[3] »weil das Meer ringsum keinen Hafen und kaum für kleinere Fahrzeuge einige Anlegeplätze bietet. Auch könnte dort niemand landen, ohne dass es die Wache bemerkt.« Das günstige Klima soll ein weiterer Grund für die Wahl Capris gewesen sein: »Das Klima ist im Winter mild, aufgrund des vorgelagerten Gebirges, durch das die rauen Winde abgehalten werden. Der Sommer ist sehr angenehm, da die Insel dem Westwind zugewandt ist und das Meer ringsum offen liegt.« Zu dem Zeitpunkt, als Tiberius seinen Umzug vollzog, lag die schwere Naturkatastrophe, die 53 Jahre später den Golf von Neapel heimsuchen sollte, noch in weiter Ferne: »Die Insel bot auch Aussicht auf einen herrlichen Golf, bevor der Ausbruch des Vesuvs das Gesicht der Landschaft veränderte.«

Aber Capri war nicht die einzige schöne Insel im Mittelmeer. Mögen die von dem gewöhnlich gut unterrichteten, gern aber auch spekulierenden

Historiker Tacitus genannten Gründe auch eine Rolle gespielt haben, so kam als ganz praktischer Aspekt hinzu, dass Tiberius die Insel gehörte. Augustus hatte Capri einst mit den Neapolitanern gegen Ischia getauscht. Und da Tiberius der Erbe seines Vorgängers war, der in Personalunion auch noch sein Stief- und Adoptivvater gewesen war, befand sich Capri in seinem persönlichen Besitz. Dort hatte er einige prächtige Villen – eine lange Wohnungssuche war also nicht notwendig. Laut Tacitus sollen es insgesamt zwölf gewesen sein.[4] Eine von ihnen trug den Namen Villa Iovis, die Villa des Jupiter.[5] Die Ruinen einer Villa im Nordosten der Insel werden den Besuchern heute als die Reste dieser Tiberius-Villa präsentiert. Wer möchte, darf genau hier in Erinnerungen an den seltsamen Inselherrscher schwelgen, der die letzten elf Jahre seines Lebens an diesem schönen Platz hoch über den Klippen des Meeres verbrachte. Ganz sicher ist das jedoch nicht. Ein zuverlässiger archäologischer oder historischer Beweis dafür, dass die Villa Iovis von heute die Villa Iovis von damals ist, existiert nicht.[6]

Der Abschied des Kaisers kam für die Bevölkerung Roms überraschend. Natürlich, ein Augustus, der es perfekt verstanden hatte, mit Menschen umzugehen und sie für sich einzunehmen, war Tiberius nicht. Jedenfalls nicht, seitdem er Nachfolger des Augustus geworden war. Und dass für ihn die Herrschaft eher Pflicht und Bürde als Freude bedeutete, war ebenfalls kein

Rekonstruktion der Villa Iovis

Geheimnis. Aber einen solchen Schritt hatte man ihm dennoch nicht zugetraut.

Handelte es sich um eine spontane Entscheidung? Oder hatte er diesen Schritt schon lange vorbereitet? Die Quellen sind bei der Beantwortung dieser Fragen keine große Hilfe. Sie sind von der Tendenz geprägt, die Dinge von ihrem Ausgang her und nicht in ihrer Entwicklung zu betrachten. Sueton behauptet, Tiberius habe die Termine in Capua und Nola nur als Vorwand benutzt, um unverdächtig nach Kampanien reisen und seinen Capri-Traum verwirklichen zu können.[7] Das ist natürlich pure Vermutung, denn wenn es so gewesen wäre, hätte Tiberius darüber kaum offen Auskunft gegeben. Mitteilsam war der Kaiser, was seine Person, seine Pläne, sein Denken anging, grundsätzlich nicht. Damit öffnete er Spekulationen und Mutmaßungen jedweder Art Tür und Tor. Über den eigenwilligen Kaiser konnte man daher alles behaupten, ohne in die Verlegenheit zu geraten, den Beweis dafür erbringen zu müssen. Und so kursierten in Rom, wo die Gerüchteküche immer besonders heftig brodelte, bald die wildesten Spekulationen über das, was sich in der kaiserlichen Villa auf Capri abspielte – Orgien, die alles in den Schatten stellten, was man sonst an spektakulären Veranstaltungen in den oberen Kreisen kannte. Zustände wie im alten Rom, wie es sprichwörtlich heißt – nur eben auf Capri.

Die „Villa Iovis“ auf Capri

Auf jeden Fall war Tiberius kein Freund schneller Entschlüsse. Sorgfalt vor Eile, lautete seine Devise. Seine Denkprozesse vollzogen sich, was die Geschwindigkeit angeht, in limitierten Dimensionen. Er hatte seinen Umzug, wie man sicher annehmen darf, akkurat geplant. Jetzt, wo er wegen offizieller Termine ohnehin in der Gegend war, bot sich die Gelegenheit. Nach zwölf Jahren an der Spitze des Römischen Reiches wollte er nicht mehr Kaiser sein. Jedenfalls kein Kaiser, wie ihn sich die Menschen wünschten: immer da, umgänglich, fürsorglich, spendabel, mit offenem Ohr für die Sorgen und Wünsche der Bürger und mit wachem Auge für alles, was in der Welt passierte.

Die gegenseitige Entfremdung hatte sich deutlich abgezeichnet. Rom verlor Tiberius und Tiberius verlor Rom lange vor Capri. Der Politikbetrieb in der Hauptstadt lag ihm nicht, war ihm sogar zuwider geworden wie überhaupt schon jedwede Ansammlung von Menschen. So war er nicht von Anfang an gewesen, so war er als Kaiser geworden. Als er Rom verließ, um nach Kampanien zu reisen, bat er sich, wie es heißt, aus, von niemandem belästigt werden.[8] So etwas hätte ein Augustus nie gesagt. Nach den letzten Programmpunkten in Capua und Nola ließ er ganz offiziell verkünden, er wolle ungestört bleiben.[9] Ein an sich überflüssiger Hinweis: Jubelnde Massen, die um seinen Prunkwagen herumtanzten, waren ohnehin nicht zu erwarten. Manche erinnerten daran, dass Tiberius sich schon einmal aus der Öffentlichkeit zurückgezogen hatte, im Jahr 6 v. Chr., als er die Insel Rhodos als Refugium gewählt hatte, wo er letztlich fast acht Jahre lang fern aller Geschäfte verbrachte. Erst Rhodos, dann Capri? Tiberius schien eine besondere Affinität zur insulären Abgeschiedenheit zu haben.

Wie aber war es dazu gekommen, dass Tiberius sein Volk und das Volk seinen Kaiser verlor – in einer Gesellschaft, die entscheidend von der Kommunikation zwischen Herrscher und Beherrschten lebte, in der Transparenz, Berechenbarkeit und Sicherheit über allem standen, in der der Kaiser seine Macht und seine Legitimation zu einem guten Teil aus der Akzeptanz bei den wichtigen Gruppen der Bevölkerung bezog? Um diese Frage zu beantworten, müssen wir zurückgehen zum Anfang.

# 3. Der lange Weg zur Macht

Tiberius hatte kein Glück. So war es ganz am Anfang seines Lebens, und so war es auch später immer wieder. Manchmal trug er selbst die Schuld an den Fehlschlägen und den unglücklichen Konstellationen, die seinen Weg begleiteten. Aber dass schon das Datum seiner Geburt unter keinem günstigen Stern stand, daran hatte er natürlich keine Schuld, auch wenn manche Quellen gerne alles, was in diesen Zeiten an Negativem passierte, Tiberius persönlich zur Last legten. Als er geboren wurde, befand sich die römische Welt in heftigen Turbulenzen. Es herrschte Bürgerkrieg. Die alte Republik, durch die Rom groß geworden war, war am Ende. Eine neue, nun monarchische Ordnung begann sich zu etablieren. Es ist symptomatisch für Tiberius' weiteres Leben, dass er zu einem derart unpassenden Zeitpunkt geboren wurde. Nicht nur, dass die Zeiten an sich schwierig waren: Tiberius hatte zu allem Überfluss einen Vater, der die Begabung besaß, politisch konsequent auf der falschen Seite zu stehen. Besser hatte er es mit seiner Mutter getroffen. Sie hatte das nötige Geschick und das Glück, dass sich der kommende Mann Roms für sie interessierte, sich in sie verliebte – und auf ebenso ungewöhnliche wie unkonventionelle Weise den bisherigen Ehemann dazu überredete, ihm seine Frau zu überlassen. Womit Tiberius einen zweiten Vater bekam, der für ihn Traum und Trauma werden sollte. Traum, weil es der neue Vater bis zum ersten Mann in Rom brachte, Trauma, weil er ihn in eine undankbare Rolle drängte.

## Kindheit und Jugend in Zeiten des Bürgerkrieges

Die Zeiten, in die Tiberius hineingeboren wurde, waren schwierig. Sie waren aber auch gefährlich – gefährlicher als die meisten Epochen, die Rom bis dahin erlebt hatte. Ruhig und beschaulich war es in der römischen Geschichte allerdings nie zugegangen, auch wenn jede Generation der Meinung war, früher sei alles besser gewesen. Als Rom dreihundert Jahre vor der Geburt des Tiberius in den Kriegen gegen den Rivalen aus Karthago, den Punischen Kriegen, begonnen hatte, sich auf das Parkett der großen Politik zu begeben und eine Weltmacht zu werden, stellten sich der Republik und ihren aristokratischen Protagonisten ganz neue Aufgaben und Herausforderungen. Diese Herausforderungen hatten die regierenden Aristokraten über Jahrhunderte hinweg gemeinsam gemeistert. Nun eroberten sie mit ihren Legionen die gesamte Mittelmeerwelt, und sie verstanden es, die unterworfenen Gebiete dauerhaft an Rom zu binden. Der auf den Staat, den die Römer *res publica*, »die öffentliche Sache«, nannten, fokussierte Wettbewerb der Eliten war ein wichtiger Garant für diese erfolgreiche imperiale Bilanz. So wurde Rom Zentrum eines Reiches, das sich von Spanien bis nach Syrien, von Nordafrika bis nach Gallien erstreckte.

Doch dann war es mit der Einigkeit vorbei. Lange, gut hundert Jahre bevor Tiberius zur Welt kam, verstrickten sich die politischen Eliten in Rom in Streitigkeiten, Rivalitäten, Konkurrenzkämpfe. Diese Auseinandersetzungen zeigten, dass die Exponenten des politischen Systems der Republik nicht mehr willens und bereit waren, die gewaltigen Aufgaben, die sich aus der Herrschaft über ein Weltreich ergaben, gemeinsam und konstruktiv zu bewältigen. Jeder sah nur noch auf sich, eifersüchtig wachten die Aristokraten über ihre Privilegien, ihren Status, ihre Macht. Wer als Statthalter in eine Provinz geschickt wurde, sei es nach Gallien, Syrien oder Griechenland, wurde mit dem Verdacht konfrontiert, sich persönlich bereichern zu wollen. Wer als Feldherr an die Spitze einer Legion gestellt wurde, galt als potentiell verdächtig, diese Waffe für den Ausbau einer innenpolitischen Machtstellung verwenden zu wollen. Wer bei dem morgendlichen Empfang für die Anhängerschaft, die die Römer Klienten nannten, mehr Leute mobilisieren konnte als die anderen, galt als Gefahr für Staat und Gesellschaft.

Erst spät registrierte, nur unzureichend diagnostizierte und schon gar nicht therapierte Rückwirkungen der Weltherrschaft auf die sozialen und wirtschaftlichen Verhältnisse in Italien sorgten für weiteres Konfliktpotential. Bauern, die für Roms Ehre als Soldaten in den Krieg zogen, bildeten nach der Rückkehr das stadtrömische Proletariat, weil während ihrer Abwesenheit ihre Höfe nicht bewirtschaften worden waren. Auf der anderen Seite bedienten sich ambitionierte Aristokraten gern der Soldaten und Veteranen als Druckmittel, um ihre politischen Ziele durchzusetzen. Immer häufiger waren die innenpolitischen Kämpfe von gewaltsamen Auseinandersetzungen begleitet. Bei der Bevölkerung wuchs die Sehnsucht nach dem »starken Mann«, der Sicherheit und Ordnung wiederherstellen würde. Die Senatoren wiederum fürchteten gerade diesen starken Mann, denn das hätte bedeutet, dass das oberste Gebot der Gleichheit, von dem eine Aristokratie lebte, zerbrechen würde.

Die Krise der späten römischen Republik war nicht, wie die Zeitgenossen dachten, eine moralische, sondern eine strukturelle. Sie war letztlich bedingt dadurch, dass die nötigen politischen und mentalen Kapazitäten fehlten, um auf die Tatsache der Weltherrschaft mit angemessenen Reformen auf politischem und administrativem Gebiet reagieren zu können. Die Denkweise der römischen Politiker war und blieb die Mentalität eines römischen Stadtbürgers. Man dachte immer noch wie die Vorfahren dreihundert Jahre vorher. Dass sich der Staat in einer handfesten Krise befand, war zwar allen klar und auch nicht zu übersehen. Tragischerweise aber wussten die Römer selbst nicht so viel über das, was sich bei ihnen abspielte, wie die heutigen Historiker, die eben in der glücklichen Lage sind, zu wissen, wie es ausging. Die Zeitgenossen interpretierten die krisenhaften Zustände als Verfall von Disziplin und Moral.[1] Nachdem Rom in den Punischen Kriegen mit Karthago seinen größten Gegner besiegt hatte, gab es nichts mehr auf der Welt, was gefürchtet werden musste. Die Folge sei Gier nach Reichtum, Luxus und Macht gewesen. Man habe sich nicht mehr um das Wohl des Staates, sondern nur noch um das Anhäufen von Reichtümern gekümmert und ansonsten Orgien gefeiert. Natürlich waren die viel zitierten »Zustände wie im alten Rom« im alten Rom in Wirklichkeit nicht so, doch dienten solche Zerrbilder dazu, an ein vermeintlich kerniges Römertum von früher zu erinnern, als alles noch gut gewesen sei und Anstand, Moral und Disziplin geherrscht hätten.

Tiberius wurde am 16. November des Jahres 42 v. Chr. in Rom geboren, auf dem Palatin oberhalb des Forum Romanum. Gerade einmal zwanzig Monate lag zu diesem Zeitpunkt ein Ereignis zurück, das die römische Politik mehr als alle anderen Geschehnisse dieser an Turbulenzen reichen Krisenzeit erschütterte. Am 15. März des Jahres 44 v. Chr. – an den Iden des März, wie die Römer sagten – war der Dictator Gaius Iulius Caesar einem Attentat zum Opfer gefallen. Rund sechzig Senatoren waren an der Verschwörung beteiligt gewesen, angeführt von Marcus Iunius Brutus (»Auch du, mein Sohn Brutus?«) und Gaius Cassius Longinus. Die Attentäter hatten unterschiedliche Motive, hatten sich aber offiziell die Befreiung von einem Tyrannen auf die Fahnen geschrieben. Tatsächlich war Caesar, gestützt auf seine Soldaten, die er im Gallischen Krieg zu einer verschworenen Gemeinschaft geschmiedet hatte, sowie die Sympathien der Bevölkerung von Rom und Italien, aus dem Bürgerkrieg, der nach seiner Rückkehr aus dem Krieg in Gallien ausgebrochen war, als Sieger hervorgegangen. Im Sommer 48 v. Chr. hatte er seinen Gegner Pompeius in der Schlacht von Pharsalos besiegt. Im Februar 44 v. Chr. hatte er sich zum Dictator auf Lebenszeit ernennen lassen, ohne zu ahnen, dass diese Lebenszeit nur noch wenige Wochen dauern würde.

Wer gehofft hatte, dass nach dem Tod Caesars wieder Ruhe im Staat einkehren würde, sah sich getäuscht. Die Bürgerkriege flammten sofort wieder auf. Protagonisten waren Marcus Antonius und der junge Octavian – ersterer ein alter Weggefährte Caesars, der andere, gerade einmal neunzehn Jahre alt, dessen Großneffe (seine Mutter war eine Nichte Caesars gewesen) und Adoptivsohn. Marcus Antonius hielten die Senatoren für eine Gefahr, fähig und willens, in die Fußstapfen Iulius Caesars zu treten. In Octavian sahen sie einen unbedarften Jüngling, als Caesars Erbe aber geeignet, den Machtansprüchen des Antonius einen Riegel vorzuschieben. Dies natürlich nicht in eigener Regie, sondern als, wie man meinte, willfähriges Instrument des Senats. So stattete man den Neunzehnjährigen mit außergewöhnlichen Kompetenzen aus. Doch bereits im jungen Octavian steckte viel vom späteren Kaiser Augustus. Er durchschaute das Spiel der Senatoren und wusste das zweifelhafte Lob eines Cicero sehr wohl einzuordnen. Der bekannte Politiker, Redner und Publizist, der in den letzten Tagen der Republik noch einmal zu Hochform auflief und sich als Retter Roms gerierte, sagte, der Heranwachsende sei zu loben (*laudandum*), zu ehren (*ornandum*) und – zu befördern (*tollendum*).[2] Bei dem letzten Begriff spielte Cicero mit dessen Doppeldeutigkeit: *tollendum* konnte genauso gut heißen, er müsse beseitigt werden. Was Cicero meinte: Wenn der Erbe Caesars erst seine Schuldigkeit getan und sich als senatorisches Bollwerk gegen Antonius bewährt hätte, würde man ihm den Laufpass geben. Und dann wäre das Gespenst einer weiteren Alleinherrschaft in Gestalt des Marcus Antonius aus den Straßen Roms vertrieben.

Aber es kam ganz anders als von Cicero und seinen Mitstreitern geplant. Octavian verbündete sich mit seinem Gegner Antonius, nicht aufgrund plötzlich entdeckter freundschaftlicher Empfindungen, sondern aus dem klaren Kalkül heraus, ihn auf diese Weise besser kontrollieren zu können, um ihn dann, im geeigneten Augenblick, auszuschalten. Octavian verschwendete keinen Gedanken an die Wiederherstellung der Republik. Caesar hatte aus seiner Sicht den richtigen Weg gewählt, aber die falschen Mittel angewandt. Die Herrschaft eines Einzelnen war unausweichlich, um die Probleme, unter denen Staat und Gesellschaft litten, in den Griff zu bekommen. Die alte republikanische Ordnung hatte abgewirtschaftet. Doch die Lösung, so erkannte Octavian, konnte keine unverhohlene Dictatur à la Caesar sein. Wohin so etwas führte, hatten die Iden des März gezeigt. Notwendig war eine moderate, sich an den Institutionen der Republik orientierende Form der Alleinherrschaft, natürlich mit ihm, Octavian, an der Spitze.

Im November 43 v. Chr., ein Jahr vor der Geburt des Tiberius, schloss Octavian mit Antonius und einem eher unbedeutenden Senator namens Lepidus, dessen wesentliche Funktion darin bestand, als Scharnier zwischen den beiden Großen zu wirken, das sogenannte Zweite Triumvirat (das Erste Triumvirat war 60 v. Chr. von Caesar, Pompeius und Crassus gebildet worden). Für den Zeitraum von fünf Jahren wurden ihnen von Volk und Senat quasi dictatorische Vollmachten erteilt, um das schlingernde Staatsschiff wieder auf Kurs zu bringen. Eine der ersten Maßnahmen der Triumvirn war die Beseitigung tatsächlicher oder vermeintlicher Oppositioneller mit dem doppelten Zweck, deren Vermögen zu kassieren, um die eigenen Truppen zu finanzieren, und um den eigenen Machtambitionen freie Bahn zu verschaffen. Hunderte fielen den gefürchteten Proskriptionen zum Opfer, die man so nannte nach den öffentlichen Listen, die überall in Italien verteilt wurden. Zu den Opfern zählte auch Cicero, dessen Kopf und Hände zur Abschreckung auf der Rednerbühne des Forums in Rom präsentiert wurden.

Der nächste Eintrag auf der Agenda der Triumvirn lautete: Ausschaltung der Caesarmörder Brutus und Cassius. Die Regisseure des Attentats von den Iden des März waren mit ihrer Anhängerschaft nach Griechenland geflohen. Octavian und Antonius konnten es sich nicht leisten, sie einfach zu ignorieren. Zum einen stellten sie eine potentielle Gefahr da, zum anderen galt es, den Mord an Caesar zu sühnen – Antonius sah sich dazu verpflichtet, weil er Caesars alter militärischer Weggefährte gewesen war, Octavian, weil er als Adoptivsohn nach dem moralischen und rechtlichen Wertekompass der Römer den Tod des Vaters eben zu sühnen hatte.

Bei Philippi im Norden Griechenlands trafen die Armeen der Triumvirn und der Caesar-Attentäter im Spätherbst des Jahres 42 v. Chr. aufeinander. Als Tiberius in Rom geboren wurde, tobte gerade die zweite der beiden Schlachten von Philippi. Was den Neuankömmling in Rom anbelangt, deutete nichts darauf hin, dass er einmal eine besondere Rolle im römischen Staat spielen würde, – und schon gar nichts darauf, dass er einmal der Nachfolger jenes Augustus werden würde, der damals unter dem Namen Octavian bei Philippi damit beschäftigt war, um seine politische Zukunft zu kämpfen. In Rom nahm die Öffentlichkeit kaum Notiz von der Geburt des Tiberius. Vielmehr waren alle Blicke nach Griechenland gerichtet, wo sich – wieder einmal – die Zukunft des römischen Staates entscheiden würde.

Wer von der Geburt des Tiberius Notiz nahm, waren natürlich seine Eltern. Sein Vater hieß Tiberius Claudius Nero (er trug damit, was er noch nicht wissen konnte, die Namen dreier späterer Kaiser). Er stammte aus einer vornehmen Familie: Die Claudier, patrizischer Herkunft, gehörten zu den ersten Adressen unter den römischen Adelsdynastien. Politisch zählte Tiberius Claudius Nero zu den Anhängern Caesars, der ihn, wie er es mit loyalen Mitarbeitern stets getan hatte, mit hochrangigen Posten belohnt hatte. Während des Krieges, den Caesar 48/47 v. Chr. eher für die ihn erfolgreich umgarnende Königin Kleopatra als für die Interessen Roms geführt hatte, hatte Tiberius Claudius Nero die römische Flotte kommandiert. Zudem hatte er sich nach dem Krieg in Gallien um die Ansiedlung von Caesars Veteranen gekümmert. In dieser Eigenschaft schrieb er sich damals für alle Zeiten in die Geschichte Frankreichs ein, indem er die Kolonie Arelate – das heutige Arles – gründete. Auch in Narbo, dem heutigen Narbonne, richtete er eine Kolonie ein.

Seine Frau Livia, die Mutter des Tiberius, war fast dreißig Jahre jünger: Als sie Tiberius zur Welt brachte, war sie gerade einmal sechzehn Jahre alt (geboren wurde sie am 30. Januar 58 v. Chr.). Als Fünfzehnjährige hatte sie Tiberius Claudius Nero geheiratet. Es handelte sich um eine standesgemäße Ehe, denn auch Livia konnte sich einer ansehnlichen Herkunft rühmen. Ihr Vater war Marcus Livius Drusus Claudianus, der zwar nicht in der ersten Reihe der römischen Spitzenpolitiker gestanden, aber doch immer wieder wichtige Positionen bekleidet hatte.

Seinen Großvater mütterlicherseits hat Tiberius jedoch nie kennengelernt. Er beging Selbstmord, als Tiberius zur Welt kam. Natürlich nicht wegen seiner Geburt. Schauplatz seines tragischen Todes war eben jenes Philippi, wo in diesem Herbst 42 v. Chr. die Entscheidungsschlachten gegen die Mörder Caesars stattfanden.

Was war in diesen turbulenten Zeiten die »richtige« Seite? Keiner wusste, wie die Bürgerkriege ausgehen würden. Aber Farbe bekennen musste man, vor allem wer zu den politischen Eliten zählte. Sollte man für die Triumvirn Antonius und Octavian sein, die doch so offenkundig nach einer Alleinherrschaft strebten? Oder sollte man sich den Caesarmördern anschließen, die sich die Wiederherstellung der guten alten Republik auf die Fahnen geschrieben hatten?

Tiberius' Großvater traf die falsche Entscheidung, jedenfalls was den (zu diesem Zeitpunkt von niemandem vorhersehbaren) Ausgang der Geschichte angeht. Er sympathisierte offen mit Brutus und Cassius und wurde deswegen von Antonius auf die Proskriptionslisten gesetzt. Er floh nach Griechenland zu Brutus und Cassius. Zuvor hatte er Vorsorge getroffen, dass seine Tochter Livia nicht mittellos dastehen würde, und so die Heirat mit Tiberius Claudius Nero arrangiert. Bei Philippi stand er im Aufgebot des Brutus und des Cassius. Sie verloren die Schlacht und begingen Selbstmord. Genauso machte es ihr Anhänger Livius Drusus: Er tötete sich noch am Schlachtort in seinem Zelt.

Livia erlebte also synchron den Tod des Vaters und die Geburt des ersten Sohnes. Wie sich ihr Vater politisch auf der falschen Seite positioniert hatte, so traf auch ihr Ehemann, wie man wiederum nur im Rückblick und im Besitz der Kenntnis der weiteren Entwicklungen konstatieren kann, keine glücklichen Entscheidungen. Bis zur Ermordung Caesars war er ein treuer Helfer des Dictators geblieben. Nach dem Attentat an den Iden des März hatte er die Seiten gewechselt, wahrscheinlich weil er Caesars Wandel zum allmächtigen Herrscher kritisch gegenüberstand, und sich zu den Mördern Caesars bekannt. In einer Aktion, die zwischen Mut und Wahnwitz anzusiedeln ist, hatte er sich in die erregten Debatten nach dem Tod Caesars eingemischt und eine Belohnung für die Tyrannenmörder verlangt.[3] Jetzt, nach Philippi, waren die Attentäter in der römischen Politik kein Thema mehr. Alles hing von den Triumvirn, vor allem von den Siegern Octavian und Antonius ab. Schon aber zeigten sich erste Risse im Bündnis. Antonius sicherte sich erst Gallien, dann den lukrativen Osten des Römischen Reiches als Kompetenzbereich. Octavian blieb die undankbare Aufgabe, sich um

Italien zu kümmern, das in besonderer Weise unter den Bürgerkriegen gelitten hatte und sich politisch in einem äußerst labilen Zustand befand. Bald bahnte sich ein neuer Machtkampf an, der mit militärischen Mitteln geführt werden würde. Für wen sollten sich die Senatoren nun entscheiden? Neutralität war kein Thema, die Triumvirn forderten klare Bekenntnisse. Tiberius Claudius Nero, Ehemann einer jungen Frau und Vater eines kleinen Sohnes, setzte auf die Karte Antonius. Dieser hatte inzwischen Italien verlassen und sich in sein triumvirales Arbeitsgebiet im Osten begeben. Hier begann er eine Liaison mit der ägyptischen Königin Kleopatra, die es zum zweiten Mal verstand, einen der Großen Roms für ihre eigenen politischen Ziele einzuspannen. Als Interessenvertreter in Italien hatte er seinen Bruder Lucius zurückgelassen. Bei Perusia, dem heutigen Perugia, wurde dieser von den Truppen Octavians belagert – die Stadt wurde erobert und zerstört.

Octavian wollte seine Gegner nicht entkommen lassen. Tiberius Claudius Nero aber gelang die Flucht. Mit Frau und Kind begann eine abenteuerliche, gefährliche Reise. Erstes Ziel der Familie war Praeneste, das heutige Palestrina im Süden Latiums. Dann ging es weiter nach Neapel (von wo man Capri sehen konnte …) und von dort nach Sizilien. Hier hoffte Tiberius Claudius Nero auf die Unterstützung von Sextus Pompeius, dem Sohn des großen Pompeius, der sich auf der Insel eine Machtbasis aufgebaut hatte. Doch dessen Begeisterung, sich mit dem Flüchtling aus der zweiten Garde der römischen Politprominenz einzulassen, hielt sich in Grenzen. Also ging die Reise weiter, diesmal Richtung Osten. Der Vater hatte beschlossen, in Griechenland, das zum Herrschaftsgebiet des Marcus Antonius gehörte, Zuflucht zu suchen. In Sparta, zu dessen Bewohnern die Familie der Claudier enge Beziehungen pflegte, fanden sie schließlich einen sicheren Ort.

Das noch junge Leben des Tiberius begann also turbulent. Der Vater hatte Frau und Kind mit auf die Reise genommen, weil er auch um ihr Leben fürchtete. Denn Octavian und seine Leute gingen, das hatte die Vergangenheit gezeigt, mit ihren Gegnern und deren Angehörigen nicht zimperlich um. Die Flucht mit einem Kleinkind war ein Wagnis, denn überall lauerten die Verfolger. Die Quellen berichten von vielen heiklen Situationen.[4] In Neapel, als man wieder einmal vor den Verfolgern fliehen musste, habe der kleine Tiberius durch sein Wimmern die Familie in höchste Gefahr gebracht, gerade als man dabei war, sich auf ein rettendes Schiff zu begeben. Die Informanten überliefern erstaunlich genaue Einzelheiten: Der akustische Protest des späteren Kaisers sei die Reaktion auf an sich gut gemeinte Maßnahmen von Helfern gewesen. Denn einmal habe man das Kind von der Brust der Amme, ein anderes Mal aus den Armen der Mutter weggerissen, weil man »den schwachen Frauen in dieser kritischen Situation eine Last abnehmen wollte«.

Kann man sich so etwas ausdenken? Diese Geschichten dienen nicht der Herstellung von Dramaturgie in den Berichten über Kindheit und Jugend des Kaisers Tiberius. Sie stammen aus gut unterrichteten Kreisen und belegen, dass Tiberius es von Anfang an schwer hatte.

Auch in Sparta lief nicht alles glatt. Im Gegenteil: Die Familie geriet in größte Gefahr, als ein Waldbrand ausbrach und die Reisegesellschaft einschloss – nur Livias Haar und Kleidung nahmen Schaden, es ging also glimpflich aus.

Abgesehen von diesem bedrohlichen Zwischenfall waren Claudius Nero, Livia und Tiberius in Sparta erst einmal sicher. In den sich anbahnenden neuen Bürgerkrieg zwischen Octavian und Antonius waren sie nicht weiter involviert. Im Gegenteil: Sie profitierten von einer vorübergehenden Tauwetter-Phase, die durch einen Vertrag, den die streitenden Parteien im Herbst 40 v. Chr. in Brundisium, dem heutigen Brindisi, schlossen, eingeleitet wurde. Die faktisch schon erfolgte Verteilung der Herrschaftsgebiete wurde darin schriftlich fixiert. Dazu griffen die Triumvirn zur Sicherung des fragilen Bündnisses zum bewährten Mittel der Heiratspolitik: Antonius nahm nach den Abmachungen von Brundisium Octavia, die Schwester Octavians, zur Frau, obwohl er zu diesem Zeitpunkt bereits eine Beziehung zur ägyptischen Königin Kleopatra aufgenommen hatte. Doch es verlangte auch keiner, dass die Ehe mit Octavia glücklich sein musste – geheiratet wurde in den höheren Kreisen Roms nach den Erfordernissen der Staatsraison.

Im Verlauf des Jahres 39 v. Chr. kehrte die Familie des Tiberius nach Rom zurück. Die Lage schien nach dem Ausgleich von Brundisium sicher, auch weil in Misenum am Golf von Neapel (heute Miseno) eine vertragliche Vereinbarung zwischen den Triumvirn und Sextus Pompeius erzielt wurde. Der Pompeius-Sohn kontrollierte von Sizilien aus eine wichtige Versorgungsroute, über die Getreide nach Italien transportiert wurde. Die Triumvirn machten ihm einige Zugeständnisse, um den Unruhefaktor in den Griff zu bekommen. Pompeius erreichte auch, dass allen Opponenten der Machthaber, die zu ihm geflohen waren, die Rückkehr nach Italien erlaubt wurde. Unter diese Bestimmung fiel auch Claudius Nero, obwohl er Sizilien nur zu einer kurzen Stippvisite aufgesucht hatte und anschließend nach Griechenland weitergezogen war.

Knapp drei Jahre alt war Tiberius, als sich eine entscheidende Wende in seinem Leben vollzog. Wieder war er Ereignissen ausgesetzt, auf die er naturgemäß noch keinen Einfluss ausüben konnte. Von anderen getrieben zu werden, wurde zu einer prägenden Kindheits- und Jugenderfahrung. Man kann darüber streiten, ob sich da bereits eine persönliche Disposition Raum schaffte, die den späteren Kaiser Tiberius prägte.

Eines Tages jedenfalls – das war die eben erwähnte entscheidende Wende – war Octavian bei Livia. Oder Livia bei Octavian? War die Begegnung zufällig oder geplant? Darüber geben die Quellen keine genaue Auskunft. Vielleicht war das Datum des denkwürdigen Treffens der 23. September des Jahres 39 v. Chr., als der Triumvir und Erbe Caesars seinen 24. Geburtstag feierte. Livia war neunzehn Jahre alt, verheiratet, dazu Mutter eines Sohnes namens Tiberius und obendrein erneut schwanger. Tacitus, dem romantische Anwandlungen in der Regel fremd waren, behauptet, Octavian sei von ihrer Schönheit entflammt gewesen.[5] Und er nahm ihr, so Tacitus, einfach den Gatten weg, der Historiker weiß aber nicht, ob das gegen ihren Willen geschah. Jedenfalls hatte es der junge Mann sehr eilig: »Er wartete nicht einmal die Zeit ihrer Niederkunft ab, sondern führte sie schwanger in sein Haus.« Zuvor hatte er sich von seiner bereits zweiten Frau Scribonia getrennt, wie es heißt, »aus Ekel über ihren verdorbenen Charakter«.[6] Sich scheiden zu lassen war für einen römischen Mann nicht schwer, er musste seiner Gattin nur einen Scheidungsbrief schicken. Octavian soll das genau an dem Tag getan haben, als ihre gemeinsame Tochter Iulia geboren wurde.[7]

Die Hochzeit zwischen Octavian und Livia fand am 17. Januar des Jahres 38 v. Chr. statt.[8] Livias bisheriger Ehemann Claudius Nero übernahm, familiär bemerkenswert wandlungsfähig, die Rolle des Brautvaters.[9] Drei Monate nach der Hochzeit brachte Livia Drusus, den jüngeren Bruder des Tiberius, zur Welt.[10] Octavian schickte ihn zusammen mit Tiberius zu ihrem leiblichen Vater – bei Cassius Dio findet sich die lapidare Bemerkung: »Caesar gab das von seiner Gemahlin Livia geborene Kind seinem Vater Nero zurück.«[11] Die römische Gerüchteküche brodelte natürlich heftig, und es wollten Stimmen nicht verstummen, die meinten, der eigentliche Vater sei Octavian gewesen.[12] »Die Glückspilze bekommen Kinder in drei Monaten«, hieß es.[13] Dann allerdings hätte, wofür es keine belastbaren Belege gibt, die Beziehung zwischen Octavian und Livia schon länger bestehen müssen.

Für das Leben des Tiberius war es weniger wichtig, wie es zu alledem hatte kommen können und wer bei den Wechselspielen welche Motive und Ziele hatte. Das ist auch der modernen Forschung nicht ganz klar, zumal es auch die antiken Quellen nicht genau wussten und sich in einzelnen Punkten widersprechen. Dass sich Octavian schlicht in Livia verliebt habe, mag denjenigen unglaubwürdig erscheinen, die davon ausgehen, dass in den oberen Kreisen in Rom immer nur aus politischen Gründen geheiratet wurde. Tatsächlich verschaffte sich Octavian, der in einer turbulenten Phase seiner Karriere war, durch die Heirat mit Livia den Zugang zur einflussreichen Familie der Claudier. Livia indes hatte keine große Wahl, zumal sie, die bisher zusammen mit ihrem ersten Mann politisch auf der falschen Seite, nämlich der des Antonius, gestanden hatte, nun in das Lager jenes Triumvirn wechselte, der die Fäden in Italien zog. Claudius Nero machte bei der

Porträt Livias, der Mutter des Tiberius

ganzen Angelegenheit vordergründig eine denkbar schlechte Figur. Er hat sich anscheinend ohne jeden Widerstand die Frau nehmen lassen. Aber auch für ihn bedeutete die neue Situation mehr persönliche und politische Sicherheit.

Wichtiger aber war, dass die nun geschaffenen Verhältnisse dem Leben des Tiberius eine völlig neue Richtung gaben. Ohne sie hätte es, was zu diesem Zeitpunkt allerdings noch keiner wusste, den Kaiser Tiberius nie gegeben. Sein Vater war jetzt nicht mehr Tiberius Claudius Nero, sondern Octavian, einer der führenden Politiker in Rom. Sein weiteres Schicksal hing eng von dem des Stiefvaters ab. In der damaligen Situation bedeutete dies: Octavian musste aus dem sich anbahnenden Bürgerkrieg gegen seinen Rivalen Antonius als Sieger hervorgehen. Was ihm schließlich auch gelang, wie eine Chronik der Ereignisse bis 31 v. Chr. zeigt: Im Jahr 37 v. Chr. wurde das Triumvirat um fünf Jahre verlängert – nicht weil sich die Triumvirn nun so gut verstanden hätten, sondern weil es den Protagonisten darauf ankam, sich eine Machtbasis aufzubauen.

36 v. Chr. besiegte Octavians unentbehrlicher Helfer Marcus Agrippa die Flotte des Sextus Pompeius in der Seeschlacht von Naulochos an der Straße von Messina. Damit war ein wichtiger Störfaktor im Westen ausgeschaltet. Als Lepidus, der Dritte im Bunde der Triumvirn, daraufhin Ansprüche auf Sizilien anmeldete, wurde er von Octavian auf das politische Abstellgleis geschoben und mit dem Amt eines Oberpriesters mehr beleidigt als abgefunden.

Zwischen 35 und 33 v. Chr. erwarb Octavian militärische Meriten bei Kämpfen in Illyrien, auf der anderen Seite der Adria. Am 2. September 31 v. Chr. besiegte Octavian – besser: sein Helfer Agrippa – die vereinte Flotte seines Rivalen Marcus Antonius und der ägyptischen Königin Kleopatra in der Seeschlacht von Aktion vor der Küste Westgriechenlands. Als die beiden nach Alexandria flohen, verfolgte er sie, und nachdem sie Selbstmord begangen hatten, machte er aus dem Königreich Ägypten ein römisches Herrschaftsgebiet. Octavian hatte den Bürgerkrieg gewonnen und war der neue Machthaber in Rom.

In diesen Jahren war Octavian wenig zu Hause, seine Frau Livia sah ihn nur selten. Tiberius und Drusus sahen ihn wahrscheinlich überhaupt nicht, denn sie befanden sich weiterhin in der Obhut ihres leiblichen Vaters Claudius Nero – jedenfalls solange dieser noch lebte. Er starb im Jahr 33 v. Chr.

(als der Bürgerkrieger Octavian gerade dabei war, sich auf die finale Auseinandersetzung mit seinem Rivalen Antonius vorzubereiten). Bei dieser Gelegenheit trat Tiberius, jetzt neun Jahre alt, zum ersten Mal in der Öffentlichkeit in Erscheinung, indem er von einer Rednertribüne aus die in diesen Kreisen in solchen Fällen obligatorische Lobrede auf den Verstorbenen hielt. Diese wird er kaum selbst geschrieben haben, aber es war eine gute Gelegenheit, Tiberius Aufmerksamkeit zu verschaffen, zu zeigen, dass es ihn gab und dass er da war. Zudem handelte es sich bei der Leichenrede um einen in Rom immer geschätzten Akt der *pietas*: Mit diesem Begriff aus dem Koordinatensystem der sozialen Beziehungen zumal bei den römischen Eliten wurde die Verpflichtung bezeichnet, die Eltern in jeder Form zu respektieren und zu ehren. Die Familie spielte im Wertesystem der römischen Oberschichten eine herausragende Rolle.

Der heranwachsende Tiberius dürfte bald registriert haben, dass es bei ihm in dieser Hinsicht eher etwas chaotisch aussah, ohne dass er dafür verantwortlich war. Der verstorbene Vater hatte testamentarisch verfügt, dass die beiden Söhne Tiberius und Drusus nach seinem Tod zur Mutter zurückkehren sollten und dass der Stiefvater Octavian die Vormundschaft übernehmen sollte.[14] Die Situation sah also zusammengefasst so aus: Der Stiefvater hatte seine vorherige Ehefrau verlassen, gerade als sie eine gemeinsame Tochter – mithin Tiberius' Stiefschwester – zur Welt gebracht hatte. Tiberius' Bruder Drusus, von dem die Gerüchteküche kolportierte, sein leiblicher Vater sei nicht Claudius Nero, sondern ebenfalls Octavian, wurde geboren, als die Mutter Livia bereits die Seiten gewechselt und Octavian geheiratet hatte. Und jetzt war sein Vater, den die Mutter für den Stiefvater verlassen hatte, tot und Tiberius lebte zusammen mit seinem Stiefvater, seiner Mutter und seinem kleinen Bruder in der Weltstadt Rom.

Ein Grund zum Verzweifeln? So ungewöhnlich waren Verhältnisse dieser Art in Rom nicht, wenn es auch nicht so war, dass die Mächtigen, Reichen und Schönen endlose Orgien feierten und ein Leben in Saus und Braus führten. So wäre ein Weltreich gerade in Zeiten der Krisen und der Bürgerkriege nicht zu führen gewesen, auch wenn der Historiker Sallust, ein Freund des Dictators Caesar und kritischer Begleiter des Zeitgeschehens, im Stile einer »Früher war alles besser«-Haltung notierte: »Der Trieb zu Unzucht, Schlemmerei und sonstiger Ausschweifung war ebenso stark eingerissen. Männer gaben sich als Frauen her, Frauen boten ihre Keuschheit offen feil. Der Tafelgenüsse wegen durchsuchte man alles zu Lande und im Meer. Man schlief, bevor man das Bedürfnis zu ruhen hatte … Wer von den üblen Praktiken einmal vergiftet war, konnte nur mehr schwer auf seine Gelüste verzichten.«[15] Sallust predigte eine Moral, die er mit seiner eigenen, ebenfalls ausschweifenden Lebensführung konterkarierte. Er diagnostizierte einen Verfall von Sitten und Disziplin, ohne eine andere Therapie anzubieten als die Rückkehr zu alten Tugenden, die es so allerdings nie gegeben hatte. Die guten alten Römer waren keine besseren Menschen gewesen als Sallusts Zeitgenossen. Sie hatten nur in anderen politischen, gesellschaftlichen und kulturellen Verhältnissen gelebt. Aber auch bei ihnen waren mehrfaches Heiraten und wiederholte Scheidungen gang und gäbe gewesen. In den Kreisen der Senatoren wurden politische Allianzen schon immer durch dynastische Verbindungen zementiert. Jedenfalls: Wenn der junge Tiberius mit Altersgenossen aus seinem Stand über seine Familienverhältnisse gesprochen haben sollte, dürfte er festgestellt haben, dass ihre Familienalben ähnliche Episoden bereithielten.

So mag sich der inzwischen Zehnjährige auch nicht weiter gewundert haben, als man ihm 32 v. Chr. seine zukünftige Ehefrau präsentierte, mit der er nun praktisch verlobt war. Es handelte sich um Vipsania Agrippina, die zu diesem Zeitpunkt gerade einmal ein Jahr alt war und demzufolge – altersbedingt – noch weniger Möglichkeiten hatte, gegen diese Liaison Einspruch zu erheben, als Tiberius. Es war eines der bei den römischen Eliten üblichen Ehe-Arrangements, mit dem Ziel, politische Allianzen zu knüpfen. Eine große Verlobungsfeier fand nicht statt – insbesondere Vipsania hätte dazu noch keinen substantiellen Beitrag leisten können. Vipsania war die Tochter von Marcus Vipsanius Agrippa, dem engen Freund und Ratgeber Octavians, der all jene militärischen Erfolge errungen hatte, derer sich Octavian in seinen Triumphen rühmte. Der Sieg von Aktion stand zu dem Zeitpunkt, als man sich auf eine gemeinsame eheliche Zukunft von Tiberius und Vipsania einigte, noch bevor. Die Verbindung war aus der Sicht Octavians sowohl eine Belohnung für Agrippas treue Dienste wie auch ein Appell, sich diese loyale Haltung auch bei seiner, Octavians, weiteren Karriereplanung zu bewahren. Vipsanias Mutter war Caecilia Attica. Sie hatte gerade ihren Vater verloren – Pomponius Atticus, einen der reichsten Männer Roms, bekannt als Briefpartner Ciceros. Wegen einer schweren Krankheit hatte er sich einen freiwilligen Hungertod verordnet. Der zehnjährige Tiberius machte also auch in dieser Hinsicht eine gute Partie, denn das riesige Vermögen des Atticus gehörte zur Mitgift seiner einjährigen Verlobten. Dies mag ihn dafür entschädigt haben, dass er zu dem mit ihm verlobten Kleinkind keine besondere, intensivere Beziehung aufbauen konnte. (Im Übrigen: Auch Vipsanias Begeisterung dürfte sich in Grenzen gehalten haben, als sie, heranwachsend, registrierte, dass sie bereits mit Tiberius liiert war.)

Entscheidend für das weitere Leben des Tiberius war der Umstand, dass er zum Haushalt des Octavian gehörte. Durch seine Siege im Bürgerkrieg über Antonius und Kleopatra und durch die Eroberung von Alexandria war dieser nicht länger nur Erbe Caesars und ein höchst ambitionierter junger Mann, sondern er war der mächtigste Mann in Rom geworden. Damit rückte auch Tiberius in das Scheinwerferlicht der Öffentlichkeit. Die Familie entsprechend zu präsentieren gehörte in Rom zu den bewährten Gepflogenheiten aristokratischer Clans. Tiberius' erster ganz großer Auftritt erfolgte zwischen dem 13. und 15. August 29 v. Chr. Knapp dreizehnjährig durfte er an dem Triumph teilnehmen, den Octavian in der Hauptstadt des Imperiums feierte. Dreifach war dieser Triumph: Gefeiert wurden unter dem Jubel der Bevölkerung die Erfolge in Illyrien, bei Aktion und in Alexandria. Ein großer Tag für Octavian – aber auch für Tiberius? Prozessionen dieser Art waren auch eine perfekte Gelegenheit für symbolhafte Handlungen. Und Octavian erwies sich von Anfang an als jener Meister der Inszenierung, der er auch als Kaiser Augustus bleiben sollte. Vor dem Wagen des Triumphators ritten, vermutlich etwas unsicher, zwei Jünglinge – Tiberius und Marcellus, der Sohn von Octavians Schwester und mithin Octavians Neffe. Der eine ritt links, der andere rechts vom Wagen. Keine Bagatelle oder reine Formalität, sondern eine klare Ansage. Der rechte Platz war der Ehrenplatz, und den nahm nicht Tiberius, sondern Marcellus ein – der Neffe, so die Botschaft, stand in der familiären Hierarchie vor dem Stiefsohn. Jedoch verbieten sich Spekulationen von der Art, dass diese Zurückstellung bei dem jungen Tiberius bereits einen nachhaltigen psychologischen Komplex ausgelöst habe.[16] Über die mentale Befindlichkeit des Tiberius in diesem Stadium seines Lebens lassen sich keine seriösen Aussagen treffen. Weder hat Tiberius damals ein Tagebuch geführt, noch liegen authentische Berichte von Familienangehörigen oder anderen Augenzeugen vor.

Was aber als sicher gelten kann: Tiberius dürfte keine große Zuneigung vonseiten des erfolgreichen Politikers Octavian erfahren haben. Dessen

Favorit hieß Marcellus. Der Sohn seiner Schwester war fast genauso alt wie Tiberius. Schon sehr früh in seinem Leben hatte auch er erfahren müssen, was es hieß, Mitglied einer römischen Oberschichtsfamilie zu sein. Im Alter von drei Jahren war er mit der Tochter des damals noch wichtigen Sextus Pompeius verlobt worden. Nach dessen Tod war diese Verbindung nicht mehr bedeutsam. Stattdessen heiratete Marcellus 25 v. Chr., als aus dem Bürgerkrieger Octavian bereits der Kaiser Augustus geworden war, dessen Tochter Iulia. Sie war die einzige Tochter des Augustus und diente in extremer Weise als stets verfügbare, mobile Heiratsreserve: Erst erfolgte die Heirat mit Marcellus, später musste sie Marcus Agrippa ehelichen, dann – im Jahr 11 v. Chr. – kam Tiberius an die Reihe.

Welchen Zweck Octavian mit der evidenten Bevorzugung des Marcellus gegenüber Tiberius verfolgte, bleibt unklar. Wollte er ihn, wie gelegentlich vermutet worden ist, bereits als seinen Erben aufbauen? Aber als Erbe wovon? 29 v. Chr., als der denkwürdige Triumph stattfand, war noch nicht abzusehen, wohin Octavians Karriere genau führen würde. Mit Livia aber war er zu diesem Zeitpunkt bereits neun Jahre verheiratet, ohne dass sich Nachwuchs eingestellt hatte. Iulia, aus der Ehe mit Scribonia, blieb tatsächlich sein einziges Kind. Trat Marcellus an die Stelle des nicht vorhandenen Sohnes?

Als Tiberius längst Kaiser geworden war, geriet er einmal in einen heftigen Streit mit seiner Mutter Livia, die, um es freundlich zu formulieren, den Tagesablauf des Sohnes in einer ähnlich interessierten Weise verfolgte, wie schon als er noch ein Kind gewesen war. Wegen dieser Auseinandersetzung war Livia so aufgebracht, dass sie einige Briefe an die Öffentlichkeit brachte, die ihr einst Augustus geschrieben hatte. Darin beklagte dieser sich heftig über Tiberius – er verleide einem Menschen alles und sei unausstehlich.[17] Ob es einen bestimmten Anlass für diese Tirade gegeben hatte und zu welchem Zeitpunkt diese Aussagen getroffen worden waren, lässt sich nicht mehr rekonstruieren. Es existieren Nachrichten über andere Briefe, in denen der Kaiser mit Tiberius sehr freundlich korrespondiert habe.

Die Karriere Octavians führte weiter steil nach oben. Im Jahr 27 v. Chr. erreichte er den Gipfel. Im Januar dieses Jahres fanden in Rom denkwürdige, zukunftsweisende Sitzungen des römischen Senats statt, in denen aus Octavian Augustus wurde. Der Senat verlieh ihm in Anerkennung seiner Leistungen für den römischen Staat, insbesondere für seinen Anteil an der Beendigung der Bürgerkriege (an deren Ausbruch er selbst einen erheblichen Anteil gehabt hatte) diesen Ehrentitel, der so viel wie »der Erhabene« bedeutete. Außerdem übertrug ihm das Gremium für die Dauer von zehn Jahren die Vollmachten eines Prokonsuls (*imperium proconsulare*). Octavian trat damit dem Wortsinn nach »an die Stelle eines Konsuls«, also des höchsten Staatsbeamten in der römischen Republik. Der Titel »Prokonsul«, der zur Grundlage der neuen kaiserlichen Macht wurde, war schon aus republikanischen Zeiten gut bekannt: Wenn die Amtszeit eines Konsuls, vor allem in Krisenzeiten, über die übliche Dauer von einem Jahr hinaus verlängert wurde und er nun nicht als Konsul, sondern an der Stelle eines Konsuls agierte, dann wurde er als Prokonsul bezeichnet. Solche Finessen waren die Konsequenz einer politischen Mentalität in Rom, die sich staatliches Handeln und damit auch das Handeln von staatlichen Funktionsträgern nur in rechtlich abgesicherten Kategorien vorstellen konnte. Später in republikanischer Zeit wurde »Prokonsul« auch als Bezeichnung für die Statthalter verwendet, die in die Provinzen des Römischen Reiches entsandt wurden.

Das prokonsularische Imperium, dessen zeitliche Begrenzung auf zehn Jahre bald aufgehoben wurde, war eine der wichtigsten Machtgrundlagen des sich nun ausbildenden römischen Kaisertums. Es verschaffte Augustus den rechtlichen Rahmen, innerhalb dessen er in den wichtigsten Provinzen des Imperiums aktiv werden konnte. Insbesondere hatte er damit die Verfügungsgewalt über die dort stationierten römischen Soldaten. 23 v. Chr. kam die Amtsgewalt eines Volkstribuns, die *tribunicia potestas*, hinzu. Sie erlaubte es Augustus, nach dem Vorbild der republikanischen Volkstribunen innenpolitisch tätig zu werden und beispielsweise Gesetze einzubringen.

Augustus war ein Machtpolitiker. Seitdem er 43 v. Chr. als Neunzehnjähriger die Bühne der Politik betreten hatte, wusste er, was er wollte: an die Spitze des Staates treten. Aber dies nicht, wie es in den Zeiten der Republik Praxis gewesen war, in denen diejenigen, die etwas werden wollten, eine mühsame Ämterlaufbahn zu absolvieren hatten, die im besten Fall zum Konsulat führte. Diese Würde war auf ein Jahr beschränkt, außerdem handelte es sich um eine Doppelstelle: Jeder Konsul hatte einen Kollegen, der ihn in seinem Tatendrang durchaus bremsen konnte, – eine bewusste Sicherungsmaßnahme, um eine allzu große Machtfülle in einer Hand zu verhindern. War die Amtszeit abgelaufen, so winkte den nun ehemaligen Konsuln ein Posten als Prokonsul in einem der Herrschaftsgebiete des

Imperiums, natürlich auch zeitlich befristet. Die finale Schleife in der Karriere eines römischen Politikers in der Zeit der Republik war der lebenslange Sitz im Senat.

Der junge Octavian hatte die Mechanismen der römischen Politik rasch durchschaut. Die Ermordung seines Förderers und Adoptivvaters Caesar hatte ihm bewiesen, dass die römische Republik im alten Stil abgewirtschaftet hatte, es aber einer anderen Therapie und Rezeptur bedurfte als einer unverhohlenen Dictatur, wie sie Caesar praktiziert hatte. Also musste er Senat und Volk von Rom die von ihm angestrebte und als absolut notwendig diagnostizierte Monarchie nicht als Monarchie, sondern als eine modifizierte Form der gewohnten Republik anbieten. Die bekannten Institutionen der Republik wurden nicht angerührt, weiterhin gab es einen Senat, eine Volksversammlung und die bisherigen Ämter.

Das war der eine Teil der ausgeklügelten Strategie des Augustus. Natürlich musste er aber auch eine Erklärung dafür abliefern, dass die Republik offiziell angeblich wiederhergestellt war, es jedoch in seiner Person jemanden gab, der dauerhaft an den Schalthebeln der Macht saß. Das war höchst unrepublikanisch. In der Senatssitzung vom 13. Januar 27 v. Chr. verkündete er den Senatoren, er wolle die außerordentlichen Kompetenzen, mit denen ihn das Gremium für den Kampf gegen Antonius ausgestattet hatte, wieder zurückgeben. Er werde sich ins Privatleben zurückziehen. Daraufhin baten ihn die Senatoren inständig, sein Vorhaben zu überdenken und sich weiterhin in den Dienst der *res publica* zu stellen. Augustus sagte zu, und alle waren zufrieden. Ein perfektes Spiel, bei dem man argwöhnen darf, dass vorher einige Absprachen getroffen worden waren.

Das Prinzipat, wie das neu geschaffene Herrschaftsmodell nun genannt wurde, war ganz auf die Person des Augustus zugeschnitten. Der Prinzeps bezog seine Legitimation aus den Leistungen, die er für den Staat in der Zeit der Bürgerkriege erbracht hatte, und aus der allgemeinen Erwartung, dass er auch in Zukunft Garant für Sicherheit und Ordnung sein würde. Dafür, dass er der Richtige war, um das schlingernde römische Staatsschiff wieder auf Kurs zu bringen, sprach nach Augustus seine *auctoritas*. Dabei handelt es sich um einen wichtigen Begriff aus dem traditionellen Wertekanon der römischen Aristokratie. Er stand für das soziale Ansehen, das ein Einzelner aus seinen Taten und Leistungen bezog, und dieses Ansehen war bei Augustus größer als das aller anderen Aristokraten. Ob Augustus damals auch bereits daran gedacht hat, wie es mit dem Prinzipat nach seinem Tod weitergehen würde, lässt sich nicht beurteilen. Auf jeden Fall würde es schwer sein, einen Nachfolger zu finden – weniger weil man befürchten musste, dass ein Mangel an geeigneten Persönlichkeiten herrschte, als vielmehr weil es fraglich war, ob dieses ganz auf die Person des Augustus zugeschnittene Gebilde überhaupt transferierbar war. Viele Senatoren dürften daher im Jahr 27 v. Chr. der Ansicht gewesen sein, dass mit dem sich irgendwann sicher einstellenden Tod des Augustus auch das Prinzipat enden würde.

Doch dieses Problem sollte sich erst vierzig Jahre später stellen. Tiberius dürfte es zu diesem Zeitpunkt überhaupt nicht beschäftigt haben. Um den heranwachsenden späteren Kaiser kümmern sich die Quellen kaum. Wahrscheinlich gab es auch nichts Aufregendes zu berichten. Sicher genoss Tiberius die standesübliche Ausbildung aufstrebender junger römischer Aristokraten. Dazu gehörten Philosophie, Rhetorik, Literatur, Recht. Das nächste Datum, das von seiner frühen Biographie bekannt ist, ist der 24. April ebendieses Geburtsjahrs des römischen Prinzipats, 27 v. Chr. In einer Chronik, den *Fasti* von Praeneste, ist festgehalten, dass Tiberius an diesem Tag die *toga virilis* anlegte. Die »Männertoga« wurde in einer großen Zeremonie überreicht. Sie symbolisierte den Übergang vom Kindesalter in das Mannesalter. Der Betreffende war nun römischer Bürger und wurde entsprechend in die Bürgerliste eingetragen. Normalerweise unterzogen sich die Jugendlichen dieser ritualisierten Initiation, wenn sie sechzehn Jahre alt wurden. Sechzehn wurde Tiberius am 16. November 26 v. Chr. – es ging bei ihm also etwas schneller als üblich. Möglicherweise kam hier der Wunsch des Stiefvaters zum Tragen, seine Familie noch stärker publikumswirksam zu präsentieren, als es zuvor ohnehin schon der Fall gewesen war: Mit einem Kind Tiberius konnte man weniger Staat machen als mit dem Erwachsenen Tiberius.

## Im Dienst des Kaisers

Die Schonzeit war jetzt vorbei. Auch wenn sich Tiberius in der Gunst und Wertschätzung des Augustus hinter dessen Neffen Marcellus einreihen musste, wurde er jetzt zu einem wichtigen Teil des Familienunternehmens, dessen primärer Zweck es war, den Prinzeps bei der Wahrnehmung seiner Aufgaben zu unterstützen. Leute, die nicht zur Familie gehörten, hatten in diesem System wenig Chancen. Bei der Familie, so das Credo des Augustus, wusste man, was man hatte. Wenn man andere als Helfer brauchte, dann ließ sich das mittels Heiratspolitik bewerkstelligen. Seine einzige Tochter Iulia verheiratete Augustus erst mit seinem Neffen Marcellus, dann außerhalb der Familie mit seinem besten Mann Agrippa, und schließlich mit Tiberius. Nur ärgerlich für Augustus, dass er keinen leiblichen Sohn hatte. Die Ehe mit Livia blieb kinderlos. Wenn Augustus schon früh an die Bildung einer Dynastie gedacht haben sollte, auch mit Blick auf seine künftige Nachfolge, dann war das Fehlen eines leiblichen Sohnes aus seiner Sicht ein Manko. Dass er 76 Jahre alt werden würde, hätte Augustus, der eine ausgeprägte Nei-

Die kaiserliche Familie auf einem Fries der Ara Pacis. Der Friedensaltar wurde 9 v. Chr. vom Senat zu Ehren des Augustus geweiht. Die Figur in der Mitte (vorne 3. v. r.) kann als Tiberius gedeutet werden, flankiert von seiner Mutter Livia (l.) und seiner Schwägerin Antonia minor (r.).

gung zur Hypochondrie hatte und bei den kleinsten Anzeichen einer Erkältung sein Ende nahen sah, niemals für möglich gehalten. Er lebte in der ständigen Sorge, sich um seine Zukunft kümmern zu müssen – und natürlich auch um die Zukunft Roms, was für ihn aber dasselbe war.

Familiärer Einsatz im Dienste des Prinzeps konnte sich auf verschiedenen Ebenen abspielen – in der Politik, beim Militär, auch im kultisch-sakralen Bereich. Augustus entschied, dass Tiberius zuerst eine Arbeitsprobe auf militärischem Gebiet abliefern sollte. Gelegenheit dazu bot eine militärische Operation, die Augustus im Jahr nachdem Tiberius die *toga virilis* erhalten hatte, 26 v. Chr., in Angriff nahm. Ziel war das nördliche Spanien, wo die einheimischen Kantabrer sich nicht mit dem Wunsch der Römer anzufreunden vermochten, sie zu unterwerfen. Sie galten als kriegerisch und rebellisch und bildeten eine Insel der indigenen Unabhängigkeit auf der ansonsten von den Römern kontrollierten Iberischen Halbinsel. Tiberius, zum Zeitpunkt, als sich Augustus Richtung Spanien aufmachte, immer noch keine sechzehn Jahre alt, durfte oder musste mit in den Krieg ziehen. Er bekleidete den Rang eines *tribunus militum*, eines Militärtribuns.[18] Dabei handelte es sich um den Rang eines Offiziers innerhalb der Legion. Natürlich startete nicht jeder Soldat seine Karriere in der Legion als Offizier. Man musste sich im Normalfall langsam hochdienen. Aber das galt selbstverständlich nicht für Tiberius, den Stiefsohn des Prinzeps und Oberkommandierenden Augustus. Und es galt auch nicht für andere Mitglieder der Augustus-Familie oder für vornehme Söhne angesehener Senatoren. Diese leisteten, allerdings meist etwas älter als Tiberius, aber jedenfalls auch durch Protektion auf ihre Posten gelangt, zwölf oder fünfzehn Monate lang gehobenen Dienst in einer Legion und widmeten sich anschließend ihrer politischen Karriere.

Für Tiberius war die Teilnahme am Feldzug gegen die Kantabrer der Auftakt einer erstaunlichen militärischen Laufbahn. Erstaunlich deswegen, weil das Kriegswesen nicht so recht zu dem Charakterbild passen will, das die antiken Quellen, freilich meist auf den Kaiser und nicht auf den Vor-Kaiser bezogen, von ihm gezeichnet haben. Jedenfalls feierte er später als Militärführer und Kriegsherr seine größten Erfolge. Auch Marcellus, Augustus' Favorit, war bei dem kantabrischen Feldzug dabei. Nach dessen Beendigung im Jahr darauf erfolgte seine Heirat mit der Augustus-Tochter Iulia – ein Indiz, dass er Augustus während der Spanien-Kampagne keinen

Anlass gegeben hat, an seiner Wertschätzung für ihn Zweifel zu hegen. Konkret ist über Tiberius und Marcellus, was ihren Aufenthalt in Spanien anbelangt, nur zu hören, dass sie im Heerlager Spiele für die Soldaten veranstalteten.[19]

Tiberius befand sich nun grundsätzlich in einem Entwicklungsstadium, bei dem man davon ausgehen kann, dass er die familiären Umstände und die, wenn auch nicht alles überragende, so doch prominente Rolle, die ihm Augustus in Staat, Politik und Gesellschaft zuzukommen gedachte, sehr genau erfasste. So lernte er im Zusammenhang mit dem Kantabrischen Krieg eine wichtige Lektion. Augustus führte diesen Krieg nicht primär deswegen, weil die Kantabrer eine Bedrohung darstellten oder es ihm darum ging, die Iberische Halbinsel völlig unter römische Kontrolle zu bringen. Vielmehr diente ihm der Kriegszug dazu, innenpolitisch verwertbares Prestige zu gewinnen. Später, als Kaiser, sollte Tiberius aus dieser Erfahrung seine eigenen Konsequenzen ziehen.

In den folgenden Jahren sorgte Augustus dafür, dass Tiberius weitere wichtige Dienste für das Familienunternehmen leistete und sich dabei, wenn auch in überschaubarer Weise, in der Öffentlichkeit profilieren konnte. Marcellus wurde aber in noch deutlich größerem Umfang die Gelegenheit gegeben, sich wirksam und auffällig zu präsentieren. Durch die Heirat mit Iulia wurde er zum Schwiegersohn seines Onkels, des Prinzeps. Tiberius hingegen blieb einstweilen der Sohn von dessen Frau aus erster Ehe, verlobt immerhin mit der Tochter des Augustus-Intimus Agrippa. Marcellus galt allgemein als idealer Nachfolger des Augustus, falls diesem etwas zustoßen sollte, – genauer: er galt als *successor potentiae*, wie es Velleius Paterculus[20] formuliert, als Nachfolger in der Machtstellung des Augustus. Denn zu dieser Zeit war noch nicht absehbar, dass Augustus überhaupt einen Nachfolger in seiner Funktion als Prinzeps haben würde, war das Prinzipat doch ganz auf seine Person zugeschnitten und auch noch nicht als politisches System institutionalisiert.[21] Aber Marcellus traute man es von seinen Fähigkeiten und von der Wertschätzung vonseiten des Augustus her zu, Augustus, in welcher Form und mit welchem Status auch immer, dereinst zu beerben. In der öffentlichen Meinung kam er auf sehr positive Werte. Er verfügte über, wie man sagte, vielversprechende Anlagen, war von einer glücklichen Geistes- und Wesensart und somit bestens geeignet für eine Führungsposition.[22] Tacitus spricht sogar von der »heißen Liebe des Volkes«.[23] Derlei positiven

Porträt Iulias, der einzigen Tochter des Augustus und zweiten Ehefrau des Tiberius

Beurteilungen oder gar Lobeshymnen gab es bei Tiberius nicht. Mit einer Ausnahme: Sein Bewunderer, der Historiker Velleius Paterculus, findet nur freundliche Worte, die er allerdings notierte, als der so Gelobte bereits Kaiser war. »Er wuchs heran zu einem jungen Mann, dem alle Vorzüge reich zu Gebote standen: eine edle Geburt, gutes Aussehen, eine hoheitsvolle Gestalt, dazu die beste Ausbildung und hervorragende Geistesgaben.«[24]

Ende 24 v. Chr. stellte der Prinzeps den beiden nun Achtzehnjährigen eine Beförderung in Aussicht: Sie sollten das Recht erhalten, sich vor der Zeit um höhere Ämter zu bewerben. Es gehörte zu den Erfolgsrezepten des Augustus, die alte republikanische Magistratur beizubehalten. Noch immer konnten die Senatoren auf der Leiter der Ämterlaufbahn nach oben klettern, konnten sich als Quästoren, Ädilen, Prätoren oder Konsuln Meriten erwerben und dabei das Gefühl haben, weiterhin wichtig und bedeutend zu sein. Die Aristokratie, wusste Augustus, musste gut behandelt werden. Auch wenn sie nichts oder nur noch wenig zu sagen hatte – sie sollten sich dessen zumindest nicht bewusst sein. Fingerspitzengefühl im Umgang mit den Eliten zeigte Augustus etwa dadurch, dass er, wenn er eine Sitzung des Senats besuchte, den Ausführungen der Redner so aufmerksam lauschte, dass diese den Eindruck hatten, es würde ihn interessieren, was sie sagten. Ein Iulius Caesar hatte bei solchen Gelegenheiten eher den Eindruck erweckt, als sei es ihm lästig, den Reden der Senatoren zuhören zu müssen. So hatte er die Zeit genutzt, Briefe zu lesen oder zu diktieren. Das waren kleine, aber wichtige Gesten. Augustus durfte sich jedenfalls der Sympathien eines Großteils der Senatoren sicher sein, besonders natürlich derjenigen, die ohnehin zu seiner Anhängerschaft gehörten oder die ihm ihren Sitz im Senat zu verdanken hatten.

Für die Bekleidung der einzelnen Ämter gab es seit den Zeiten der Republik vorgeschriebene Mindestalter. Augustus, der in seiner revolutionären Bürgerkriegsphase gegen fast alle Regeln in der Politik verstoßen hatte, gab sich als Prinzeps besonders staatstragend und konservativ. So wollte er einerseits seinen Neffen Marcellus und seinen Stiefsohn Tiberius fördern und damit die Dynastie weiter politisch stärken, andererseits nicht das der Mehrzahl der Senatoren so wichtige Herkommen verletzen. Daher sorgte er dafür, dass der Senat eine Ausnahmeregelung traf: Marcellus wurde also zum kommenden Ädilen designiert, mit dem Privileg, im Senat unter den ehemaligen Prätoren abzustimmen. Außerdem sollte er sich zehn Jahre vor der Zeit um das Amt des Konsuls bewerben dürfen. Bei Tiberius war alles eine Nummer kleiner. Er sollte die Ämter fünf Jahre vor dem eigentlichen Mindestalter antreten dürfen und wurde erst einmal mit dem relativ unbedeutenden Amt des Quästors versorgt. Dieses Gremium, dem Tiberius nun ab Ende Dezember 24 v. Chr. angehörte, hatte in den Zeiten der Republik eine ähnliche Funktion wie heute der Rechnungshof: Es ging um die Aufsicht über die öffentlichen Kassen. Doch Tiberius beschäftigte sich in dieser Funktion mit anderen Aufgaben: »Nach den Anweisungen seines Stiefvaters«, wie es heißt,[25] kümmerte er sich um die Getreideversorgung der Hauptstadt Rom, die über den Hafen von Ostia abgewickelte wurde. Die Getreidepreise waren damals merklich angestiegen, die Ware wurde knapp. Die Getreidefrage war immer eine sensible Angelegenheit, das Volk reagierte gereizt, wenn die Versorgung nicht richtig funktionierte. Wenn Augustus diese Aufgabe seinem Stiefsohn übertrug, dann muss er viel Zutrauen in dessen Fähigkeiten gehabt haben. Schenkt man Velleius Paterculus Glauben, so habe man schon an der Art und Weise, wie Tiberius die Schwierigkeiten meisterte, dessen »künftiges Format« erkennen können.[26] Ein weiteres Problem, bei dem sich Tiberius engagierte, waren Auswüchse, die sich in ganz Italien bei den *ergastula* herausgebildet hatten.[27] Großgrundbesitzer hatten diese Arbeitshäuser eingerichtet, um darin Sklaven gefesselt zu kasernieren, die sie tagsüber bei der Feldarbeit einsetzten und bei denen sie die Gefahr sahen, dass sie jede Gelegenheit zur Flucht nutzen würden. In den Wirren der Bürgerkriege hatten entweder die Besitzer selbst oder auch Geschäftemacher harmlose Reisende und Fahnenflüchtige in ihre Arbeitshäuser verschleppt. So ließ Tiberius im Auftrag des Augustus an den betreffenden Orten Militärposten aufstellen, die für die Sicherheit sorgen sollten und die Arbeitshäuser zu kontrollieren hatten.

Das waren sicher verdienstvolle Tätigkeiten. Publikumswirksamer aber war die Aufgabe, die Marcellus zugefallen war. Als Ädil hatte er die Möglichkeit, die in Rom so beliebten Gladiatorenspiele zu organisieren, und er nutzte dieses Forum ausgiebig, indem er nicht weniger als 23 dieser Spektakel zur Aufführung brachte.[28] Das nötige Geld dafür hatte ihm Augustus zur Verfügung gestellt. In einem gewissen Kontrast zu diesem höchst blutigen Geschäft machte Augustus seinen Einfluss geltend, um Marcellus auch noch das ehrwürdige Amt des Pontifex maximus, des Oberpriesters, zu verschaffen.

Man kann nur spekulieren, was Tiberius empfand, als Marcellus schon kurz darauf im Nobelbad Baiae am Golf von Neapel an einer schweren Krankheit starb, die das Ergebnis einer damals in Italien grassierenden Epidemie war. Der neunzehnjährige Hoffnungsträger erhielt ein Staatsbegräbnis, Augustus selbst hielt die Leichenrede. Bestattet wurde der junge Mann im Mausoleum, das sich der Prinzeps auf dem Marsfeld in Rom für seine Familie hatte bauen lassen. Die größten Dichter aus Augustus' literarischen Umfeld, die gerne auch zur Propagierung seiner Herrschaft herangezogen wurden, steuerten hymnische Nachrufe bei.[29] Einige Jahre später, 11 v. Chr., wurde das ehrenhalber so bezeichnete Marcellus-Theater in Rom eingeweiht, das noch heute zu den archäologischen Attraktionen der Stadt am Tiber gehört.

Für die nächsten Jahre berichten die Quellen von vielfältigen Aktivitäten des Tiberius im öffentlichen Bereich, immer mit wohlwollender Unterstützung des Augustus. Hier erwies sich der junge Mann als talentiert, tatkräftig und umsichtig. Er war alles andere als bloß der Günstling eines mächtigen, protegierenden Stiefvaters. Tiberius war den Aufgaben, die man ihm stellte, immer gewachsen. Sie wurden von ihm mit großer Souveränität gelöst – niemals spektakulär, aber immer seriös und effizient. Damals wusste in Rom noch niemand, dass hier ein späterer Kaiser seine Ausbildungszeit absolvierte. Heutige Historiker wissen, wie immer, mehr als die Akteure, über die sie berichten. Sie erkennen in dem jungen Tiberius bereits manches von dem späteren Tiberius, dem Prinzeps, dem Ersten Mann in einem globalen Imperium. So, wie er später seine politischen Hausaufgaben machte, so absolvierte er sein Pensum auch in jenen Jahren, als er unter der Ägide des Augustus immer mehr Verantwortung übernahm.

In dieser Zeit bewährte sich Tiberius zudem durch überzeugende Auftritte vor Gericht. Der römische Kaiser musste ein Multitalent sein; alles, was im öffentlichen Leben geschah, fiel in sein Ressort. In einem Staat, der erst allmählich, im weiteren Verlauf der Kaiserzeit, eine professionelle Verwaltung und Bürokratie etablierte, in einem System, das von patronalen Strukturen geprägt war – mit dem Prinzeps als dem obersten Patron aller Römer –, fiel auch die gesamte Gerichtsbarkeit in seinen Kompetenzbereich. So präsidierte er dem kaiserlichen Gericht in Rom. Es war für praktisch alle Ressorts der Justiz – Zivil-, Straf- und Verwaltungsrecht – zuständig. Der Kaiser war für die Städte im Reich, für die Klientelfürsten, auch für Einzelpersonen die erste Adresse, wenn es um juristische Fragen, um das Recht, ging (auch wenn sich der Prinzeps natürlich nicht persönlich um jeden Ladendiebstahl kümmerte).

So verbrachte schon der erste Prinzeps Augustus viel Zeit als Vorsitzender in Gerichtsverhandlungen, und Tiberius war oft dabei – nicht etwa nur als Zuschauer, sondern als engagierter Ankläger oder Anwalt.

Einer der ersten Klienten, die Tiberius verteidigte, war ein König namens Archelaos. Er regierte das Reich von Kappadokien im Herzen Anatoliens und war einer jener zahlreichen Klientelfürsten im Osten, die zwar nominell autonom, faktisch aber von Rom abhängig waren. Archelaos wurde in Rom von seinen eigenen Untertanen angeklagt, und offenbar gelang es Tiberius, für ihn einen Freispruch zu erwirken. Derlei Einsätze schufen nach den Regeln des sozialen Koordinatensystems der Römer ein besonderes Verhältnis der einklagbaren Loyalität. Als sich Archelaos später gegenüber seinem Patron Tiberius undankbar zeigte, klagte ihn dieser – er war bereits Kaiser – selbst vor dem Senat in Rom an, und sein Herrschaftsbereich Kappadokien wurde in das römische Imperium einbezogen.

Auch die Vertreter von Städten durften sich darüber freuen, dass sich der Stiefsohn des Prinzeps persönlich vor Gericht für ihre Belange einsetzte.[30] Besonders bewährte sich Tiberius dabei als Katastrophenmanager; er sammelte in dieser Eigenschaft Erfahrungen, die er später als Prinzeps in kaiserliches Handeln umsetzen konnte. Gesandte aus Laodikeia, Thyatira und Chios baten damals (mit Erfolg) um Hilfe, weil ihre Städte von Erdbeben heimgesucht worden waren. Ihr Fürsprecher Tiberius sammelte bei dieser Gelegenheit Sympathien auch außerhalb Italiens.

Als Ankläger konnte sich Tiberius profilieren, als 23 v. Chr.[31] eine Verschwörung gegen Kaiser Augustus aufgedeckt wurde. Zwar saß dieser da schon fest im Sattel, sein Werben um Akzeptanz bei den relevanten Gruppen der Bevölkerung, zu denen vor allem die Senatoren, das Militär und die *plebs urbana*, die stadtrömische Bevölkerung, zählten, war insgesamt von Erfolg gekrönt. Aber es gab dennoch immer wieder oppositionelle Bewegungen – weniger systemkritisch als vielmehr gegen die Person des Kaisers gerichtet. Manchmal ging es auch einfach nur um Abrechnung wegen enttäuschter Karriereziele, Zurückstellung oder Beleidigung. Rädelsführer der Verschwörung von 23 v. Chr. war, neben dem Konsul Terentius Murena, ein gewisser Fannius Caepio, der, hätte er sich nicht an diesem Unternehmen beteiligt, sicher keinen Eingang in die antiken Quellen gefunden hätte. Velleius Paterculus nennt ihn einen »höchst üblen Zeitgenossen«,[32] womit er allerdings nicht gerade ein differenziertes Persönlichkeitsprofil liefert. Fannius Caepios Ziel war offenbar ein Attentat auf den Prinzeps. Jedoch wurden die Pläne verraten, die Verdächtigen, ihrerseits gewarnt, flohen aus der Stadt. In Abwesenheit wurde ihnen in Rom der Prozess gemacht. Die Anklage lautete auf Hochverrat. Tiberius fungierte nun also als Ankläger, und er erreichte, dass Caepio und seine Mitverschworenen zum Tode verurteilt wurden. Nun wurde in ganz Italien eine Fahndung eingeleitet. Die Verurteilten wurden gefasst und hingerichtet.

Bis dahin waren, abgesehen vom Kantabrischen Krieg, Rom und Italien das Einsatzgebiet des Tiberius gewesen. Das änderte sich im Jahr 20 v. Chr., als Augustus seinen nunmehr im 22. Lebensjahr befindlichen Stiefsohn mit einer schwierigen Mission im Orient betraute. Tiberius begleitete den Kaiser in eine Region, die seit den Zeiten der späten Republik ein Krisengebiet war. Zwei Problemfelder beschäftigten die römische Außenpolitik besonders: zum einen die Armenien-Frage, zum anderen das Verhältnis zum Reich der

Parther im Iran. Im Zuge der römischen Expansion im Osten war das Königreich Armenien in den Sechzigerjahren des 1. Jahrhunderts v. Chr. unter römischen Einfluss geraten: Jede Neubesetzung des armenischen Thrones musste vom römischen Senat sanktioniert werden. In der Folge kam es immer wieder zu Konflikten, wenn jene armenischen Prätendenten, die nicht zum Zuge kamen, sich mit der Bitte um Unterstützung an ihren mächtigen östlichen Nachbarn, den parthischen Großkönig, wandten.

Diese Parther waren Roms großer Gegner im Osten. Unter der Dynastie der Arsakiden, die sich zur zweiten großen Vormacht im Iran nach den Achämeniden aufgeschwungen hatten, errichteten sie ein Reich von bedeutender territorialer Ausdehnung. Die Grenze zwischen Rom und dem Partherreich markierte der Euphrat. Die Situation war latent spannungsreich, immer wieder kam es zu Konflikten und Auseinandersetzungen.

20 v. Chr. also brach Augustus zusammen mit Tiberius in den Osten auf. Während der Prinzeps erst nach Samos und anschließend nach Syrien reiste, sollte sich Tiberius um die Lösung der Armenien- und der Parther-Frage kümmern. Der armenische Königssohn Tigranes hatte infolge von Thronstreitigkeiten das Land verlassen und in Rom Zuflucht gesucht, dies natürlich in der Hoffnung, mit römischer Hilfe seinen regierenden Bruder Artaxes ablösen zu können. Dieser hatte sich in Rom dadurch unbeliebt gemacht, dass er, von Marcus Antonius im Zuge von dessen expansiver Ostpolitik vertrieben, sich zu den Parthern begeben, mit deren Hilfe den Thron gewonnen und bei dieser Gelegenheit alle Römer, die sich im Lande aufhielten, getötet hatte. Rom hatte daher ein vitales Interesse daran, den renitenten und unberechenbaren Herrscher abzulösen. Der romtreue Tigranes erschien dafür als das geeignete Instrument. Tiberius erhielt nun von Augustus die Anweisung, das operative Geschäft zu übernehmen, den König zu stürzen und dafür dessen Bruder einzusetzen.

Als er mit seinen Truppen – insgesamt waren es sechs Legionen – in Armenien einmarschierte, erhielt Tiberius die Nachricht, Artaxes sei ermordet worden,[33] offenbar von romtreuen Kreisen, die sich von diesem Akt des vorauseilenden Gehorsams wohl Vorteile erhofften. Tiberius krönte Tigranes in einer öffentlichen Zeremonie im Feldlager vor der Hauptstadt Artaxata zum neuen armenischen König, indem er ihm das Diadem aufsetzte, und konnte Augustus den erfolgreichen Vollzug melden. Ein Triumph war die Aktion für Tiberius nicht: Als er kam, hatten die Armenier ihr

Thronproblem bereits selbst gelöst.[34] Überhaupt ist kaum anzunehmen, dass Augustus dem militärisch bis dahin noch unbedarften Stiefsohn tatsächlich das Oberkommando über die Legionen anvertraut hat. Vielmehr wird die faktische Leitung kundigen Legaten übertragen worden sein. Doch ein Prestigeerfolg war der Einsatz in Armenien für Tiberius allemal. Fern der Heimat hatte er sich als politischer Geschäftsführer des Augustus bewährt und zugleich seinen Namen bei den Königen, Fürsten und Städten des Ostens bekannt gemacht.

Bei den Parthern herrschte an der Reichsspitze ebenfalls große Unruhe. Das Muster war dasselbe wie im Fall Armenien. Der legitime König Phraates IV. wurde intern von dem Prätendenten Tiridates bedrängt und zwischenzeitlich zur Flucht gezwungen. Tiridates hatte, um seine Ansprüche auf den Thron zu untermauern, mit Augustus Verbindung aufgenommen, nachdem es dem legitimen Herrscher Phraates gelungen war, seine Machtstellung wieder zu etablieren. Die Installierung des romfreundlichen Tigranes auf dem Thron im benachbarten Armenien und die Furcht, die Römer könnten, mit Tiridates in der Hinterhand, bei den Parthern Ähnliches planen, dürfte einer der Gründe dafür gewesen sein, dass der Großkönig Bereitschaft signalisierte, mit Augustus ein diplomatisches Abkommen zu schließen. Zu seinem Forderungskatalog gehörte die Rückgabe seines Sohnes, den Tiridates in seine Gewalt gebracht hatte. Auf der Angebotsseite winkte er mit der von den Römern ersehnten Rückgabe der in der Schlacht von Karrhai erbeuteten Feldzeichen sowie mit der Freilassung der römischen Soldaten, die zu diesem Zeitpunkt bereits 33 Jahre lang in parthischer Gefangenschaft saßen.

Die Schlacht von Karrhai – oder, wie die Römer sagten, Carrhae – war ein Stachel, der tief im römischen Selbstbewusstsein saß. Damals, im Jahr 53 v. Chr., hatte Marcus Licinius Crassus eine römische Armee an den Euphrat geschickt und fatalerweise selbst die Führung des Unternehmens übernommen – er hatte keine militärische Erfahrung. Er war der reichste Mann von Rom, hatte sein Vermögen durch Immobilienspekulationen erworben. Als Iulius Caesar und Gnaeus Pompeius in den Wirren der späten Republik 60 v. Chr. eine politische Allianz schmiedeten, nahmen sie Crassus wegen seines Reichtums hinzu. Um sich zu beweisen, riskierte er das Abenteuer eines Feldzuges gegen die Parther und zeichnete letztlich für eine der schlimmsten Niederlagen in der Geschichte Roms verantwortlich. Crassus selbst starb auf dem Schlachtfeld, mit ihm viele seiner Legionäre. Die

Schmach war komplett, als den Parthern auch noch die Feldzeichen in die Hände fielen. Diese mit Adlern dekorierten Standarten waren so etwas wie die gemeinsame Erkennungsmarke der Legionen. Sie waren so wichtig, dass man ihnen sogar kultische Bedeutung beimaß.

33 Jahre verstaubten die Adler in den parthischen Trophäenschränken. Sie hatten zwischenzeitlich noch Zuwachs erhalten. Auch Marcus Antonius hatte 36 v. Chr. in seiner Eigenschaft als Triumvir des Orients den Versuch unternommen, mit einem Sieg über die Parther innenpolitisch verwertbares Kapital zu ernten und gleichzeitig außenpolitisch die Machtverhältnisse in der Euphrat-Region zugunsten der Römer zu gestalten. Das Ergebnis war nicht so katastrophal wie die Niederlage des Crassus bei Karrhai, doch waren auch die Feldzeichen seiner Armee von den Parthern erbeutet worden.

Daher war es ein großer Tag für Tiberius, als ihm parthische Gesandte zusammen mit den Gefangenen, die noch am Leben waren, am Euphrat die Feldzeichen aushändigten. Aber war es überhaupt Tiberius, der die Standarten in Empfang nahm? Bei Velleius Paterculus, dem großen Tiberius-Freund unter den antiken Historikern, heißt es lapidar, die Feldzeichen seien vom Partherkönig an Augustus zurückgesandt worden.[35] Von einer Beteiligung des Tiberius ist nicht die Rede, sein Name fällt in diesem Zusammenhang überhaupt nicht. Hätte sich Velleius die Chance entgehen lassen, auf eine solch verdienstvolle Tat hinzuweisen? Also, so schlussfolgern die Skeptiker, war nicht Tiberius der Abnehmer, sondern ein Offizieller aus seinem Stab. Der Zeitgenosse Strabon[36] indes führt den Namen Tiberius explizit an, ohne dass er einen Grund gehabt hätte, dem späteren Prinzeps einen besonderen Gefallen zu erweisen, indem er ihn, gegen die Fakten, zum Empfänger machte. Keine Klarheit verschafft die bildliche Darstellung der Übergabe auf dem Brustpanzer des »Augustus von Primaporta«, einer über zwei Meter hohen Statue des ersten Prinzeps, die 1863 in einer Villa der Livia entdeckt wurde und deren Vorlage aus der Zeit kurz nach 20 v. Chr. stammt. In dem Relief auf dem Brustpanzer handelt es sich bei der Gestalt in der Tracht eines römischen Soldaten nicht um Tiberius, sondern wahrscheinlich um die Personifizierung des Mars Ultor, des rächenden Kriegsgottes.[37] So viel Ehre wollte Augustus dem Stiefsohn dann doch nicht zukommen lassen.

Jedenfalls konnte der 22-Jährige nach Rom Vollzug melden. Er hatte seine außenpolitische Feuertaufe eindrucksvoll bestanden. Den Ruhm ern-

Der Brustpanzer der Augustus-Statue von Primaporta zeigt die Übergabe der Feldzeichen durch die Parther.

Denar des Augustus mit der Darstellung der Feldzeichen und der Legende SIGNIS RECEPTIS.

tete indes allein der propagandistisch hochbegabte Prinzeps Augustus. Die Rückgabe der Feldzeichen wurde in allen zur Verfügung stehenden Medien groß aufgemacht. Den Ton, der dabei angestimmt wurde, hat Augustus selbst in seinem kurz vor seinem Tod veröffentlichten Tatenbericht, den *Res gestae*, noch einmal auf den Punkt gebracht: *Mir* gaben die Parther, so der Tenor, die Beute und Feldzeichen römischer Heere zurück, *mich* baten sie demütig um die Freundschaft des römischen Volkes.[38] Das war eine etwas eigenwillige Interpretation der Vorgänge, hatte aber den Vorteil, dem Verzicht auf eine weitere kriegerische Auseinandersetzung mit den Parthern eine Deutung zu geben, die Augustus als Sieger erscheinen ließ. Wie Cassius Dio mitteilt,[39] kommentierte Augustus die Übergabe mit den Worten, er habe, ohne kämpfen zu müssen, wiedergewonnen, was früher auf dem Schlachtfeld verloren gegangen war. Dichter im Dienste des Prinzeps griffen zur Feder und verstiegen sich, wie Horaz, zu hymnischen Lobpreisungen: »Dein Zeitalter, o Caesar, / hat die Feldzeichen unserem Himmel wiedergeschenkt, / hat sie herabgerissen von den stolzen Pforten der Parther.«[40] Münzen, die nicht nur ein Zahlungsmittel, sondern auch Plattform zur Verbreitung politischer Botschaften aus dem Kaiserhaus waren, feierten den vermeintlichen Triumph über die Parther mit der Legende *SIGNIS RECEPTIS* und signalisierten auf diese Weise, dass sie »aufgrund der Rückgabe der Feldzeichen« geprägt worden waren. Das Konterfei des Augustus auf der Vorderseite zeigte, wer für diesen Erfolg gerne verantwortlich sein wollte.[41]

Die Feldzeichen wurden später in einer feierlichen Zeremonie im Tempel des Mars Ultor auf dem Forum des Augustus in Rom deponiert.

Von Tiberius, der das operative Geschäft vor Ort durchgeführt hatte, war bei dieser Feierorgie nicht die Rede. Ob er sich dabei wieder einmal zurückgesetzt gefühlt hat? Angaben darüber verbieten sich, weil die Gefühlswelt des Tiberius in den Quellen nicht authentisch dokumentiert ist. Ein Trostpflaster aber war immerhin die Verleihung der *ornamenta praetoria*. Diese Rangabzeichen eines Prätors, also eines der alten republikanischen Magistrate, deren Weiterexistenz in der Kaiserzeit zu den Mitteln gehörte, mit denen Augustus die Illusion des Weiterbestehens der republikanischen Ordnung herzustellen bestrebt war, waren für den 23-jährigen Tiberius immerhin eine Auszeichnung, die ihm zeigte, dass für ihn auf der Skala der Wertschätzung des Prinzeps ein Platz in den oberen Regionen reserviert war.

Nach der Rückkehr aus dem Orient und der Ausstattung mit den Insignien eines Prätors vergingen drei Jahre, in denen wir über Tiberius nichts hören. Diese Lücke in der Biographie schließt sich erst 16 v. Chr. Dieses Jahr war für ihn, nun 26-jährig, politisch und persönlich ein besonderes. Zunächst verschaffte ihm Augustus, mit formaler Zustimmung des Senats, das nunmehr reguläre Amt eines Prätors. Die Zeiten, in denen die Magistrate vom Volk gewählt wurden, waren vorbei. Der Kaiser benannte seine Favoriten, und die Senatoren, von denen die meisten ihren Sitz dem Kaiser verdankten, nickten die Vorschläge ohne Diskussion ab.

Im selben Jahr fand die Heirat zwischen Tiberius und seiner nunmehr siebzehnjährigen Dauerverlobten Vipsania Agrippina statt. Damit wurde das Arrangement zwischen Augustus und seinem wichtigen Helfer Agrippa perfekt gemacht. Tiberius wusste, was man von ihm als Ehemann erwartete, und so konnte er im Jahr darauf Augustus, Livia, Agrippa und der römischen Öffentlichkeit die erfreuliche Mitteilung machen, dass er stolzer Vater eines Sohnes namens Drusus geworden war. Nun hatte er einen Bruder namens Drusus (den man heute gern als Drusus den Älteren bezeichnet) und einen Sohn namens Drusus (konsequenterweise Drusus der Jüngere). Drusus, der Bruder, hatte im selben Jahr eine Ehe geschlossen. Seine Auserwählte trug – in femininer Form – einen großen Namen: Antonia. Sie war die jüngere Schwester des einstigen Triumvirn Marcus Antonius. Diese Ehe war einer der dynastischen Schachzüge, mit denen Augustus seine eigene Machtstellung zu sichern und auszubauen versuchte. Denn indem er einen seiner Stiefsöhne mit einer Schwester jenes Mannes verheiratete, mit dem er erbittert um die Herrschaft gestritten und den er nach dem Sieg in der Schlacht von Aktion in den Selbstmord getrieben hatte, konnte er hoffen, wenigstens einen Teil von dessen Anhängerschaft für sich zu gewinnen. Das gleiche Prinzip hatte der Prinzeps angewandt, als er Kleopatra Selene, die Tochter des Antonius und der letzten ägyptischen Königin Kleopatra, mit Iuba, dem römischen Klientelkönig von Mauretanien, verheiratet hatte.

Auch Drusus zeigte sich in seiner Ehe perspektivisch produktiv: Antonia gebar eine ganze Reihe von Kindern, allerdings überlebten nur drei die auch in den oberen Kreisen schwierige Phase der ersten Monate des Daseins. Später sollten sie auf unterschiedliche Weise Karriere machen und auch das Leben des Tiberius mehrfach und in entscheidender Weise kreuzen: Germanicus, Livilla und Claudius.

Germanicus hieß eigentlich nicht Germanicus, sondern, gemäß einer sich ausbildenden Tradition in der iulisch-claudischen Familie, Nero Claudius Drusus. Er kam am 24. Mai 15 v. Chr. zur Welt, war also gut 27 Jahre jünger als sein Onkel Tiberius. Den Beinamen »Germanicus« erbte er von seinem Vater Drusus. »Germanen-Besieger« war Drusus genannt worden, nachdem er gemeinsam mit seinem Bruder Tiberius im Auftrag des Prinzeps militärische Unternehmungen in Germanien geleitet hatte – mit einem für Drusus fatalen, ja dramatischen Ende. Germanicus wurde zu einer strahlenden, charismatischen Persönlichkeit, er eroberte die Herzen der Menschen im Sturm. Insofern war er später ein charakterlicher Gegenentwurf zu Tiberius, dem das Kommunizieren mit anderen immer schwerfiel. Germanicus wurde zum erklärten Liebling des Augustus, der ihn bis zu seinem Tod in besonderer Weise pflegte und förderte. In die Geschichte ist Germanicus auch als der Vater des dritten römischen Kaisers und damit des direkten Nachfolgers des Tiberius eingegangen. Dieser hieß offiziell Gaius Caesar Germanicus, doch nannte man ihn nur Caligula, »Soldatenstiefelchen«, weil er, wenn er als kleines Kind mit seinem Vater in Heerlagern unterwegs war, gerne *caligae*, Soldatenstiefel, trug.

Livilla, um 13 v. Chr. geboren, wuchs zu einer allseits begehrten Frau heran – wie in den höchsten Gesellschaftsschichten Roms üblich, würde derjenige, der sie dereinst heiraten würde, Aussicht auf eine glänzende Karriere haben. Für Augustus war sie eine weitere höchst willkommene Figur in seinen Machtspielen. Zweimal schloss sie den, wie üblich, nicht lebenslangen »Bund fürs Leben«, bevor sie im Jahr 31 n. Chr., in Intrigen und Skandale im Rahmen der Affären um den Prätorianerpräfekten Seian verwickelt, verurteilt und hingerichtet wurde.

Der Dritte im Bunde der Nachkommen des älteren Drusus brachte es, was keiner erwartet hatte und alle erstaunte, am weitesten: Denn Claudius beerbte im Jahr 41 n. Chr. seinen Neffen Caligula, nachdem dieser Opfer eines Attentats geworden war, als Kaiser. Er wurde der vierte in der Reihe der iulisch-claudischen Herrscher, die in Nero ihren Abschluss finden sollte.

Das familiäre Umfeld, in dem Tiberius sich bewegte, wurde also im Laufe der Zeit komplexer. Er selbst lief allerdings nie Gefahr, den Überblick zu verlieren. Die Angehörigen der iulisch-claudischen Dynastie waren Familienmenschen – nicht so sehr deshalb, weil sie ihre Familie so sehr liebten, sondern weil jeder von ihnen aufpassen musste, im innerfamiliären Wettstreit um Macht und Einfluss nicht zu kurz zu kommen. Angenommen, Tiberius nahm im Jahr 15 v. Chr. eine Bestandsaufnahme des engeren Familien-Personals vor, so wäre er zu folgendem Ergebnis gekommen: Sein leiblicher Vater Tiberius Claudius Nero war tot. Seine Mutter hieß Livia. Sie lebte in zweiter Ehe mit Augustus zusammen, der früher Octavian geheißen hatte und der jetzt Herrscher über das Römische Reich war. Tiberius hatte einen Bruder namens Drusus, der wie er aus Livias erster Ehe stammte. Augustus selbst hatte aus einer früheren Verbindung eine Tochter namens Iulia in die Ehe mit Livia gebracht. Die Ehe zwischen Augustus und Livia blieb kinderlos. Tiberius war seit Kurzem verheiratet mit Vipsania Agrippina. Sie war die Tochter des Marcus Vipsanius Agrippa, der Freund, Berater, Feldherr, Helfer seines Stiefvaters Augustus war. Mit ihr hatte er einen gemeinsamen Sohn namens Drusus. Sein Bruder Drusus war mit Antonia, der Tochter des Marcus Antonius, verheiratet. Ihr erster Sohn war Germanicus, ihm folgten später Livilla und Claudius.

Tiberius und Vipsania kamen »gut miteinander aus«.[42] Diese lapidare Aussage lässt viel Interpretationsspielraum, zeigt aber auf jeden Fall an, dass Tiberius, den die Quellen gern als Eigenbrötler schildern, zu einer partnerschaftlichen Beziehung grundsätzlich in der Lage gewesen ist. Ja er »hing sogar sehr an ihr«, wie Sueton weiter mitteilt. Gerne erführe man, wie Vipsania Agrippina ihre Ehe bewertete, doch dafür gibt es in den Quellen keinen Anhaltspunkt. Die Ehe sollte vier – offenbar glückliche – Jahre halten.

Dann griff wieder der allmächtige Augustus ein und ordnete an, dass Tiberius Vipsania aufgeben und eine andere Frau heiraten sollte. Und zwar nicht irgendeine Frau, sondern seine eigene Tochter Iulia.

Bis dahin allerdings standen für Tiberius neue Aufgaben im Dienste des Staates an. Im Jahr 16 v. Chr., gleich nachdem Augustus den Stiefsohn zum Prätor gemacht hatte, schickte er ihn nach Gallien: Nachdem er sich bereits im Osten des Reiches bewährt hatte, sollte er nun auch den Westen des Imperiums kennenlernen. Für knapp ein Jahr wirkte er als Statthalter in dem Gebiet zwischen Rhein, Nordsee und Atlantik, das Iulius Caesar in seinem »Gallischen Krieg« für Roms Ruhm und zum Zweck der eigenen Karriereförderung erobert hatte – zum Leidwesen von Generationen von Lateinlernenden hat Caesar diese Jahre auch noch in seinen *Commentarii de bello Gallico* beschrieben.

Wahrscheinlich diente der Aufenthalt im heutigen Frankreich der diplomatischen und militärischen Vorbereitung eines großen Unternehmens, das Augustus seit einiger Zeit beschäftigte und das er nun in Angriff zu nehmen beabsichtigte. Der Prinzeps stand unter Erfolgsdruck. Er verdankte seine Ausnahmestellung im römischen Staat dem Umstand, dass er überzeugend die Ansicht verbreitet hatte, er sei der Garant des Wohlergehens von Staat und Gesellschaft. Sicherheit und Ordnung waren wichtig. Genauso wichtig aber waren militärische Erfolge. Sie wurden vom Kaiser einfach erwartet. Und dies nicht etwa in dem Sinne, dass er das Reich verteidigte. Offensive hieß die Devise. Der Kaiser sollte expandieren und annektieren. Das war in den Augen der Senatoren und vor allem auch der Soldaten der Tauglichkeitsnachweis. *Virtus* nannten die Römer seit den alten Tagen der Republik jene Kardinaltugend, die jeder besitzen musste, der in Rom einen Führungsanspruch erhob. Es war der Nachweis militärischer Leistungsfähigkeit.

Der Kompromiss mit den Parthern 20 v. Chr. und der damit verbundene Verzicht auf eine expansive Politik jenseits des Euphrats waren von Augustus als großer Erfolg verkauft worden. Jedoch zeigt der Aufwand der propagandistischen Aktivitäten an, wie notwendig es war, Überzeugungsarbeit zu leisten. Es hatte aus den Kreisen des Senats und der Militärs viel Kritik an der Passivität des Prinzeps gegeben. Augustus brauchte einen Befreiungsschlag in Form eines möglichst spektakulären militärischen Unternehmens. Und da fiel der Blick eben auf Germanien, genauer: das »freie« Germanien, also jenen Teil der von Germanen bewohnten oder besiedelten Gebiete, die östlich des Rheins lagen. Seit den Eroberungen Caesars in Gallien bildete der Rhein die Grenze zwischen den Römern und den Germanen. Die Römer sprachen von »den Germanen«, unterschieden aber zugleich eine Vielzahl von einzelnen Stämmen. Politisch bildeten »die Germanen« zu keinem Zeitpunkt eine Einheit, vielmehr handelte es sich um einzelne konkurrierende Gruppen (Caesar hatte die Methode entwickelt, Stämme, die miteinander im Konflikt waren, gegeneinander auszuspielen).

16 v. Chr. nun erlitt der Legat Marcus Lollius am Niederrhein eine heftige Niederlage gegen drei germanische Stämme. Augustus eilte persönlich nach Gallien, um weiteren Schaden abzuwenden. Dass Tiberius zur selben Zeit als Statthalter in Gallien fungierte, kann kein Zufall sein. Es scheint auch zu Unstimmigkeiten zwischen ihm und Lollius gekommen zu sein. Jedenfalls herrschte in der Folgezeit zwischen beiden kommunikative Eiszeit.

Die Lollius-Niederlage war für Augustus ein willkommener Anlass, seine hochfliegenden Germanien-Pläne in die Tat umzusetzen und damit sein militärpolitisches Verdienstkonto in den positiven Bereich zu führen. Ob er von Anfang an den Plan hatte, die römische Herrschaft bis an die Elbe auszudehnen, oder ob sich dieses Ziel erst im weiteren Verlauf der militärischen Aktion ergab, lässt sich nicht entscheiden. Die Frage wird in der Forschung auch sehr kontrovers diskutiert.[43] Faktisch jedenfalls begannen die Vorbereitungen zu einem Angriffskrieg in Richtung »freies Germanien« exakt in jenem Jahr 16 v. Chr.

Seinen beiden Stiefsöhnen Tiberius und Drusus wies der Prinzeps dabei eine entscheidende Rolle zu, gemäß seiner Devise, wichtige politische und militärische Angelegenheiten immer von Familienmitgliedern durchführen zu lassen. Auf diese Weise wurde verhindert, dass sich außerhalb der Familie ein bedrohliches Konkurrenzpotential ansammeln konnte. Der Auftrag für Drusus und Tiberius lautete: Unterwerfung der keltischen Alpenvölker, um den Weg für das weitere Vordringen nach Norden, nach Germanien, frei zu machen. Dabei hatte Augustus anscheinend mehr Vertrauen in Drusus als in dessen älteren Bruder Tiberius. Denn zuerst schickte er Drusus in die Alpen, Tiberius wurde später in Marsch gesetzt.[44] Im Verlauf des Jahres 15 v. Chr. gelang es den beiden Brüdern, in teils getrennten, teils gemeinsamen Aktionen die Völker der Zentralalpen und des nördlichen Alpenvorlandes zu unterwerfen.

Das Tropaion Alpium in La Turbie: ein Denkmal für die Unterwerfung der Alpenvölker

Einzelheiten über den Ablauf der Aktionen bieten die Quellen nicht. Jedoch überliefert der griechische Historiker und Geograph Strabon, der in augusteischer Zeit schrieb, in Bezug auf Tiberius eine bemerkenswerte Episode am Bodensee, der bis dahin noch keinen prominenten Platz im imperialen Denken der Römer gehabt hatte.[45] Doch dann kam Tiberius im Rahmen der Eroberung der Alpenregion im Verlauf des Jahres 15 v. Chr. zum *lacus Brigantinus* – so hieß der See bei den Römern, nach einem Stamm namens Brigantier, die wiederum Teil der keltischen Volksgruppe der Vindeliker waren und denen die heutige österreichische Stadt Bregenz ihren Namen verdankt –, und es ereignete sich unter seiner aktivsten Beteiligung die (allgemein wenig bekannte) »Schlacht am Bodensee«. Tiberius' Gegner waren die Vindeliker. Sie waren berühmt und gefürchtet wegen ihrer Kampfkraft, die sie schon mehrfach unter Beweis gestellt hatten. Sie setzten alles daran, die römische Okkupation zu verhindern. »Der See«, so berichtet

Strabon, »enthält auch eine Insel, derer sich Tiberius als Stützpunkt bediente, als er gegen die Vindeliker in einem Seegefecht kämpfte.« Bei der Insel dürfte es sich um die Insel Mainau handeln, die also für sich das Privileg in Anspruch nehmen darf, einmal den späteren römischen Kaiser Tiberius als – wenn auch unwillkommenen – Gast beherbergt zu haben. Details der Schlacht im Bodensee liefert Strabon ebenso wenig wie Cassius Dio, der nur davon spricht, dass Tiberius auf Schiffen den See überquerte.[46] Jedoch ist klar, dass der Kampf zugunsten der Römer ausging. Die Bodensee-Vindeliker wurden anschließend derselben Prozedur unterzogen, die Tiberius und Drusus bei der Unterwerfung der Alpenvölker generell anwandten: Da man wusste, dass es unmöglich war, die Alpen flächendeckend zu kontrollieren, integrierte man die besiegten Verbände in die römische Armee und stellte ihnen zum Ausgleich die Beibehaltung der kommunalen Autonomie in Aussicht.

Das Resultat der ganzen Alpenkampagne des Tiberius und des Drusus fasste der Tiberius-freundliche Velleius Paterculus in den mit typisch römischer Barbarentopik angefüllten Worten zusammen: »Sie erstürmten zahlreiche Städte und Kastelle, blieben auch in offener Feldschlacht erfolgreich, und obwohl diese Völker durch die Natur ihres Landes geschützt, äußerst schwer angreifbar, dazu zahlenmäßig stark und von wilder Kampfeslust erfüllt waren, unterwarfen sie sie völlig.«[47]

Spezielle Angaben über den alpinen Feldzug liefert ein Monument in dem französischen Ort La Turbie oberhalb von Monaco, zugleich ein Zeugnis von dessen propagandistischer Verwertung. Bekannt ist es unter dem Namen Tropaion oder (lateinisch) Tropaeum Alpium bzw. Augusti – das Siegesdenkmal des Augustus in den Alpen. Es wurde 7/6 v. Chr. eingeweiht und sollte an die Unterwerfung der Alpenvölker erinnern. Noch im heutigen rekonstruierten Zustand vermittelt das Bauwerk einen guten Eindruck von seiner einstigen Pracht. Direkt an der Via Iulia Augusta gelegen, die von der ligurischen Küste bis nach Südfrankreich führte, kündete es stolz von dem Erfolg der römischen Waffen. Das Monument zierte eine Inschrift, die dank des Umstandes, dass der römische Autor Plinius der Ältere ihren Wortlaut wiedergegeben hat, wiederhergestellt werden konnte.[48] Darin werden 46 Stämme einzeln aufgezählt, die sich damals der römischen Herrschaft zu beugen hatten. Aufschlussreich ist die Widmung am Anfang: Sie richtet sich, im Namen des römischen Senats und des römischen Volkes, an

Caesar Augustus, den Imperator, dem man dieses Siegesdenkmal weihte, weil »unter seiner Führung und seinen Auspizien alle Alpenvölker, die sich vom Oberen bis zum Unteren Meer erstrecken, unter die Herrschaft des römischen Volkes gebracht wurden«. Staunende antike Betrachter, die sich die Zeit nahmen, die Inschrift zu lesen, zogen mit der Gewissheit weiter, dass man da einen außerordentlich bedeutenden Prinzeps hatte, da es ihm ja gelungen sei, so viele Völker zwischen dem Oberen Meer (dem Tyrrhenischen Meer) und dem Unteren Meer (der Adria) zu unterwerfen.

Selbst dabei gewesen war Augustus allerdings nicht. Er kontrollierte die Aktivitäten seit 16 v. Chr. von Gallien aus. Das ausführende Geschäft hatte der große Planer den Stiefsöhnen Tiberius und Drusus überlassen. Den Ruhm erntete er allein. So schreibt er denn auch in seiner Leistungsbilanz, den *Res gestae*: »Die Alpen ließ ich von der Gegend, die der Adria am nächsten liegt, bis zum Tyrrhenischen Meer befrieden, wobei mit keinem Volk widerrechtlich Krieg geführt wurde.«[49] ›Natürlich nicht!‹, mögen an dieser Stelle die Angehörigen solcher Völker, die das Glück hatten, von Rom »befriedet« zu werden, in Gedanken ironisch hinzugefügt haben. Rom führte nur »gerechte« Kriege, wobei die Definition von »gerecht« ebenfalls den Römern oblag. Die beliebtesten Rechtfertigungsversuche waren: Hilfe für bedrohte Partner und Selbstschutz. Von beidem konnte in den Alpen keine Rede sein, auch wenn sich selbst spätere Autoren wie Cassius Dio noch redlich bemühten, der römischen Offensive eine akzeptable und nachvollziehbare Sinngebung zu verleihen.[50] Demnach hätte das Alpenvolk der Raeter Einfälle nach Gallien unternommen. Auch Italien sei vor ihnen nicht sicher gewesen, wo sie Beutezüge unternommen hätten. Um das Repertoire um die üblichen Verdachtsmomente zu erweitern, fügt der linientreue Autor pauschal hinzu: »Außerdem belästigten sie die Römer oder auch ihre Bundesgenossen, welche ihr Gebiet durchquerten.« Und weiter: »Nun war ein solches Verhalten zwar irgendwie bei Völkern zu erwarten, mit denen kein Friedensabkommen bestand. Die Raeter aber gingen noch weiter und töteten unter den Gefangenen alles, was männlichen Geschlechts war, und zwar nicht nur, was bereits auf der Welt war, sondern auch, was sich als ungeborenes Leben in den Leibern der Frauen befand und durch Wahrsagen als männlich festgestellt wurde.« Spätestens jetzt war klar: Solchen Barbaren mussten die Römer das Handwerk legen. Der Feldzug in den Alpen war gerechtfertigt, fast schon eine Mission humanitären Charakters.

Mit der Unterwerfung der Alpenvölker war der erste Teil in der strategischen Planung, die nach dem Willen des Augustus zur Eroberung Germaniens führen sollte, abgeschlossen. Jedoch war es nicht einmal den Römern und auch nicht einem Augustus möglich, sofort eine große Armee über die Alpen zu schicken, um die Gebiete bis zur Elbe zu unterwerfen. Organisatorisch begnügte man sich einstweilen mit der Einrichtung eines römischen Herrschaftsgebietes, einer Provinz, der man den Namen Raetia gab. Das avisierte Ausgreifen auf Germanien war ein Thema, das die römische Politik noch viele Jahre beschäftigen sollte, bevor die Niederlage in der berühmten »Schlacht im Teutoburger Wald« 9 n. Chr. allen Ambitionen ein abruptes Ende setzte.

Tiberius hatte sich auch in den Augen des strengen Augustus als Militärführer bewährt. Wie sein Bruder Drusus galt er nun als Experte für anspruchsvolle Aufgaben, gerade im Bereich der Kelten und der Germanen, und so wurden beide in den folgenden Jahren oft eingesetzt, um die militärischen Planungen des Augustus nördlich der Alpen voranzutreiben. Wenn er nicht unterwegs war, hielt sich Tiberius in dieser Zeit in der Hauptstadt auf. 13 v. Chr. kehrte Augustus aus Gallien zurück. In diesem Jahr kletterte Tiberius eine weitere Stufe auf der Karriereleiter hoch: Er wurde zum Konsul bestimmt und bekleidete damit jene Position, die in den Zeiten der Republik den Gipfel dessen dargestellt hatte, was ein Politiker erreichen konnte. Sein Kollege im Amt war ein Mann, der später traurige Berühmtheit erlangen sollte – Publius Quinctilius Varus, der große Verlierer in der Schlacht im Teutoburger Wald. Davon ahnte aber zu diesem Zeitpunkt noch niemand etwas. Im Gegenteil: Die Planungen für weitere Offensiven liefen im Hintergrund auf Hochtouren.

Dann nahm das Leben des Tiberius wieder einmal eine jener für ihn typischen Wendungen. Er hatte an dem, was passierte, nicht die geringste Schuld, und doch bedeutete das Geschehen für ihn eine harte Zäsur: Im März des Jahres 12 v. Chr. starb Marcus Vipsanius Agrippa. Vier Jahre zuvor war er der Schwiegervater des Tiberius geworden, als dieser seine Tochter Vipsania geheiratet hatte. Prominenter ging es kaum im Rom des Kaisers Augustus. Neben dem Prinzeps selbst war Agrippa der wichtigste Mann im Herrschaftssystem Prinzipat. Ohne ihn wäre Augustus nicht zu dem geworden, was er war. Agrippa war derjenige gewesen, der für Octavian/Augustus die wichtigen Schlachten in den Bürgerkriegen gewonnen hatte.

Er war Freund, Ratgeber, Begleiter gewesen. Als Zeichen seiner Wertschätzung, aber wohl auch, um den Unentbehrlichen noch enger an sich zu binden, hatte Augustus, der Meister im Anstiften politisch zweckmäßiger Ehen, Agrippa im Jahr 21 v. Chr. mit seiner einzigen Tochter Iulia verheiratet. Vipsania, die spätere Frau des Tiberius, brachte Agrippa mit in diese Ehe.

Mit Iulia, die mit ihrer lockeren Lebensführung den sich nach außen hin sittenstreng gebenden Vater häufig in Verlegenheit brachte, hatte Agrippa nicht weniger als fünf Kinder. Damit leistete er einen wesentlichen Beitrag zur Vergrößerung der personell ohnehin schon gut bestückten iulisch-claudischen Herrscherdynastie – und späteren Geschichtsinteressierten machte er es ungewollt schwerer, sich im Dickicht dieser Familie zurechtzufinden. Denn es gab auch immer wieder Scheidungen, Neuverheiratungen, Adoptionen – die jedoch alle dem klaren Ziel dienten, der Familie und insbesondere dem Kaiser die Macht zu sichern. Allen fünf Kindern des Agrippa und der Iulia stand das Schicksal bevor, wichtige strategische Rollen auf der Bühne der großen Politik spielen zu müssen, meistens nach den Anweisungen des Augustus höchstpersönlich. Wie Tiberius stand den Söhnen Gaius, Lucius und Agrippa Postumus sowie den Töchtern Iulia und Agrippina ein zumindest anfangs nicht selbstbestimmtes Leben bevor. Besonders mit Gaius und Lucius hatte der Prinzeps Großes vor – beide adoptierte er im Jahr 17 v. Chr., wodurch er die Enkel zu seinen Söhnen machte. Gaius war zu diesem Zeitpunkt gerade einmal drei Jahre alt, Lucius war sogar gerade erst geboren. Ein klares Signal, das Tiberius klarmachen musste, dass er auch jetzt mit Blick auf eine künftige Nachfolge des Augustus nicht in der ersten Reihe stand.

Agrippa war bei seinem Tod – er starb an einer Krankheit – erst 51 Jahre alt. Bis heute steht sein Name auf dem Fries eines der berühmtesten Bauwerke in Rom. Denn er zeichnete verantwortlich für den Bau des 25 v. Chr. eingeweihten Pantheon, das in seiner heutigen Gestalt allerdings aus der Zeit des Kaisers Hadrian stammt.

Augustus verlor mit Agrippa seinen wichtigsten Vertrauten, Iulia den Ehemann (den zweiten nach Marcellus), Tiberius den Schwiegervater, Vipsania den Vater. Und Vipsania verlor kurz darauf auch den Ehemann. Denn Iulia war mit ihren gerade einmal 27 Jahren zu jung und politisch zu wertvoll, als dass man sie ein Witwendasein führen lassen konnte. Noch im

Jahr 12 v. Chr. wurde ihre neue Verlobung bekannt gegeben, 11 v. Chr. erfolgte die Hochzeit – dass es sich bei dem neuen Gatten ausgerechnet um Tiberius handelte, mag für viele überraschend gekommen sein. Nicht so sehr, weil Tiberius dadurch der Ehemann seiner Stiefschwester wurde, denn auf derlei, Moralisten irritierende Verwicklungen wurde bei Hochzeiten im kaiserlichen Haus keine Rücksicht genommen. Vielmehr bedeutete die Verbindung eine Aufwertung der Person des Tiberius in der innerfamiliären Hierarchie. Der Wahl des Tiberius müssen im Hause Augustus heftige Diskussionen vorausgegangen sein: Augustus wusste zu schätzen, dass sich Tiberius als ein fähiger Militär erwiesen hatte und durch seine Ämter auch schon einiges an politischer Erfahrung aufweisen konnte. Doch hatte die Adoption seiner beiden Enkel gezeigt, dass sein Vertrauen in Tiberius nicht unbegrenzt war. Er hatte womöglich an einen Heiratskandidaten außerhalb der Familie gedacht, doch bestand dabei die Gefahr, dass jemand die Stellung als Schwiegersohn des Prinzeps zur persönlichen Machterweiterung nutzte. Nicht alle waren ein Glücksfall wie Agrippa. Cassius Dio behauptet, Augustus habe eine Persönlichkeit gesucht, »die an Rang und Macht alle anderen so weit übertraf, dass sie im rechten Moment, und ohne auf Neid und Intrige zu stoßen, jede Aufgabe erledigen konnte. So wählte er, freilich nur unter Widerstreben, für diese Stelle Tiberius. Denn seine eigenen Enkel standen damals noch in kindlichem Alter.«[51]

Den Ausschlag gab vermutlich das Votum der Livia, der Mutter des Tiberius und Ehefrau des Augustus. Der ernsthafte Tiberius, so mag sie kalkuliert haben, würde einen guten Gegenpol zur vitalen, lebenslustigen Iulia abgeben. Und vielleicht meinte sie auch, ihrem Sohn etwas Gutes tun zu müssen, da er doch immer etwas im Abseits stand.

Tiberius aber wollte Vipsania nicht verlieren. Er liebte sie, hatte mit ihr bereits einen Sohn, und sie erwartete von ihm ein weiteres Kind. Die erzwungene Scheidung tat ihm, wie Sueton sagt, »im Herzen weh«.[52] Gegenüber Iulia hatte er zudem einige Vorbehalte, fand ihren Charakter »nicht gut, zumal er bemerkt hatte, dass sie ihn noch zu Lebzeiten ihres früheren Gatten begehrte«. Aber es blieb ihm nichts anderes übrig, als – wie stets – folgsam zu sein. Doch bedauerte er, wie Sueton weiter berichtet, nach der Scheidung, dass er Vipsania verstoßen hatte. Nur ein einziges Mal hat er sie danach noch gesehen. Als sie ihm über den Weg lief, »hat er seinen Blick nicht von ihr abwenden können und ihr mit geschwollenen Augen nachgeschaut, sodass man darauf achtgab, dass sie ihm später nie mehr zu Gesicht kam«. Wie sehr Tiberius Vipsania nachtrauerte, zeigt auch der Umstand, dass er deren zweiten Ehemann, den Senator Asinius Gallus, den sie nicht lange Zeit nach der Scheidung von Tiberius geheiratet hatte, mit aufrichtiger Abneigung begegnete, die auch noch anhielt, als er Kaiser geworden war. Eine angebliche Verbindung zu dem allmächtigen Prätorianerpräfekten Seian wurde Asinius Gallus später zum Verhängnis.

Mit der Hochzeit mit Iulia wurde mit Rücksicht auf die öffentliche Meinung so lange gewartet, bis sie ihren letzten Sohn aus der Ehe mit Agrippa, Agrippa Postumus, zur Welt gebracht hatte. Die Ehe lief dann zuerst gut, wenn man Sueton Glauben schenken darf: »Mit Iulia lebte er zu Anfang einträchtig und in gegenseitiger Liebe.«[53] Dieser an sich erstrebenswerte Zustand sollte jedoch nicht lange anhalten: »Bald war ihr Verhältnis zerrüttet, und zwar so gewaltig, dass Tiberius auch ein für alle Male getrennt von ihr schlief.« Ursache der Entfremdung soll der Tod des gemeinsamen Sohnes gewesen sein. 10 v. Chr. in Aquileia zur Welt gekommen, starb er bereits sehr früh. Noch acht Jahre lang wurde die Ehe auf dem Papier fortgeführt. Im Jahr 2 v. Chr. erfolgte die Scheidung.

Abseits der familiären Turbulenzen war Tiberius in den Jahren seiner Ehe mit Iulia weiterhin in unermüdlichem Einsatz für Augustus, der nun nicht mehr nur sein Stiefvater, sondern auch sein Schwiegervater war. Nachdem er sich im Orient, in Gallien und in den Alpen als mobile Einsatzreserve bewährt hatte, standen neue außenpolitische Aufgaben an. Die Germanen standen nach wie vor ganz oben auf der Agenda des Augustus. Jedoch gab es auch andere Problemzonen. So wurde Tiberius von Augustus nach Pannonien beordert, wo zuletzt, bis zu seinem Tod, Agrippa aktiv gewesen war. Die illyrisch-keltische Bevölkerung dieser Region, die sich über große Teile des heutigen Ungarn, Österreichs und der Slowakei erstreckte, hatte auch zuvor bereits wenig Bereitschaft gezeigt, die sukzessive römische Expansion in Richtung Donau ohne Weiteres zu akzeptieren. Vielmehr leistete sie wiederholt heftigen Widerstand. Das römische Interesse an Pannonien und auch an den Küsten Dalmatiens resultierte aus den dortigen wirtschaftlichen Ressourcen, aber auch aus strategischen Interessen.

Drei Jahre lang, von 12 bis 9 v. Chr., dauerten die von Tiberius geführten militärischen Kampagnen in Pannonien und Dalmatien. Wieder einmal erfüllte er die Erwartungen des Augustus, diesmal sogar in einer solchen

Weise, dass er mit einem Eintrag in dessen Tatenbericht geehrt wurde. »Die Völker Pannoniens, mit denen kein Heer des römischen Volkes jemals zusammengetroffen war, bevor ich der erste Mann des Staates wurde, habe ich der Herrschaft des römischen Volkes unterworfen, nachdem sie von Tiberius Nero, der damals noch mein Stiefsohn und mein Legat war, besiegt worden waren.«[54] »Damals«, sagt der Kaiser aus der Sicht des Jahres 13 n. Chr., als er die *Res gestae* nicht lange vor seinem Tod zum Abschluss brachte. Denn als er diese Zeilen diktierte, war Tiberius sein Adoptivsohn und letzter Kandidat für die Nachfolge.

Cassius Dio überliefert einige Einzelheiten über die Erfolge, die Tiberius in Pannonien feierte.[55] Augustus, so sagt er, schickte ihn gegen die Pannonier ins Feld. Dieses Volk habe »aus Furcht vor Agrippa« eine Zeitlang Ruhe gehalten. Dann habe es von Neuem einen Aufstand gegen Rom geprobt. »Tiberius indes unterwarf es, nachdem er viele Landesteile verwüstet und den Einwohnern viel Schaden zugefügt hatte ... Er entwaffnete auch die Feinde und verkaufte den Großteil der Männer im wehrfähigen Alter als Sklaven, um sie so aus dem Land zu schaffen.« Am Ende der Unternehmungen in Pannonien befand sich nun das Gebiet zwischen den Flüssen Save und Drau unter römischer Herrschaft. Aber nicht dauerhaft, wie die Zukunft zeigen sollte. Pannonien blieb, aus römischer Sicht, ein Unruheherd. In den Jahren 6 bis 9 n. Chr. sollte ein Aufstand noch einmal das Eingreifen des Tiberius erforderlich machen.

Nach der ersten Kampagne 12 v. Chr. wurde Tiberius, so Cassius Dio weiter, für seine militärischen Erfolge mit einem Triumphzug in Rom ausgezeichnet. Aber kam es wirklich dazu? Verdient hatte er diese Ehrung seiner Meinung nach ohne Zweifel. Und der Senat war auch bereit, ihm diese Auszeichnung zukommen zu lassen. Augustus aber »verbot seine Durchführung und verlieh stattdessen dem Sieger nur die Triumphalinsignien«.[56] Tiberius wird nicht begeistert gewesen sein. Gerne wäre er unter dem tosenden Jubel mit dem Triumphalwagen über das Forum zum Kapitol gezogen, um dem obersten Gott Jupiter für seine Unterstützung zu danken. Nun aber wurden ihm lediglich, in formloser Weise und ganz ohne Pomp, die Insignien eines Triumphators, also Gewand, Zepter und Lorbeerkranz, verliehen. Augustus duldete eben keine großen Männer neben sich. Und Tiberius musste wieder einmal erkennen, dass er zwar zum engsten Zirkel des kaiserlichen Hauses gehörte, dass Augustus aber alle Fäden in der Hand hielt.

Etwas großzügiger zeigte sich der Prinzeps, als drei Jahre später, 9 v. Chr., Tiberius Vollzug meldete und die (wie sich zeigen sollte, vorläufige) vollständige Niederwerfung des Aufstandes in Pannonien vermelden konnte. Diesmal gestattete er ihm eine *ovatio*, die Miniausgabe eines Triumphs, bei dem der Triumphator sich nicht in einem Prunkwagen, sondern zu Fuß oder auf einem Pferd der Bevölkerung zeigte. Dabei trug er nicht das klassische Gewand des Triumphators, sondern eine Toga, war nicht mit einem Lorbeerkranz ausgestattet, sondern mit einem Kranz aus Myrte, und es erklang keine Trompetenmusik, sondern er zog unter der Orchestrierung von Flötentönen zum Kapitol. Immerhin musste Tiberius nicht zu Fuß gehen, sondern saß hoch zu Ross.

Und er nutzte die Gelegenheit, sich beim Volk beliebt zu machen:[57] Auf dem Kapitol und auf anderen Plätzen in der Stadt veranstaltete er öffentliche Gastmähler. Auch Mutter und Frau wurden eingespannt, sie kümmerten sich speziell um die Versorgung der Frauen. *Congiaria*, wie die Römer diese Form der Imagepflege nannten, hatten eine lange Tradition. Bereits in republikanischen Zeiten suchten Kandidaten vor Wahlen den engen Kontakt zum Volk, spendierten Getreide, verteilten Geld an Passanten oder luden eben zu opulenten Gastmählern. Ob die Idee, nach seiner *ovatio* eine solche Aktion zu starten, von Tiberius selbst stammte, darf mit Fug und Recht bezweifelt werden. Er war eben, im Gegensatz zu Augustus oder seinem Neffen Germanicus, nicht der Typ, der Leutseligkeit und Volksnähe überzeugend zu simulieren verstand. Den Menschen, die an der öffentlichen Bewirtung teilnahmen, mag Tiberius, der so wenig in Rom war, weil er ständig im Auftrag des Kaisers in militärischen Angelegenheiten unterwegs war, aber durchaus etwas näher gekommen sein.

Genauso fleißig wie Tiberius war sein jüngerer Bruder Drusus. Fast pausenlos war er mit den ihm anvertrauten Armeen unterwegs. 12 v. Chr. hatte ihn der Prinzeps wieder über den Rhein nach Germanien geschickt. Die Verwirklichung seines Traums, die römische Herrschaft vom Rhein bis an die Elbe auszudehnen, glaubte er bei Drusus wohl in besseren Händen als bei Tiberius. Und dies, obwohl Tiberius seine militärischen Fähigkeiten mehr als einmal eindrucksvoll unter Beweis gestellt hatte. Aber immer hatte der vier Jahre jüngere Drusus einen zwar nicht großen, aber doch wahrnehmbaren Vorsprung in der Gunst des Augustus. Dieser Vorsprung nützte ihm allerdings perspektivisch gesehen nicht viel. Drusus starb ganz überraschend im Herbst des Jahres 9 v. Chr., im Alter von 29 Jahren. Ein tragischer Unfall während eines seiner Feldzüge in Germanien. Es war das vierte Jahr hintereinander, in dem er, unterbrochen durch Aufenthalte in Rom, im Land zwischen Rhein und Donau militärisch unterwegs war. Für seine Erfolge gegen die Chatten, die Friesen und andere germanische Völkerschaften waren ihm von Kaiser und Senat die Triumphalinsignien überreicht und eine *ovatio* genehmigt worden. Das Jahr 9 v. Chr. hatte für ihn wieder sehr erfolgreich begonnen. Chatten, Sueben und Markomannen wurden geschlagen, ebenso die Cherusker, von denen damals noch niemand ahnte, dass einige Jahre später unter ihrer Regie den römischen Träumen von einem römischen Germanien ein abruptes Ende bereitet würde. Drusus siegte nicht nur, er sicherte seine Eroberungen auch durch die Stationierung von Besatzungstruppen an Maas, Weser und Elbe. Mit dem Erreichen der Elbe hatte er jene Marke gesetzt, die Augustus als Ziel der kriegerischen Unternehmungen in Germanien ausgegeben hatte.

Da mit dem Herbst die Jahreszeit nahte, in der nach den ungeschriebenen Gesetzen antiker Kriegführung die Kampfhandlungen eingestellt wurden, wollte Drusus nach getaner Arbeit von der Elbe zu den Winterlagern am Rhein reisen. Dann geschah das Unglück: Er stürzte, als er zwischen Thüringer Wald und Harz unterwegs war, vom Pferd und brach sich den Unterschenkel.[58] Augustus erhielt unverzüglich die Nachricht vom Unfall seines Stiefsohnes und beauftragte dessen Bruder Tiberius, an den Ort des Geschehens zu eilen.

Tiberius brach alle Rekorde, um zu seinem Bruder zu gelangen.[59] Er fand den Verunglückten noch lebend vor, doch Drusus war nicht mehr zu retten. Er starb genau 30 Tage nach dem Unfall.[60] Tiberius brachte den Leichnam des Bruders zuerst nach Ticinum und von dort, in Begleitung von Augustus und Livia, nach Rom. Beigesetzt wurde er im Mausoleum auf dem Marsfeld, das Augustus schon Jahre zuvor für sich und seine Familie hatte erbauen lassen und in dem bereits Marcellus und Agrippa bestattet worden waren. Zuvor hatte man den Toten prunkvoll auf dem Forum aufgebahrt. Tiberius hatte die Leichenrede gehalten. Später fand auch Augustus bei einer Veranstaltung im Circus Flaminius lobende Worte für den Verstorbenen.[61] Wie Sueton berichtet, rief er dabei die Götter an, sie mögen seine Enkel und Adoptivsöhne Lucius und Gaius dem Drusus gleich machen und ihm selbst später einmal einen so ehrenvollen Tod zuteilwerden lassen[62] (dieser Wunsch ging allerdings nicht in Erfüllung – Augustus fiel nicht vom Pferd, sondern starb im Bett). Die Anteilnahme des Prinzeps ging so weit, dass er auf dem Grabmal des Drusus eine von ihm selbst verfasste Versinschrift anbringen ließ und eine Beschreibung von Drusus' Leben in Prosa publizierte.[63] Es folgten zahlreiche weitere Ehrungen. So erhielt Drusus den posthumen Beinamen Germanicus (der auch auf seine männlichen Erben überging). Auch das Volk trauerte heftig und intensiv und übertrug seine Liebe zu Drusus auf dessen Sohn Germanicus, den man ebenso wie den Vater zu einer Lichtgestalt stilisierte.[64]

Wie nahm Tiberius den Tod des Bruders auf? Er handelte ohne Zweifel vorbildlich, eilte sofort nach Germanien, organisierte den Rücktransport, hielt eine Leichenrede. Damit erfüllte er die Anforderungen dessen, was die Römer *pietas* nannten: den respektvollen Umgang mit den Eltern und den Familienangehörigen. Darüber, wie er ganz persönlich zu Drusus stand, lässt sich angesichts des Schweigens der Quellen nur spekulieren. Aber allem Anschein nach war das Verhältnis nicht schlecht gewesen, auch wenn Augustus den Jüngeren bevorzugt hatte. Wichtiger ist aber die Frage, welche Bedeutung der Tod des Drusus für die Position des Tiberius innerhalb der Familie und damit für seine Zukunft hatte. Die Koordinaten innerhalb der Dynastie hatten sich verschoben. Tiberius war nun der einzig verbliebene Stiefsohn des Kaisers. Daraus ergaben sich bestimmte Ambitionen und Aussichten, was die Hierarchie anging. Eigentlich war Tiberius jetzt hinter dem Prinzeps die Nummer Zwei. Doch hatte dieser bereits deutlich zu erkennen gegeben, dass er auch im Hinblick auf seine Nachfolge die beiden adoptierten Enkel Gaius und Lucius favorisierte. Und da waren auch noch die Kinder und Erben des Drusus, allen voran sein Sohn Germanicus, die als Anwärter auf eine prominente Position in Politik und Familie gelten mussten.

Aber machte sich Tiberius über solche Fragen überhaupt Gedanken? Einstweilen hatte er genug zu tun, denn Augustus beorderte ihn in der Nachfolge des Drusus nach Germanien, damit er die Offensiven mit dem Ziel, die römische Herrschaft zu installieren, weiterführte. In den beiden folgenden Jahren 8 und 7 v. Chr. wurden unter seiner Führung zahlreiche kriegerische Aktionen unternommen, und alle waren sie von Erfolg gekrönt. Viele Germanenstämme in dem weiten Gebiet zwischen Rhein und Elbe wurden inzwischen vom römischen Militär kontrolliert. Velleius Paterculus, der einzige uneingeschränkte Tiberius-Bewunderer unter den antiken Historikern, schreibt euphorisch, der Feldherr habe fast jeden Teil Germaniens in einer siegreichen Kampagne durchzogen und dabei keinerlei Verluste bei den ihm anvertrauten Soldaten erlitten. Er resümiert: Tiberius sei so erfolgreich gewesen, dass Germanien fast in den Status einer tributpflichtigen Provinz überführt worden sei.[65] Das mag eine Übertreibung sein, Cassius Dio spricht bescheidener davon, dass Rom »gewisse Teile« Germaniens in Besitz genommen habe.[66] Doch bestätigen archäologische Forschungen, dass in dieser Zeit eine Reihe von römischen Militärlagern im »freien« Germanien etabliert wurden. Etwas später entstanden, so beim hessischen Waldgirmes, zivile Handelsplätze. Über konkrete Handlungen und Maßnahmen des Tiberius während der Feldzüge der Jahre 8/7 v. Chr. ist wenig bekannt. Sueton erwähnt immerhin eine größere Umsiedlungsaktion: »Im Krieg gegen die Germanen ließ er 40 000 von den Gefangenen nach Gallien übersiedeln und ihre Wohnsitze ganz in der Nähe des Rheinufers in einem Gebiet nehmen, das er ihnen zugewiesen hatte.«[67] An anderer Stelle bezeichnet er die Deportierten genauer als Sueben und Sugambrer.[68] Diese Maßnahme hatte einen doppelten Sinn: Zum einen sollte verhindert werden, dass diese Germanen die noch fragilen römischen Herrschaftsstrukturen in ihren angestammten Siedlungsgebieten durch kriegerische Unternehmungen gefährden konnten. Zum anderen konnten sie in unmittelbarer Nähe zur Rheingrenze von den dort stationierten römischen Legionen besser kontrolliert werden.

Zur Belohnung durfte Tiberius am Anfang des Jahres 7 v. Chr. einen richtigen Triumph feiern,[69] und er wurde zum zweiten Mal mit der Würde eines Konsuls ausgestattet. Außerdem erhielt er, bereits im Jahr 6 v. Chr., für die Dauer von fünf Jahren, die *tribunicia potestas*.[70] Das war eine Auszeichnung der besonderen Art, denn die Amtsgewalt eines Volkstribuns zählte zu den zentralen Kompetenzen, auf denen auch die staatsrechtliche Stellung des Prinzeps Augustus beruhte. Praktisch war Tiberius damit zum Mitregenten des Augustus erhoben worden. Offenbar wollte Augustus, trotz der Vorbehalte, die er gegenüber Tiberius hegte, dessen Leistungen in Germanien honorieren.

Tiberius stand im Jahr 6 v. Chr. auf dem Gipfel seiner bisherigen Laufbahn. Eigentlich war alles gut. Er war mit seinen knapp 36 Jahren immer noch relativ jung. Zugleich hatte er schon viele Erfahrungen gesammelt. Er hatte in Germanien beachtliche militärische Erfolge gefeiert und sich auch als Organisator bewährt. Augustus war mit ihm zufrieden, Livia kümmerte sich im Hintergrund um ihn. Seine Frau Iulia war nicht seine Wahl gewesen, aber wenigstens von außen erweckte die Ehe den Eindruck, einigermaßen harmonisch zu sein. Umso mehr irritierte Zeitgenossen und spätere Beobachter der Umstand, dass Tiberius in eben jenem Jahr 6 v. Chr. zum Aussteiger wurde.

## Rückzug nach Rhodos

Auch heutige Historiker rätseln, warum Tiberius 6 v. Chr. Rom und Italien, Frau und Familie, Augustus und Livia verließ und auf die griechische Insel Rhodos zog – und für die nächsten acht Jahre dort blieb. Erst im Jahr 2 n. Chr. kehrte er in die Hauptstadt zurück. Dass er von Anfang an geplant hat, so lange dort zu bleiben, ist unwahrscheinlich, die Dauer der Absenz ergab sich eher aus den allgemeinen Umständen.

Bei der Bewertung des Ausstiegs eines der prominentesten Mitglieder des kaiserlichen Hauses durch die antiken Autoren muss die Tatsache berücksichtigt werden, dass diese dazu neigten, den frühen Tiberius durch den späteren Tiberius zu erklären. Sie wussten, dass Tiberius als Kaiser ein evidentes Kommunikationsproblem hatte, was den Umgang mit den relevanten gesellschaftlichen Gruppen anging – also Senatoren, Militär, Hauptstadtbevölkerung, Eliten in den Provinzen. Sie wussten außerdem, dass Tiberius in den letzten elf Jahren seiner Herrschaft als Prinzeps das Römische Reich von Capri aus regierte. Wie konnte es da verwunderlich sein, dass er auch bereits vorher einmal isoliert auf einer Insel gelebt hatte? Eine solche Verhaltensweise musste also gewissermaßen in seiner DNA begründet sein. Das freiwillige Exil auf Rhodos sollte aber aus dem Kontext der damaligen Zeit heraus und nicht aus einer Retrospektive erfasst werden.

Der ausführlichste Bericht zum Thema »Tiberius auf Rhodos« stammt aus der Feder des in der Regel gut informierten Biographen Sueton.[71] »Obwohl«, so leitet er seine Darstellung ein, »doch so vieles so günstig lief, beschloss er in der Blüte seiner Jugend und bei voller Gesundheit plötzlich, abzutreten, sich in den entferntesten Winkel zurückzuziehen und sich so aus dem aktiven Geschehen herauszunehmen.« Nach diesem verheißungsvollen Auftakt referiert der Biograph diverse Meinungen, Bewertungen und

Spekulationen, auf die er bei seinen Recherchen in den Archiven und Bibliotheken gestoßen war.

Erste Hypothese: Tiberius ertrug seine Frau Iulia nicht mehr. Sueton ist so vorsichtig, dieses private Motiv in die Formulierung »es ist ungewiss, ob ...« zu kleiden. Das bedeutet: Dieser Grund wird in seinen Quellen genannt, lässt sich aber nicht nachweisen. Wie denn auch? Wenn es so gewesen wäre, wären weder Tiberius noch Iulia damit in der Öffentlichkeit hausieren gegangen. »Er wagte es nicht«, fährt Sueton in diesem Zusammenhang fort, »ihr Vorwürfe zu machen oder sie zu verstoßen, noch konnte er sie länger ertragen.« Das Iulia-Motiv wird auch von Cassius Dio angeführt, jedoch nicht mit Priorität.[72] Und Tacitus sieht den »eigentlichen Grund« für den Rückzug des Tiberius darin, dass Iulia ihn als »nicht ebenbürtig« und daher »mit Geringschätzung« betrachtete.[73]

Tatsächlich hatte sich das Verhältnis zwischen Tiberius und der Augustus-Tochter in den Jahren nach der Hochzeit verschlechtert. Tiberius führte Kriege und machte Politik, Iulia genoss das Partyleben und tanzte durch die Salons der Hauptstadt. Nicht nur hinter vorgehaltener Hand kursierten in Rom pikante Geschichten über ihren lockeren Lebenswandel, der so gar nicht zu den öffentlich propagierten Moralvorstellungen des Vaters, aber auch nicht zu den von Pflichtgefühl, Ernsthaftigkeit und Verantwortungsbewusstsein geprägten Maximen des Ehemannes Tiberius passen wollten. Aber reichte ein unglückliches Eheleben als Motiv aus, um für mehrere Jahre alle Zelte abzubrechen und Rom zu verlassen?

Zweite Hypothese: Tiberius hatte nach den Worten Suetons »das tägliche Einerlei satt und verließ Rom, um sein Ansehen durch seine Abwesenheit zu bewahren und sogar noch zu vergrößern, falls der Staat irgendwann einmal seiner bedurfte«.

Von einem »täglichen Einerlei« kann nicht wirklich die Rede sein. Tiberius befand sich gerade in einer der aktivsten Phasen seines Lebens. Überforderung und Burnout scheiden als Gründe für seinen Entschluss aber eher aus (zumal die Antike die Diagnose Burnout noch nicht kannte), auch wenn Tiberius selbst einen solchen Grund für seine Abreise angeführt haben soll: »Er bat unter dem Vorwand, er sei der Ämter überdrüssig und brauche Erholung von den Strapazen, um Urlaub.« Hat Tiberius das wirklich gesagt? Eher unwahrscheinlich, denn in der Agenda des Kaisers Augustus war die Gewährung stressbedingten Urlaubs nicht vorgesehen. Hier haben die

Quellen offenbar wieder das Charakterprofil des späteren Tiberius vor Augen gehabt.

Der zweite Teil der bei Sueton zitierten Hypothese ist bedenkenswert: Meinte Tiberius etwa, er werde in seiner Bedeutung nicht genügend gewürdigt? Würde sein Wert in Rom erst durch längere Abwesenheit deutlich werden? Aber war ein solch taktisch-strategisches Denken Tiberius zuzutrauen? Trat er also mit seiner Reise nach Rhodos gewissermaßen in einen unbefristeten Streik? Bisher hatte man ihn in Rom nicht als einen raffinierten, wenn es sein musste, auch intriganten Politiker kennengelernt, sondern eher als jemanden, der »geradeaus« dachte und handelte.

Dritte Hypothese: Tiberius war eifersüchtig auf seine Stiefsöhne Gaius und Lucius, die Enkel und Adoptivsöhne des Augustus. Sueton formuliert dieses mögliche Motiv so, als sei es dabei um einen Dienst des Tiberius für das Wohlergehen des Staates gegangen: »Einige sind auch der Meinung, er habe für die bereits erwachsenen Kinder des Augustus den Platz und sozusagen den Besitz des von ihm schon lange beanspruchten zweiten Ranges freigemacht.«

Die Glaubwürdigkeit dieser Angabe liegt auf der Skala der Wahrscheinlichkeit höher als die beiden anderen genannten Gründe. Ehrgeiz kann man Tiberius nicht absprechen. So blieb ihm nicht verborgen, dass der stolze Großvater und Prinzeps Augustus sich nicht nur in familiärer, sondern auch in politischer Hinsicht intensiv um das Fortkommen der Söhne aus Iulias Ehe mit Agrippa kümmerte – die durch Tiberius' Heirat mit Iulia dessen Stiefsöhne geworden waren. Gaius, der Ältere der beiden, war 6 v. Chr. vierzehn Jahre, sein Bruder Lucius elf Jahre alt. Zwei Jahre zuvor hatte Augustus den Truppen der Rheinarmee ein Geldgeschenk gemacht, bloß weil sein geliebter Enkel Gaius damals zum ersten Mal an einer militärischen Übung teilgenommen hatte. Ein Jahr später übertrug er dem Dreizehnjährigen den Vorsitz bei Spielen, die aus Anlass von Tiberius' Rückkehr an den Kriegsschauplatz in Germanien zu dessen Ehren veranstaltet wurden. 6 v. Chr., im Jahr des Rückzugs nach Rhodos, wurde der junge Gaius zum Priester (Pontifex) gewählt und erhielt außerdem das Recht, an Senatsverhandlungen teilzunehmen. Bei dem vier Jahre jüngeren Lucius hielten sich die staatspolitisch relevanten Ehrungen naturgemäß noch in Grenzen. Aber auch er wurde schon publikumswirksam in der Öffentlichkeit präsentiert. War der Rückzug nach Rhodos daher Ausdruck einer Resignation? Glaubte Tiberius sich von Augustus nicht genügend wertgeschätzt? Oder wollte er – als edler Charakter – der Karriere der beiden Augustusenkel nicht im Wege stehen?

Wertvoll ist immer das Urteil des Velleius Paterculus – einmal weil er als zeitgenössischer Autor näher an den Dingen war als die späteren Informanten Sueton, Tacitus und Cassius Dio, zum anderen weil er im Gegensatz zu diesen Quellen nicht a priori alles oder fast alles, was Tiberius tat, negativ gesehen hat. Andererseits verfügte er als erklärter Anhänger des Tiberius auch nicht über ein Übermaß an Objektivität. Und da er Tiberius für einen sehr guten Kaiser hielt, hielt er den Vor-Kaiser-Tiberius ebenfalls für eine honorige, verantwortungsbewusste, ausschließlich segensreich agierende Persönlichkeit.

Mit folgenden Worten nimmt dieser Velleius Paterculus also Stellung zu Tiberius' Abgang nach Rhodos:

> *»Dabei bewies er einen wundersamen, kaum glaublichen und in Worten fassbaren Familiensinn, der sich bald offenbaren sollte. Als nämlich Gaius soeben die Männertoga angelegt hatte und sich Lucius ebenfalls dem Erwachsenenalter näherte, da wollte Tiberius mit seinem Glanz nicht die ersten Anfänge der jungen Männer verdunkeln. Er verheimlichte seine wahre Absicht und erbat von seinem Schwieger- und Stiefvater einen Urlaub, um sich von seinen ununterbrochenen Strapazen auszuruhen.«*[74]

Tiberius' Überlegungen kannte auch Velleius Paterculus nicht aus erster Hand. Tiberius hat ihn nie zu einem vertraulichen Kamingespräch empfangen, um ihn über seine geheimsten Absichten zu informieren. Da aber auch er das Strapazen- und Urlaubsmotiv ins Feld führt, muss man davon ausgehen, dass Tiberius tatsächlich in dieser Richtung argumentiert hat. Woher er aber von der »wahren Absicht« des Tiberius erfahren haben will, bleibt im Dunkeln. Es waren wohl Spekulationen, die damals in der Öffentlichkeit kursierten. Die Augustus-Enkel wurden in zweierlei Hinsicht als Gründe vorgeschützt. Erstens im Sinne von: Tiberius war eifersüchtig. Zweitens mit: Tiberius wollte ihrem Glück nicht im Wege stehen.

Was bleibt als Fazit? War der Gang nach Rhodos eine »innere Befreiung«?[75] Oder ging es Tiberius darum, »seine eigene Würde angesichts der sich abzeichnenden Nachfolgepläne des Augustus zu wahren«?[76] War er Ausdruck von Resignation eines ohnehin schwierigen Charakters? Oder wollte Tiberius wirklich einmal einen Urlaub machen – der sich dann unerwartet immer mehr in die Länge zog? Oder war es am Ende doch Iulia, die ihn in die Ferne trieb?

Zwischen 6 v. Chr. und 2 n. Chr. war Tiberius ein Migrant. In der Migrationsforschung unterscheidet man zwischen Push- und Pull-Faktoren. Push-Faktoren sind jene, die dafür verantwortlich sind, dass man die Heimat verlassen will. Pull-Faktoren sind jene, aufgrund derer sich ein Migrant für einen bestimmten Zielort entscheidet. Es mag verschiedene Push-Faktoren gegeben haben. Aber warum ging er ausgerechnet nach Rhodos? Die Beantwortung dieser Frage hilft, die Motive des Weggangs zu verstehen.

Zunächst einmal war und ist Rhodos, vor der Südwestküste Kleinasiens gelegen, eine schöne Insel. Sueton gibt vor zu wissen, dass es »die Anmut dieser Insel und das gesunde Klima« gewesen seien, die Tiberius nach Rhodos lockten.[77] In der Tat war Rhodos für ihn kein Neuland. Hier hatte er viele Jahre zuvor bei der Rückkehr von seiner Mission in Armenien Station gemacht. Anmutig und gesund aber waren viele andere Inseln in der Ägäis auch. Rhodos hatte aber noch eine Reihe weiterer Vorzüge. Eine große Geschichte zum Beispiel. In klassischer Zeit spielten die rhodischen Städte eine wichtige Rolle auf der politischen Bühne. In der von Alexander dem Großen eingeleiteten Epoche des Hellenismus war Rhodos eine Wirtschafts- und Handelsmacht. Im Zuge der römischen Expansion im östlichen Mittelmeerraum gehörte die Insel zu den römischen Verbündeten, später war sie ein fester Bestandteil des Imperiums der Römer. Rhodos war aber nicht nur politisch und wirtschaftlich bedeutend, sondern auch ein Zentrum von Kultur und Wissenschaft. Bedeutende Philosophen und Gelehrte wie Panaitios oder Poseidonios lebten und lehrten hier. In der Zeit der Republik gehörte für junge, ambitionierte römische Adlige ein Studium in Rhodos zum guten Ton. Zum illustren Kreis derjenigen, die der Insel auf diese Weise ihre Reverenz erwiesen, gehörten Größen wie Pompeius, Cicero und Caesar.

Es war also nicht irgendeine Insel, die Tiberius als sein Refugium wählte. Sie war weit genug entfernt von der hektischen Betriebsamkeit der Hauptstadt Rom, um seinem Willen, sich dieser Hektik zu entziehen, Glaubwürdigkeit zu verleihen. Auf der anderen Seite war sie alles andere als ein »entferntester Winkel« des Imperiums, wie sich Sueton ausdrückt. Das mochte nur von Rom aus so erscheinen. In der Realität war Rhodos keine abgelegene Idylle. An den Küsten der Insel verliefen wichtige Schifffahrtsrouten, hier befand sich ein bedeutendes Zentrum von Handel und Kommunikation. Tiberius war auf Rhodos ganz und gar nicht aus der Welt. In Scharen, so sagt Sueton, kamen Menschen, die mit Schiffen auf dem Meer unterwegs waren, auf die Insel, um dem prominenten Bewohner ihre Aufwartung zu machen.[78] Kein hoher römischer Militär oder Beamter versäumte es, wenn er in der Gegend war, Tiberius einen Besuch abzustatten. Zwar behauptet Sueton, Tiberius habe sich angesichts des Ansturms der neugierigen Besucher in einsame Regionen der Insel zurückgezogen, doch ist dies das Zerrbild des von Anfang an menschenscheuen Prinzeps Tiberius, das hier einmal mehr Pate stand. Es gibt keine Anzeichen, dass Tiberius schon in dieser Zeit gravierende Probleme gehabt hätte, mit den Menschen so umzugehen, wie diese es von einer prominenten Persönlichkeit aus dem Haus des betont umgänglichen Kaisers Augustus erwarteten.

Vor dem Hintergrund der genannten Aspekte stellt sich der Rückzug des Tiberius nach Rhodos wie folgt dar: Tiberius verließ Rom, damit die Römer wussten, was sie an ihm hatten, als er noch da gewesen war. Er reagierte damit auch auf die Avancen, die Augustus seinen Enkeln machte. So war das freiwillige Exil in erster Linie eine Botschaft an Augustus. Er ging nach Rhodos – aber nicht, um dort Urlaub zu machen oder Stress abzubauen. Rhodos war für ihn die geeignete Bühne, um auch fern von Rom weiter Politik zu machen. Alle wollten ihn besuchen, heißt es, und das bedeutet, dass Tiberius in dieser Zeit regelmäßig Kontakt zu römischen Politikern, wohl auch zu Senatoren hatte. Rhodos wurde zeitweilig das Rom des Tiberius. Ich bin zwar weg, aber noch da, lautete das Signal in Richtung Augustus. Aber Tiberius war nicht nur nach Rhodos gekommen, um in einer anderen Umgebung politische Geschäfte zu betreiben. Auch der Ruf von Rhodos als einer ostmediterranen Kulturhauptstadt zog ihn an. Hier konnte er sich in Ruhe den Künsten und den Wissenschaften widmen, was ihm in den Wäldern Germaniens eher nicht möglich gewesen war. Hier bleibe ich, bis ich weiß, was Augustus vorhat, und bis Augustus erkennen lässt, dass er weiß, was er mit mir vorhat, – so etwa mag Tiberius gedacht haben, als er sich von Augustus verabschiedete, Rom den Rücken kehrte und vom Hafen von Ostia aus in Richtung Rhodos in See stach.

Dabei hatten Augustus und Livia, anders als Iulia, noch alles versucht, um den Reisewilligen zurückzuhalten. Die Mutter soll ihn auf Knien gebeten haben, zu bleiben.[79] Sie hielt seinen Plan für einen Fehler. Aus ihrer Sicht riskierte er seine Karriere. Augustus brachte das Thema sogar bei einer Rede im Senat zur Sprache und beklagte sich, dass Tiberius ihn im Stich lasse. Augustus verstand es perfekt, mit kühlem Kopf auf der Klaviatur der Emotionen zu spielen. Wenn er vor den Senatoren jammerte, wollte er damit etwas erreichen. Die Botschaft lautete: Es gibt keinen Ärger im kaiserlichen Haus. Ich bin nicht derjenige, der Tiberius vertrieben hat. Tiberius hat mich im Stich gelassen. Er hat meine Tochter Iulia verlassen. Er ist an allem schuld. Es geht auch ohne Tiberius weiter.

Zurückhalten ließ sich der fest entschlossene Tiberius aber nicht. Um sein Ziel zu erreichen, trat er sogar in einen viertägigen Hungerstreik. Mit Erfolg: Augustus erteilte ihm die Genehmigung für die Reise nach Rhodos. Denn ohne eine solche war an eine Abreise nicht zu denken. Augustus war der *pater familias*, und in Rom war man dem traditionell sehr einflussreichen, mächtigen Familienoberhaupt Gehorsam schuldig. Zudem war Augustus der Prinzeps, und Tiberius hatte in seinem Auftrag wichtige politische und militärische Missionen durchgeführt, für die er nun nicht mehr zur Verfügung stehen würde. Er hatte gerade die Amtsgewalt eines Volkstribuns erhalten, wodurch er institutionell noch stärker in die politischen Hierarchien in Rom eingebunden worden war.

Seine Frau und seinen Sohn Drusus ließ er in Rom zurück und begab sich auf das Schiff, das im Hafen von Ostia wartete. »Keinem seiner Begleiter«, teilt Sueton mit, »erwiderte er auch nur ein Wort, und als er abreiste, gab er nur Wenigen einen herzhaften Kuss. Als er von Ostia aus an der Küste Kampaniens entlangsegelte, erhielt er die Nachricht, dass Augustus kränkele. Er hielt nur kurz an. Als sich aber das Gerücht verbreitete, er bewege sich nicht von der Stelle, bis die Gelegenheit, sich größere Hoffnungen zu machen, gekommen sei, segelte er bei fast ungünstigen Witterungsverhältnissen nach Rhodos.«[80] Augustus war häufig krank, hatte auch hypochondrische Anwandlungen. Gut möglich, dass er nun eine Krankheit simulierte, um Tiberius doch noch zum Bleiben zu bewegen. Das Gerücht, das Sueton erwähnt, dürfte aber keine reale Grundlage gehabt haben. Die Reise ins Exil nach Rhodos war ernst gemeint und kein dezidiertes taktisches Mittel, um Augustus dazu zu bewegen, seine Pläne hinsichtlich der Nachfolge noch einmal zu überdenken, noch hoffte Tiberius, der Kaiser werde sterben.

Wie kam der Abgang nach Rhodos in der Öffentlichkeit an? Senat und Volk von Rom sahen es gern, wenn die obersten Vertreter des Staates Dienstreisen unternahmen, besonders wenn sie in militärischer Mission unterwegs waren, entweder um die Grenzen des Imperiums zu schützen oder um neue Territorien zu erobern. Mit seinen erfolgreichen Feldzügen in Germanien, Pannonien und Dalmatien und zuvor bei seiner Premiere in Armenien hatte sich Tiberius viel Respekt und Sympathien erworben. Aber der Abgang nach Rhodos war eine andere Kategorie. Was ihn dazu bewogen hatte, war niemandem im Volk genau bekannt. Es wurde viel diskutiert, gemunkelt, spekuliert. Die meisten werden der Version geglaubt haben, er sei mit Iulia nicht mehr ausgekommen. Aber deswegen die Flucht ergreifen? Der Reputation bei der römischen Bevölkerung war der Aufenthalt auf Rhodos alles andere als förderlich. Nicht nur vom Prinzeps als dem obersten Vertreter, sondern von allen Mitgliedern der kaiserlichen Familie und damit auch von Tiberius wurde erwartet, dass sie sich um das Volk kümmerten, dass sie für die Menschen da waren, dass sie ihren patronalen Verpflichtungen nachkamen. Dazu gehörte auch ein hohes Maß an Erreichbarkeit und Präsenz, außer man war aus gutem Grund in der Welt unterwegs.

Diesen guten Grund hatte Tiberius aus der Sicht der meisten Bürger nun nicht. Zum ersten Mal in seinem Leben ging ihm das Volk verloren.

Auch wenn Rhodos nicht am Ende der Welt lag, die Insel kulturell und handelspolitisch bedeutend war und Tiberius Senatoren und andere wichtige Leute empfing, konnte er das Geschehen in der pulsierenden Metropole Rom nur noch aus der Ferne, von außen verfolgen. Zwischen 6 v. Chr. und 2 n. Chr. gingen Rom und Tiberius getrennte Wege.

Und es tat sich viel in Rom in diesen acht Jahren. Augustus arbeitete weiter an der Regelung seiner Nachfolge, die er nicht nur deswegen stets im Auge behielt, weil er die Kontinuität des von ihm etablierten monarchischen Systems sichern wollte, sondern auch, weil ihn seine beständige Furcht, bald sterben zu müssen, zur Eile trieb. Dass er mit der Realisierung seiner Pläne noch bis zum 19. August 14 n. Chr. Zeit haben würde, war ihm natürlich nicht bekannt, und er hätte es, wenn man ihm prophezeit hätte, dass er das 76. Lebensjahr erreichen würde, auch nicht geglaubt.

Der Prinzeps überschüttete seine Enkel nun nur umso mehr mit Ehrungen und Privilegien – dies vielleicht gerade um Tiberius zu zeigen, dass sein Handeln falsch gewesen war. Gaius und Lucius wurden ganz offen als Nachfolger des Augustus aufgebaut, ohne dass klar wurde, wie Augustus sich eine Nachfolge konkret vorstellte. Sollten beide zusammen regieren? Oder war einer der Chef, der andere Junior? Vielleicht wusste er es selbst nicht oder hielt sich die Entscheidung offen. Doch als Augustus die Enkel zu *principes iuventutis* ernannte, zu den »Ersten der Jugend«, wurde die künftige Führungsrolle der beiden evident. Dieser Ehrentitel wurde eigens für Gaius und Lucius neu kreiert. Die begriffliche Nähe zum Prinzipat des Augustus war gewollt. Jetzt saßen die beiden Enkel ganz offen in den Startlöchern. Und Tiberius weilte auf Rhodos. Es sollten acht lange Jahre werden. Er wollte eigentlich schon früher zurück, doch nun schaltete Augustus auf stur und zeigte dem renitenten Stief- und Schwiegersohn, wer Herr im Hause war.

Ein Jahr nachdem Tiberius sein rhodisches Exil angetreten hatte, wurde der nunmehr fünfzehnjährige Gaius offiziell in die Gesellschaft eingeführt. Anlass war die Überreichung der *toga virilis*, der Männertoga, wodurch der stolze Empfänger aus der Riege der Jugendlichen in die Abteilung der Erwachsenen wechselte. Dieser, von den Römern *deductio* genannte Vorgang war im Leben eines jungen Römers ein herausragender Vorgang, eine Art von Mündigkeitserklärung. Es handelte sich im Normalfall um einen rechtlichen Vorgang mit gesellschaftlicher Bedeutung. Augustus, der Meister der Inszenierung, machte daraus für seine Enkel ein Politikum, und er verstand es, dieses Ereignis auf dem Forum und im Senat entsprechend zu zelebrieren. Gleichzeitig wurde der junge Gaius perspektivisch zum Konsul des Jahres 1 n. Chr. bestimmt, und Senat und Volk huldigten dem »Ersten der Jugend«. Offiziell war diese Ernennung das Vorrecht der römischen Ritter, der *equites*, einst so benannt, weil sie reich genug waren, um sich für den Heeresdienst selbst ein Pferd zu halten – in der Republik hatten die Ritter jene vornehme Gesellschaftsschicht gebildet, die nicht, wie die Senatoren, direkt in der Politik tätig waren, sondern sich auf ihre Geschäfte als Unternehmer konzentrierten, im Prinzipat entwickelten sie sich zu einer wichtigen Stütze von Bürokratie und Verwaltung.

2 v. Chr. wurde dann auch Lucius fünfzehn Jahre alt, und die Prozeduren wiederholten sich. Der stolze Großvater stellte seinen Enkel ganz offiziell dem stadtrömischen Publikum vor, designierte ihn auf fünf Jahre im Voraus zum Konsul und verschaffte ihm das priesterliche Amt des Auguren. Dabei handelte es sich mehr um einen Ehrentitel, denn anders als die echten Auguren beschäftigte sich der junge Lucius nicht den ganzen Tag damit, aus

dem Vogelflug oder anderen Zeichen den Willen der Götter zu ermitteln. Auch Lucius wurde als »Erster der Jugend« nominiert. Dazu versorgte Augustus das staunende und beeindruckte Volk von Rom mit einer bedeutenden Geldspende. In seinem Tatenbericht notierte der Prinzeps später: »Meine Söhne, die mir das Schicksal in jugendlichem Alter entrissen hat, wurden mir zu Ehren auf Veranlassung des Senats und des Volkes in ihrem 15. Lebensjahr zu Konsuln designiert mit der Maßgabe, dass sie dieses Amt nach fünf Jahren antreten sollten. Und von dem Tage an, an dem sie auf das Forum geleitet worden waren, sollten sie, so beschloss der Senat, an den Staatsversammlungen teilnehmen dürfen. Die römischen Ritter aber wählten sie einstimmig zu den Ersten der Jugend und überreichten beiden silberne Rundschilde und Lanzen als Geschenk.«[81] Den doppelten Schicksalsschlag des Verlustes beider Enkel hatte Augustus auch im Jahr 13 n. Chr., als er seinen Tatenbericht niederschrieb, nicht verkraftet.

Bei all den Ehrungen für seine Enkel und präsumtiven Nachfolger vergaß Augustus seine eigene Position nicht. Im Jahr 2 v. Chr. erhielt er eine Auszeichnung, die für ihn so wichtig war, dass er mit diesem Ereignis seinen Tatenbericht abschloss: »Als ich mein 13. Konsulat verwaltete, gaben mir der Senat, der Ritterstand und das römische Volk einmütig den Titel Vater des Vaterlandes. Sie beschlossen, dies solle inschriftlich verzeichnet werden in der Vorhalle meines Hauses sowie in der Curia Iulia und auf dem Augustusforum auf der Basis des Viergespanns, das mir dort auf Senatsbeschluss hin errichtet worden war.«[82]

*Pater patriae* – Vater des Vaterlandes: Mit diesem Titel war Augustus am Ziel seiner Wünsche angelangt. Die Verleihung dieses Titels, der nach ihm Bestandteil der regulären Kaisertitulatur und daher von den meisten römischen Kaisern geführt wurde, drückte in perfekter Weise die Rolle aus, die Augustus für die Römer spielen wollte. Er war kein absoluter Monarch, kein Tyrann, kein Despot, nicht einmal ein König – er war der väterliche Beschützer des Vaterlandes, kümmerte sich um Rom und die Römer so, wie ein Vater für seine Kinder sorgt. Besser konnte das patronale Prinzip, das die soziale Basis des römischen Prinzipats bildete, nicht zum Ausdruck gebracht werden.

Bei der feierlichen Verleihung dieses Titels im Senat stellte Augustus einmal mehr sein Geschick unter Beweis, im dramaturgisch passenden Augenblick Tränen der Rührung fließen zu lassen. Sueton erzählt:

*»Im Namen aller richtete Valerius Messalla die folgenden Worte an ihn: ›Möge dies Dir und Deinem Haus Glück und Segen bedeuten, Caesar Augustus. So glauben wir nämlich auf ewig Glück dem Staat und Freude für alle hier sicherzustellen. Der Senat entbietet Dir in Übereinstimmung mit dem römischen Volk den Gruß als Vater des Vaterlandes.‹« Mit Tränen in den Augen antwortete Augustus hierauf mit folgenden Worten: »Da nun meine innigsten Gebete, versammelte Senatoren, Erfüllung gefunden haben – was bleibt mir da noch, als die unsterblichen Götter zu bitten, dass es mir vergönnt sein möge, mir diese eure einträchtige Gesinnung bis ans Ende meines Lebens zu erhalten.«*[83]

Die Außenpolitik wurde in dieser Zeit, als Augustus an der Zukunft der Dynastie und des Prinzipats arbeitete, nicht vernachlässigt. Weiterhin fokussierten sich die militärischen Aktivitäten auf Germanien, auch wenn die Brüder Tiberius und Drusus, die bis dahin das operative Geschäft geleitet hatten, wegen freiwilligen Exils beziehungsweise Unfalls mit Todesfolge nicht mehr zur Verfügung standen. Von seinen Plänen, möglichst große Teile Germaniens mit Waffengewalt in das Römische Reich zu überführen, war Augustus nicht abgerückt. Im Gegenteil: Noch immer fehlte ihm der ganz große militärische Erfolg, der ihm helfen sollte, seine innenpolitische Position weiter zu festigen. So übergab er die militärischen Operationen in Germanien an Lucius Domitius Ahenobarbus. »Einstellungsvoraussetzung« für militärisches Spitzenpersonal war im Staat des Kaisers Augustus die Zugehörigkeit zur kaiserlichen Familie. Niemand anders sollte Siege und Triumphe feiern und damit möglicherweise das auf Augustus zentrierte Machtgefüge ins Wanken bringen. Lucius Domitius Ahenobarbus erfüllte dieses Anforderungsprofil. Aus einer alten Patrizierfamilie stammend, war er durch die Heirat mit Antonia, der Nichte des Augustus (sie stammte aus der Ehe der Augustus-Schwester Octavia mit dem Triumvirn Marcus Antonius) mit dem Kaiserhaus verwandtschaftlich verbunden. Er ahnte damals noch nicht, dass er einen Enkel haben würde, der einmal Kaiser werden würde (Nero). Vielmehr konzentrierte er sich auf die ihm von Augustus erteilten Aufgaben, marschierte von Illyrien aus nach Germanien, erreichte die Elbe und vollbrachte daraufhin etwas, das nicht einmal Tiberius und Drusus geschafft hatten: Er überquerte als erster römischer Militärführer die Elbe, schloss mit den dort siedelnden Germanen einen Vertrag und errichtete, wohl zur Freude des eitlen Prinzeps, am Ufer des Flusses zu dessen Ehren einen Altar.[84]

Die anderen außenpolitischen Aktivitäten dieser Zeit spielten sich nicht allzu weit entfernt von der rhodischen Haustür des Tiberius ab. Armenien und die Parther waren Dauerthemen. Hier hatte sich Tiberius einst seine ersten politischen, diplomatischen und militärischen Sporen verdient. Nun war es der junge Gaius Caesar, den Augustus 1 v. Chr. in den Orient schickte, damit er die dortigen politischen Verhältnisse, kompliziert wie sie waren, im römischen Interesse regelte. Gaius war damals neunzehn, also genauso alt wie Augustus, als dieser nach der Ermordung Caesars seine politische Laufbahn begonnen hatte. Er nutzte die Chance und stellte eindrucksvoll seine politische Begabung unter Beweis. So setzte er einen Klientelkönig auf den armenischen Thron und schloss mit dem Partherkönig einen Vertrag, in dem die Parther den Verzicht auf ihre Ambitionen in Armenien erklärten und den Euphrat als Grenze zwischen dem Römischen und dem Parthischen Reich bestätigten.

Im benachbarten Judäa, das ebenfalls nicht weit von Rhodos, dem Refugium des Tiberius, entfernt war, starb 4 v. Chr. König Herodes. Seinen Posten hatte der gebürtige Idumäer einer an Willfährigkeit grenzenden Loyalität gegenüber Augustus zu verdanken gehabt. Mit römischer Unterstützung hatte er über die Juden geherrscht – als Fremder und als römische Marionette hatte er bei ihnen keine hohen Sympathiewerte genossen. Auch sein opulent-luxuriöser Herrschaftsstil hellenistischer Couleur war kritisiert worden. So war bei den meisten seiner Untertanen die Erleichterung groß, als Herodes nun starb. Weil er so tyrannisch regiert hatte, bot sich seine Herrschaft für ein Szenario einer der bekanntesten Episoden aus dem Neuen Testament an. Der berühmte »Kindermord von Bethlehem« soll eine Untat des Herodes gewesen sein: Als er hörte, der König der Juden sei geboren worden, fürchtete er um seinen königlichen Arbeitsplatz und ließ daher alle Neugeborenen umbringen. Der gerade geborene Jesus wurde gerettet, weil seine Eltern Maria und Joseph rechtzeitig gewarnt worden waren und nach Ägypten fliehen konnten. Da Herodes 4 v. Chr. starb, liegt der Schluss nahe, dass Jesus um oder vor 4 v. Chr. geboren worden ist – als Tiberius auf Rhodos weilte. Doch ist die Geschichte vom Kindermord sicher nicht historisch, sondern Produkt einer auf Herodes angewandten Tyrannentopik – das Motiv des Kindermordes war darin sehr beliebt. Die Alternative hinsichtlich Jesu Geburtsjahr wäre, aufgrund der bei Lukas erwähnten Volkszählung, das Jahr 6 oder 7 n. Chr., als »Cyrenius«, wie ihn Luther nannte (eigentlich

Quirinius) Statthalter in Syrien war. Man sollte aber wohl der Frühdatierung den Vorzug geben, auch mit Blick auf das Alter Jesu zum Zeitpunkt seines Todes.

Als Jesus 30 n. Chr. starb, war Tiberius Kaiser. Typisch für das Pech, das Tiberius hatte: Unter ihm *starb* Jesus, unter Augustus wurde er *geboren*. Das frohe Ereignis wird bis heute mit Augustus in Zusammenhang und alljährlich zu Weihnachten in der »Weihnachtsgeschichte« zu Bewusstsein gebracht. Mit Tiberius ist das vordergründig traurige, wenn auch aus christlicher Sicht erfreuliche Ereignis verbunden. Zum Glück wusste Tiberius das alles noch nicht. Und ebenso wenig wusste er, dass er später auf wundersame Weise zu einer Ikone des frühen Christentums werden würde.

Die Jahre, in denen Tiberius auf Rhodos weilte, waren für Rom und die Römer also eine ereignisreiche Zeit. Was Tiberius währenddessen auf der griechischen Insel tat, interessierte die Menschen anscheinend nicht besonders. Nur spärlich fließen die Quellen über die Phase seines Lebens, an deren Anfang er 36 und an deren Ende er 44 Jahre alt war. Man darf nicht davon ausgehen, dass Tiberius, wenn er sich auf Rhodos in der Öffentlichkeit zeigte, stets von einer Schar von Historikern, Biographen und Schaulustigen umgeben war. Die Zahl seiner ständigen Begleiter war in dieser Zeit sehr überschaubar. Wahrscheinlich teilten mit ihm das rhodische Exil treue Freunde wie der Konsular Cocceius Nerva, der Großvater des späteren gleichnamigen Kaisers, der Tiberius auch auf Capri wieder Gesellschaft leisten sollte, und der Ritter Curtius Atticus. Wichtigster Gesprächspartner aber war der Philosoph und Astrologe Thrasyllos, den Tiberius auf Rhodos kennenlernte und der sich von da an bis zu seinem Tod 36 n. Chr. immer in seiner engsten Umgebung aufhalten sollte.[85] Der berühmte Wissenschaftler weckte in Tiberius eine Leidenschaft für die Astrologie, die so gar nicht zu der Nüchternheit und Ernsthaftigkeit passen will, die ihm sonst antike Autoren attestieren. Über Tiberius fand Thrasyllos auch Zugang zum Hof des Augustus: Er gehörte zum Kreis derjenigen, die der Prinzeps zum Gastmahl einlud.[86]

Die meisten Informationen über den Lebenswandel und die Beschäftigungen des Tiberius auf Rhodos liefert einmal mehr der Biograph Sueton.[87] Demnach bemühte sich Tiberius um einen bürgerlichen Habitus und vermied alles, was seinem Aufenthalt einen offiziellen Anstrich gegeben hätte. Er war der Privatmann Tiberius und nicht der Stief- und Schwiegersohn des Kaisers und Inhaber der Amtsgewalt eines römischen Volkstribuns. Sein Domizil war ein bescheidenes Landhaus. Er verzichtete in der Öffentlichkeit auf die Begleitung von Liktoren, die ihm wegen seiner tribunizischen Kompetenzen eigentlich zustanden: Er wollte keine bewaffnete Leibwache und auch keine sonstigen amtlichen Eskorten. Gerne hielt er sich in den Gymnasien auf, den Sport- und Ausbildungsstätten der adligen Jugend. Mit den Griechen verkehrte er hier, wie Sueton sagt, »fast wie mit Seinesgleichen«. Offenbar kam es ihm darauf an, in Rom, wo man seine Schritte auf Rhodos sicher genau registrierte, keinen politischen Argwohn zu erregen. Und außerdem hatte die griechische Kultur es ihm angetan – sie war für ihn nicht nur modisches Accessoire wie bei manchem römischen Aristokraten, sondern ein echtes Anliegen. Tiberius, der in seiner Jugendzeit eine solide Ausbildung genossen hatte, wurden nun die Weihen der höchsten Bildung zuteil. Auch Cassius Dio rühmt die Art und Weise, wie Tiberius in Rhodos auftrat: Weder in Wort noch in Tat habe er ein »hochfahrendes Wesen« erkennen lassen.[88] Diese Aussage kann zweierlei bedeuten: Entweder wollte Dio (oder seine Quelle) damit zum Ausdruck bringen, dass man eine solche Haltung von einem prominenten Angehörigen des römischen Kaiserhauses nicht erwartet habe. Oder man wollte einen Kontrast zum späteren, zum Kaiser Tiberius herstellen, den man gerne als abgehoben, arrogant und unpersönlich charakterisierte.

So ganz vermochte Tiberius den betont zurückhaltenden, neutralen, unpolitischen Auftritt aber nicht durchzustehen. Einmal war er wieder in den Schulen und in den Hörsälen unterwegs und wurde Zeuge, wie eine gelehrte Disputation zwischen Professoren in einen veritablen Streit ausartete.[89] Tiberius versuchte zu schlichten, gab aber in der Sache der einen Seite recht, woraufhin ein Vertreter der Gegenseite »mit spottender Schelte auf ihn losging«. Tiberius verließ den Hörsaal und ging nach Hause. Dann kehrte er mit seinen Amtsdienern zurück, ließ denjenigen, der über ihn gelästert hatte, vor Gericht laden, ihn ergreifen und in den Kerker werfen. Hier deutet sich eine Haltung an, die später, als er Kaiser war, zu den in den Quellen viel thematisierten Majestätsprozessen führte: Wer etwas gegen seine Person zu sagen wagte, hatte mit Sanktionen zu rechnen.

Neben dem Astrologen Thrasyllos war der Grammatiker Diogenes einer jener Gelehrten, mit denen Tiberius auf Rhodos engeren Kontakt pflegte. Über ihn ist nichts Näheres bekannt, außer einer Anekdote, die

Sueton überliefert.[90] Diogenes hielt seine Vorlesungen in einem Rhythmus von sieben Tagen. Einmal kam Tiberius an einem dazwischenliegenden Tag vorbei und bat den Gelehrten, seine Vorlesung doch jetzt zu halten. Nicht persönlich, sondern durch einen jungen Sklaven ließ ihm der Meister mitteilen, er möge doch am siebten Tag wiederkommen. Später – Tiberius war bereits nach Rom zurückgekehrt und auch Diogenes lebte nun in der Hauptstadt am Tiber – kam der gelehrte Mann zu Tiberius, um ihm seine Aufwartung zu machen. Dieser hatte die Abfuhr von Rhodos nicht vergessen und ließ Diogenes ausrichten, er möge in sieben Jahren wiederkommen.

Außerdem begegnete Tiberius auf Rhodos dem berühmten Rhetor Theodoros von Gadara, der die meiste Zeit seiner eindrucksvollen Karriere auf der Insel verbrachte. Von Tiberius scheint er nicht viel gehalten zu haben. Um zu belegen, dass Tiberius von Natur aus grausam und gefühllos gewesen sei, beruft sich Sueton auf einen Ausspruch des Rhetors: Tiberius sei ein »mit Blut getränkter Lehmklumpen«.[91] Aber was genau wollte Theodoros damit sagen? Ein Rhetor seines Ranges verbreitete keine wüsten, unkontrollierten Beschimpfungen. Wahrscheinlich handelte es sich um eine Anspielung auf den nicht ganz einfachen Charakter des Tiberius. Vielleicht wollte er mit »Lehmklumpen« diese gewisse geistige Schwerfälligkeit begrifflich erfassen. »Mit Blut getränkt« mag eine Metapher für eine andere Eigenart des Tiberius gewesen sein – sein gelegentlich aufbrausendes Naturell. Das Diktum als einen Beweis für eine etwaige Neigung zur Grausamkeit heranzuziehen, wie von Sueton praktiziert, scheint indes nicht angebracht. Faktisch aber war Grausamkeit einer der beliebtesten Vorwürfe gegen den Kaiser Tiberius, erhoben insbesondere von dem Historiker Tacitus.[92]

Sehr viel Platz räumt Sueton einem Vorfall ein, der sicher nicht zu den wichtigsten und aufregendsten Ereignissen der römischen Geschichte gehört, den er aber offenbar für sehr bedeutend hielt.[93] Einmal habe Tiberius, als er früh am Morgen seinen Tagesablauf plante, bekannt gegeben, er wolle alle Kranken in der Stadt besuchen. Und diejenigen, die sich in seiner Umgebung befanden, hätten diese Ankündigung falsch verstanden. So gaben sie Anweisung, alle Kranken von Rhodos in eine Halle zu transportieren und sie dort, getrennt nach ihren jeweiligen Krankheiten, aufzureihen. Tiberius war überrascht und konsterniert und wusste wohl um den schlechten Eindruck, den diese Aktion machen würde. Natürlich wollte der Patron zu den

Kranken kommen und nicht etwa diese der Beschwernis einer Masseninspektion aussetzen. Lange überlegte er, was er tun solle. »Schließlich ging er reihum zu jedem Einzelnen, entschuldigte sich für das, was geschehen war, selbst bei Leuten aus den kleinsten Verhältnissen und solchen, die er gar nicht kannte.« Tiberius verhielt sich in dieser Situation souverän und angemessen, er wusste, was er den einfachen Menschen schuldig war. Das ist umso bemerkenswerter, als Umgänglichkeit, Herzlichkeit und Offenheit ansonsten nicht zu seinen Stärken gehörten. Unter diesem Defizit sollte seine Herrschaft als Kaiser besonders leiden. Hier aber, auf Rhodos, zeigte sich Tiberius ganz anders – vielleicht weil er hier frei war von den Zwängen und dem Trubel der pulsierenden Hauptstadt Rom?

Vier Jahre hatte Tiberius bereits auf der Insel zugebracht, hatte dort seinen 36., 37., 38. und 39. Geburtstag gefeiert, als ihn aus Rom eine wichtige Nachricht erreichte. Augustus habe in seinem, des Tiberius, Namen und aufgrund seiner eigenen Autorität seiner Tochter Iulia, der Ehefrau des Tiberius, den Scheidebrief zugesandt. Grund: ihr ausschweifender Lebenswandel und ihre Ehebrüche.[94] Deswegen habe er, Augustus, seine Tochter auf die vor der Küste Italiens im Tyrrhenischen Meer gelegene Insel Pandateria verbannt und sei zugleich mit aller Schärfe auch gegen ihre zwielichtigen Freunde vorgegangen. Auch die Senatoren waren über diesen drastischen Schritt informiert worden: Augustus hatte im Senat ein Schreiben verlesen lassen, in dem er ihr diese zur Last legte.[95] In der Begründung für die Verbannung fuhr der Prinzeps ganz schweres Geschütz auf: Religionsfrevel und Verletzung der *maiestas*.[96] Velleius Paterculus, der offenbar viel erlebt hatte, fand die Formel: Iulia, die Tochter eines Augustus und Ehefrau eines Tiberius, habe keine Schandtat unterlassen, die eine Frau sich zuschulden kommen lassen könne.[97]

Besonders gut informiert gibt sich Cassius Dio.[98] Augustus habe zwar geahnt, dass seine Tochter kein geordnetes Leben führe, es aber nicht glauben wollen. »Denn die führenden Persönlichkeiten«, belehrt der in der Mentalität der politischen Prominenz anscheinend sehr bewanderte Autor seine Leserschaft, »wissen in der Tat über alles besser Bescheid als über ihre eigenen Angelegenheiten, und während ihre eigenen Taten ihrer Umgebung nicht verborgen bleiben, können sie sich von deren Tun und Treiben kein genaues Bild machen.« Nach diesen allgemeinen Reflexionen kommt er zur Sache. Augustus erfuhr also von dem lockeren Leben seiner Tochter, hörte davon, dass sie auf dem Forum und auf anderen Plätzen in Rom nachts umherschwärmte und manchmal noch zu später Stunde an Trinkgelagen teilnahm. Seneca, Philosoph und gut verdienender Berater des späteren Kaisers Nero, verbreitete sogar die Version, Iulia habe sich prostituiert.[99] Da geriet der kaiserliche Vater jedenfalls in höchsten Zorn. Er erstattete dem Senat Meldung, und Iulia wurde auf die Insel verbannt, begleitet von ihrer Mutter Scribonia, mit der Augustus (damals noch Octavian) vor Livia verheiratet gewesen war.

Im Sog der Iulia-Affäre gerieten gleich mehrere Männer in das Visier der Fahnder.[100] Cassius Dio nennt konkret Iullus Antonius, einen Sohn des Triumvirn Marcus Antonius, der von Octavia, der Schwester des Prinzeps, erzogen worden war und eine glänzende politische Laufbahn absolviert hatte – Konsul, Prätor, Statthalter der Provinz Asien. 21 v. Chr. hatte er Claudia Marcella, eine Nichte des Augustus (sie war die ältere Tochter der Octavia), geheiratet. Nun wurde er hingerichtet, zusammen mit, wie es bei Dio heißt, »anderen vornehmen Persönlichkeiten«. Mit dieser drastischen Strafe soll nicht nur die ehebrecherische Beziehung des Antonius zu Iulia sanktioniert worden sein,[101] sondern es sollen auch politische Aspekte eine Rolle gespielt haben. Cassius Dio spricht kryptisch von geplanten »Anschlägen gegen die Monarchie«.

Zum Iulia-Kreis gehörte laut Tacitus[102] auch Sempronius Gracchus, ein etwas dürrer Spross der berühmten Gracchen-Familie, aus der die Volkstribune Tiberius und Gaius stammten, die mit ihrer Reformpolitik das Zeitalter der späten Republik eingeläutet hatten. Der Epigone soll schon zu jener Zeit, als Iulia noch mit dem Augustus-Intimus Agrippa verheiratet gewesen war, mit ihr ein Verhältnis gehabt haben, das sich übergangslos in Iulias Ehe mit Tiberius fortsetzte. Er habe einen ausgesprochen ungünstigen Einfluss auf die Kaisertochter ausgeübt. Auf sein Konto sei ein Brief gegangen, in dem sich Iulia vor Tiberius' Abgang nach Rhodos bei ihrem Vater heftig über ihren Gemahl beschwert habe. Dieser Sempronius Gracchus wurde nun von Augustus auf die vor der afrikanischen Küste gelegene Insel Cercina in die Verbannung geschickt. Später, als Tiberius bereits Kaiser war, wurde Gracchus auf dieser Insel Opfer eines Mordanschlages – Tiberius soll ihn persönlich in Auftrag gegeben haben.

Der Skandal zog weite Kreise. Nicht nur Männer sollen involviert gewesen sein, auch andere Frauen.[103] Sie wurden wegen ähnlicher Vergehen angeklagt. Doch überraschenderweise verfolgte Augustus ihre Fälle nicht mit derselben unerbittlichen Konsequenz wie bei seiner Tochter. Vielmehr setzte er einen Termin fest, vor dem entsprechende Beschuldigungen als verjährt gelten sollten.

Iulia jedenfalls musste den Weg in die Verbannung antreten und lebte, wie ihr Gatte, nun auf einer Insel im Mittelmeer – wenn auch aus ganz anderen Gründen. Einige Jahre später, 3 n. Chr., erhielt sie mit Rhegion, dem heutigen Reggio di Calabria, einen neuen Exilort zugewiesen.

Warum setzte Augustus seine Tochter Iulia so demonstrativ auf die Anklagebank? Die Vorwürfe gegen Iulia waren nicht aus der Luft gegriffen. Die Quellen sind in dieser Hinsicht glaubwürdig. Aber bei einer solchen, dauerhaft fremdbestimmten Vita kann die Reaktion nicht verwundern. Iulia hatte nie die Kontrolle über ihr Leben: Als es zu dem Skandal kam, war sie 37 Jahre alt. Sie war 39 v. Chr. zur Welt gekommen, als Augustus, der damals noch Octavian hieß, mit der Livia-Vorgängerin Scribonia verheiratet gewesen war. Im Jahr darauf trennte sich Octavian von Scribonia und heiratete Livia, die Tiberius und den noch nicht geborenen Drusus mit in die Ehe brachte. Iulia war nun die Stiefschwester des Tiberius. Als sie vierzehn Jahre alt war, musste sie Marcellus, den Neffen Octavians, heiraten. Der Ehemann starb zwei Jahre später. Wiederum zwei Jahre später musste sie Agrippa heiraten, den wichtigsten Helfer des Augustus. Sie gebar ihm fünf Kinder. Dann starb Agrippa, und jetzt war Tiberius an der Reihe. Das war 11 v. Chr. gewesen, sie war 28 Jahre alt. Wieder wurde sie Mutter, doch ihr insgesamt sechstes Kind starb nicht lange nach der Geburt. Fünf Jahre später: Trennung und Scheidung vom dritten Mann, auf Befehl des Vaters. Die Skandale waren eine Form des Protestes vor allem gegen den dominanten Vater, für den sie nie mehr als ein Faustpfand und flexibel einsetzbarer Joker in diversen Machtspielen gewesen war. Dass sie Teil einer auch politisch ausgerichteten Verschwörung gewesen war, kann indes ausgeschlossen werden. Dieses Argument diente nur dazu, die Männer in ihrem Dunstkreis zu diskreditieren und es möglich zu machen, sie strafrechtlich zu verfolgen.

Dass Augustus gerade zu dieser Zeit zum Schlag gegen seine Tochter ausholte, hatte zwei Gründe. In eben jenem Jahr 2 v. Chr. wurde ihm der für ihn so wichtige Ehrentitel *pater patriae*, Vater des Vaterlandes, verliehen. Angesichts der Ausschweifungen der eigenen Tochter mochten manchem Römer Zweifel kommen, wie Augustus seiner Vaterrolle für das Vaterland gerecht werden wolle, wenn er nicht einmal in der Lage sei, in seinem eigenen Haus für Ordnung zu sorgen.

Der zweite Grund: Augustus befand sich mitten in einer Kampagne zur Verbesserung der Moral der Oberschichten. Zu den Diagnosen, die der Prinzeps angestellt hatte, um herauszubekommen, warum Rom vor seiner Herrschaft in ein Chaos aus Konflikten und Bürgerkriegen gestürzt war, gehörte die eher behauptete als nachgewiesene Gewissheit, es habe sich um die Folge eines Verfalls der Sitten gehandelt. Einerseits bereitete ihm die hohe Scheidungsrate Sorgen, andererseits ein zunehmender Trend zur Ehelosigkeit. Und so versuchte der Prinzeps mit einer ganzen Serie von Gesetzen und Verboten, diesen Trends entgegenzuwirken: Erschwerung von Scheidungen, Pflicht zur Wiederverheiratung nach Scheidung oder Tod des Partners, finanzielle und rechtliche Sanktionen bei Zuwiderhandlung. Später ordnete er eine Heiratspflicht für alle fünfundzwanzig- bis sechzigjährigen Männer und alle zwanzig- bis fünfzigjährigen Frauen an. Der Erfolg hielt sich in Grenzen. Die Betroffenen waren von den staatlichen Eingriffen in ihr Privatleben nicht eben begeistert, und so nutzten sie die fehlenden Kontrollmöglichkeiten für so manches Schlupfloch. Wenn seine Kampagne glaubwürdig sein sollte, musste Augustus jedenfalls mit gutem Vorbild vorangehen. Und so opferte er die lebenslustige Iulia auf dem Altar seiner moralischen Prinzipien.

Tiberius verfolgte die Turbulenzen in Rom aus der Ferne. Augustus hatte ihn, ohne ihn zu fragen, vom Ehemann der Iulia zu deren Ex-Ehemann gemacht. Tiberius hatte sie nicht mehr gesehen, seit er auf Rhodos weilte. Nach Liebe sah die Beziehung nicht mehr aus. Also freute er sich über die Nachricht aus Rom? Das behauptet jedenfalls Sueton[104] – allerdings ist zweifelhaft, ob er hier über gesicherte Nachrichten verfügte. Wenn Tiberius sich gefreut haben sollte, wird er diese Emotion klugerweise für sich behalten haben. Befremdlich mag ihm die Art und Weise vorgekommen sein, wie Iulia ins Abseits gestellt wurde. Offenbar hatte er keine Chance zu einer Stellungnahme, Augustus hatte ihn vor vollendete Tatsachen gestellt. Als Familienvater wie auch als Prinzeps hatte er sich dazu autorisiert gesehen. Tiberius akzeptierte, ohne zu protestieren. Jedoch schrieb er viele Briefe an Augustus, in denen er sich für Iulia einsetzte und speziell darum bat, ihr alles, was er ihr einmal geschenkt hatte, zu belassen – wie auch immer sie sich benommen haben mochte. Aus Sympathie und Mitleid tat er dies sicher nicht. Womöglich wollte er das Gesicht wahren und nicht den Eindruck völliger Passivität oder Gleichgültigkeit erwecken.

Bald darauf fragte er vorsichtig an, ob es für ihn eine Chance gebe, nach Rom zurückzukehren. Darüber konnte er nicht allein befinden. Er war zwar freiwillig ins Exil gegangen, doch so, wie Augustus sein Plazet für die Hinreise hatte geben müssen, musste er auch seine Zustimmung zu einer Rückkehr signalisieren. Der Grund dafür, dass Tiberius jetzt das Terrain zu sondieren begann, war nicht die Tatsache, dass für ihn nun keine Gefahr mehr bestand, in Rom der untreuen Iulia begegnen zu müssen. Vielmehr lief 1 v. Chr. seine Amtsgewalt als Volkstribun aus, die er 6 v. Chr. für die Dauer von fünf Jahren erhalten hatte. Ihm drohte daher die Existenz einer reinen Privatperson ohne Privilegien und besondere Rechte. Er habe, so argumentierte er nun, Rom mit Rücksicht auf Lucius und Gaius verlassen.[105] Er habe nicht in den Verdacht geraten wollen, ein Rivale der beiden Augustus-Enkel zu sein. Jetzt habe sich die Situation verändert. Sie seien junge Männer und würden unstreitig den zweiten Platz behaupten. Gegenüber Augustus so unverhohlen einen Anspruch auf seine Nachfolge anzudeuten, wäre allerdings sehr unklug gewesen, zumal die adoptierten Enkel Augustus' besondere Lieblinge waren. Außerdem ließ sich ein Augustus nicht drängen. Das wusste auch Tiberius, und so dürfte diese Information nicht zutreffend sein. Realistischer ist die Angabe, er habe darum gebeten, seine Verwandten wiedersehen zu dürfen, nach denen er sich innigst sehnte. Wen meinte er damit? Augustus nicht wirklich. Eher seine Mutter Livia. Und sicher seinen Sohn Drusus. Die Antwort, die er aus Rom erhielt, war kühl. Er solle endlich damit aufhören, sich um die Verwandtschaft Sorgen zu machen, die er doch so egoistisch verlassen habe.[106] So musste Tiberius auf Rhodos bleiben, dem mittlerweile ungeliebten Exil. Immerhin hatte er noch in seiner Mutter Livia eine Fürsprecherin. Sie setzte bei Augustus durch, dass Tiberius die Position eines *legatus Augusti*, eines Gesandten des Augustus, erhielt. Das war zwar ein Amt ohne jede Bedeutung, aber so hatte Tiberius nach dem Auslaufen der tribunizischen Gewalt immerhin überhaupt noch ein Amt.

Es sah zu diesem Zeitpunkt alles danach aus, als sei Tiberius politisch keine Zukunft mehr beschieden. Seine Karriere schien in eine Sackgasse geraten zu sein. Nichts deutete darauf hin, dass er Augustus einmal als Prinzeps beerben würde. Vielmehr konnten Gaius und Lucius ihren Favoritenstatus nicht nur bewahren, sondern sogar souverän ausbauen. Der neunzehnjährige Gaius wurde 1 v. Chr. mit Claudia Livia Iulia, der Tochter des verstorbenen Tiberius-Bruders Drusus, verheiratet. Gemäß den durch Heiraten und Adoptionen teils skurrilen Verwandtschaftsverhältnissen in der iulisch-claudischen Familie war Tiberius nun nicht mehr nur der Stiefbruder, sondern auch der Onkel des Enkels und Adoptivsohnes seines Stief- und Ex-Schwiegervaters Augustus.

Im selben Jahr trat Gaius seine Mission in den Orient an. Er nahm auf der Insel Samos Quartier, nicht weit entfernt von Rhodos. Tiberius stattete ihm einen Besuch ab[107] – sicher nicht um sich als fürsorglicher Onkel nach seinem Befinden zu erkunden, und auch nicht oder nicht in erster Linie um dem jungen Mann mit seinen Erfahrungen zu helfen, die er neunzehn Jahre zuvor mit den Armeniern und Parthern gesammelt hatte. Vielmehr hatte er die Absicht, sich bei dem, wie es aussah, kommenden Mann von Rom in Erinnerung zu bringen. Tiberius hatte sich noch längst nicht damit abgefunden, in den Plänen des Augustus keine prominente Rolle mehr zu spielen. Mit etwas über vierzig Jahren war er auch noch zu jung, um sich auf das politische Altenteil zu begeben.

Die Besprechung mit Gaius verlief für Tiberius jedoch nicht günstig. In der Begleitung des Augustus-Enkels befand sich in Gestalt des Marcus Lollius ein alter Gegner: Als Tiberius als Gesandter des Augustus in Gallien gewesen war, war Lollius als Legat dort tätig gewesen; mit seiner Niederlage gegen germanische Stämme 16 v. Chr. hatte er den Anlass für die aktive Germanienpolitik des Augustus gegeben; anders als Tiberius schätzte Augustus Lollius und übertrug ihm eine Vertrauensposition als Begleiter und Berater des Gaius Caesar.[108] Nun tat Lollius alles, um seinen Schützling gegen Tiberius einzunehmen. Und so kehrte Tiberius ohne Fortschritte und Ergebnisse nach Rhodos zurück.

Bis Tiberius 2 n. Chr. wieder nach Rom zurückkehren durfte, gab es dort, aber auch in anderen Gegenden des Imperiums eine regelrechte Anti-Tiberius-Kampagne. Sueton liefert, wenn auch sehr selektiv, einige Beispiele.[109] Der gemeinsame Tenor war, dass man ihn in Verdacht hatte, einen Putsch, Aufstand oder Staatsstreich, auf jeden Fall aber die Ausschaltung des Gaius zu planen. Um diesen Verdacht zu entkräften, habe Tiberius auf seine üblichen Reit- und Waffenübungen verzichtet, die römische Kleidung abgelegt und – nach Art der Einheimischen – Mantel und Sandalen angelegt.

Und das für die Dauer von fast zwei Jahren, wie Suetons Quellen sagen. Natürlich bedachte Tiberius nicht, dass er sich in dieser offensichtlichen Tarnung erst recht verdächtig machte. Aus Nemausus, dem heutigen Nîmes, wurde gemeldet, man habe dort die Bilder und Statuen des Tiberius umgestürzt: Nicht in allen Städten standen in dieser Zeit Statuen des Tiberius – in den gallischen Städten erinnerten sie daran, dass Tiberius hier einst, ganz am Anfang seiner Laufbahn, die Statthalterschaft ausgeübt hatte. Nîmes nun hatte mit Gaius Caesar einen prominenten Patron (die Übernahme eines Städtepatronats war insbesondere für Mitglieder des kaiserlichen Hauses eine willkommene Gelegenheit, Ruhm und Prestige zu ernten). Der Bildersturm von Nîmes war ein klares Signal der Bevölkerung, dass sie eindeutig auf der Seite ihres Patrons stand. Etwas gegen Tiberius zu sagen, kam zu dieser Zeit geradezu in Mode. Damit erregte man Aufmerksamkeit und verminderte die Gefahr, im Dunkel der Geschichte zu verschwinden. So dachte auch der Teilnehmer eines Gelages, der lauthals verkündete, er werde, wenn Gaius es befehle, nach Rhodos segeln und ihm den Kopf des »Verbannten« bringen.[110]

Zum Glück für Tiberius erteilte Gaius einen solchen Befehl nicht. Jedoch war Tiberius klar geworden, dass er nicht länger auf Rhodos bleiben durfte, wollte er nicht das Restrenommee, das ihm nach seiner langen Abwesenheit noch verblieben war, oder gar sein Leben aufs Spiel setzen. Später, als er Kaiser war und sich auf die Insel Capri zurückzog, hatte er die Erfahrung seines achtjährigen Aufenthalts auf Rhodos wohl schon wieder vergessen: Wer die Hauptstadt verlässt, überlässt das Terrain und die Deutungshoheit den Gegnern. Jetzt aber setzte er alles daran, vom Prinzeps die Erlaubnis zur Rückkehr zu erwirken. Augustus war nicht leicht zu erweichen. Wenn er sich einmal zu etwas entschieden hatte, blieb er im Allgemeinen auch dabei, wie das der Fall Iulia zeigt. Also Livia! Die Mutter wusste Tiberius auf seiner Seite. Ihr gelang es, den kaiserlichen Gatten dazu zu bewegen, seine Zustimmung zur Rückkehr zu erteilen. In einem von Livia und Augustus gemeinsam verfassten[111] Schreiben erhielt Tiberius die ersehnte Botschaft. Sie kam, wie bei der Korrespondenz zwischen Rom und Rhodos üblich, per Schiff.

In die reich gefüllte antike Rubrik »Viel erzählt, gut erfunden« gehört eine Anekdote, die Sueton in diesem Zusammenhang parat hat:[112] Am Tag, als das Schiff im Hafen eintraf, ging Tiberius mit seinem Freund, dem

Astrologen Thrasyllos, spazieren. Tiberius hegte einen finsteren Plan: Er wollte den Begleiter ins Meer stürzen, weil der ein Lügner war und zu viel von ihm wusste. Denn der Astrologe hatte ihm eine goldene Zukunft prophezeit, die offenbar nicht eintreten wollte, und er hatte seine (angeblichen) umstürzlerischen Pläne erraten. Lebensrettende Wirkung hatte für Thrasyllos ein sich dem Hafen näherndes Schiff. Er behauptete, dieses Schiff bringe eine erfreuliche Nachricht für Tiberius – eine richtige Prognose, denn es handelte sich um den Brief aus Rom.

Eine Variante dieser Geschichte findet sich bei Cassius Dio:[113] Tiberius habe große Qualitäten als Sterndeuter besessen und mit Thrasyllos auch einen Experten auf diesem Gebiet an seiner Seite gehabt. So habe er vorausgesehen, dass seinen Rivalen Gaius und Lucius ein schlimmes Schicksal bevorstand. Thrasyllos kannte diese Gedanken, und deswegen habe Tiberius den Plan gefasst, ihn von einer Mauer zu stürzen. Doch der Astrologe habe diese Absicht erraten und erklärt, er sehe eine drohende Gefahr. Da sei Tiberius so beeindruckt gewesen, dass er sein Vorhaben nicht ausführte.

Warum ist die Geschichte erfunden? Sie kombiniert Tiberius' Leidenschaft für die Astrologie mit der Unterstellung, er habe an nichts anderes gedacht als daran, möglichst schnell an die Macht zu kommen. Dabei lag Tiberius, als er endlich das Plazet erhielt, an den Tiber zurückzukehren, nichts ferner als diese Idee.

Über die Gründe, die Augustus zu dem Schritt, Tiberius die Rückkehr zu gestatten, veranlassten, kann nur spekuliert werden. Das Drängen Livias reicht als Erklärung nicht aus. Vermutlich wollte er, mittlerweile 64-jährig, sich in der Nachfolgefrage, die allmählich drängender wurde, eine weitere Option offenhalten. Gaius und Lucius waren immer noch seine Favoriten. In einem Brief an Gaius, datiert auf den 23. September – den Geburtstag des Kaisers – des Jahres 1 n. Chr. schrieb Augustus: »Sei gegrüßt, mein lieber Gaius, mein Augenstern, nach dem ich – weiß Gott – immer Sehnsucht habe, wenn er nicht da ist. An solch besonderen Tagen wie heute halten meine Augen allenthalben Ausschau nach meinem Gaius, und ich hoffe, du hast, wo du auch gewesen bist, munter und gesund meinen 64. Geburtstag gefeiert. Wie du siehst, bin ich glücklich über das kritische Jahr aller älteren Leute, das 63., hinübergekommen. Ich bitte aber die Götter, den Rest meiner Tage, so viel mir noch bleibt, im glücklichsten Zustand des Staates verleben zu dürfen, während ihr beide wohlauf seid und tüchtige Männer werdet, die einst meinen Posten übernehmen können.«[114] Jedoch hatte Gaius bei seiner Mission im Orient nicht nur glücklich agiert. Die Erfahrung eines Tiberius war daher eine wichtige Rückversicherung.

Das seiner Meinung nach kritische Alter von 63 Jahren hatte Augustus erfolgreich hinter sich gebracht. Aber ganz sicher war er nicht, was die Stabilität seiner Gesundheit anging. »Wenn es auf seinen Geburtstag zuging, fühlte er sich meist abgespannt«, teilt der auch in dieser Hinsicht gut informierte Biograph Sueton mit:[115] »Zu Frühlingsanfang packten ihn regelmäßig Brustentzündungen, bei stürmischen Südwinden hatte er Schnupfen. Da sein Körper geschwächt war, ertrug er sowohl Kälte als auch Hitze nur schwer.« Beim kleinsten Anzeichen einer Krankheit fühlte er sein Ende nahen. So war es für den Prinzeps beruhigend, den Kreis der Kandidaten für seine Nachfolge möglichst groß und offen zu gestalten. Davon konnte Tiberius nun profitieren.

Zugleich aber achtete Augustus darauf, dass Tiberius nicht sofort wieder eine wichtige Rolle im Staat spielte. Der Heimkehrer sollte sich bewusst sein, dass die Wiederaufnahme ein Akt seiner Gnade war. So kam es für Tiberius einer Demütigung gleich, dass Augustus, bevor er ihm die Rückkehr erlaubte, bei Gaius nachfragte, ob er damit einverstanden sei.[116] Weil der Enkel gerade Ärger mit seinem Berater Lollius hatte, der keine Gelegenheit ausgelassen hatte, gegen seinen Intimfeind Tiberius Stimmung zu machen, gab er sein Einverständnis. Allerdings hatte Tiberius eine wichtige Auflage zu erfüllen: Er sollte sich aus der Politik heraushalten.

Und Tiberius gehorchte, hielt sich folgsam und konsequent »aus allen politischen Fragen und Angelegenheiten vollkommen heraus, er ging nur privaten Pflichten nach und war ohne öffentliche Aufgaben«.[117] In der Öffentlichkeit tauchte er nur selten auf, etwa als er noch im Jahr 2 n. Chr. seinen nun sechzehnjährigen Sohn Drusus auf das Forum geleitete, wo dieser durch Überreichung der *toga virilis*, der Männertoga, für volljährig erklärt wurde.[118] Um die verordnete neue Bescheidenheit auch nach außen hin zu demonstrieren, zog Tiberius um. Vor seiner Abwesenheit hatte er im vornehmen römischen Stadtteil Carinae gewohnt, in der Gegend zwischen dem Esquilin und dem Palatin. In dem Haus hatten schon Pompeius, der große Rivale Caesars, und der Triumvir Marcus Antonius vor seinem Umzug nach Alexandria gelebt. Sein neues Domizil befand sich auf dem Esquilin in den »Gärten des Maecenas«, benannt nach dem 8 v. Chr. verstorbenen Freund des Augustus und Förderer der Künste und Literatur. Das Wohngebiet war auch nicht eben bescheiden, doch lag es etwas abseits.

## Der Kandidat

Und so lebte Tiberius fortan glücklich und zufrieden bis ans Ende seiner Tage … So hätte die Geschichte ausgehen können. Dann würde Tiberius in den Darstellungen zur römischen Geschichte als eine Figur erwähnt, die im frühen Prinzipat eine gewisse Rolle gespielt und für Augustus militärische und diplomatische Erfolge errungen hat und wie die anderen Mitglieder der Familie das Privatleben den politischen Erfordernissen anzupassen hatte. Als es an die Regelung der Nachfolge ging, wäre er außen vor geblieben, der Kaiser hätte seinen beiden Enkeln, die er auch zu seinen Adoptivsöhnen gemacht hatte, den Vorzug gegeben. Einer von beiden, Gaius oder Lucius wäre also Kaiser geworden, Tiberius hätte sich mit seinem Hobby, der Astrologie, beschäftigt – und sein Tod wäre von der Bevölkerung kaum registriert worden.

So hätte die Geschichte laufen können. Doch sie lief anders. Innerhalb von nur zwei Jahren verlor Augustus auf tragische Weise beide Enkel.[119] Kurz nachdem Tiberius aus Rhodos zurückgekehrt war, starb der jüngere der beiden, Lucius Caesar. Er wurde gerade einmal achtzehn Jahre alt. Drei Jahre zuvor war er mit Aemilia Lepida verlobt worden, einer Schwester des Enkels jenes Lepidus, der einst zusammen mit Octavian und Antonius das Zweite Triumvirat gebildet hatte. Augustus hatte Lucius Caesar nach Spanien geschickt, damit er sich bei den dort stationierten Heeren mit dem Militärwesen vertraut machte. Bei dieser Reise starb er: am 20. August 2 n. Chr. in Massilia, dem heutigen Marseille. Und nur achtzehn Monate später endete auch das Leben seines Bruders Gaius. Er starb am 21. Februar 4 n. Chr. im lykischen Limyra, im Südwesten der heutigen Türkei, an den Folgen einer Verwundung, die er sich im Jahr zuvor bei kriegerischen Auseinandersetzungen in Armenien zugezogen hatte. Er befand sich auf der Rückreise nach Italien. Er wurde 23 Jahre alt.

In Rom herrschten echte Trauer und Bestürzung. Lucius und Gaius waren bei der Bevölkerung sehr beliebt gewesen. Als die Nachricht vom Tod des Gaius Rom erreichte, ordnete Augustus, tief getroffen, öffentliche Trauer an. Die Brüder wurden in seinem Mausoleum beigesetzt. In Limyra erinnerte ein Kenotaph an den Tod des Gaius. In Nemausus, dem heutigen Nîmes, wo er Stadtpatron gewesen war und wo man kurz vorher noch Tiberius-Statuen umgestürzt hatte, wurde zum Gedenken an die beiden Brüder ein Tempel errichtet – die berühmte Maison Carrée.

Wie Tiberius auf den Tod der Brüder reagierte, berichtet keine Quelle explizit. Laut Sueton habe er ein Gedicht mit dem Titel »Klage über den Tod des Lucius Caesar« verfasst.[120] Gerade aus dem Exil zurückgekehrt und auf Resozialisierungskurs in der Hauptstadt, hielt er es anscheinend für angemessen, demonstrativ Trauer zu zeigen. In den achtzehn Monaten zwischen dem Tod des Lucius und dem des Gaius hatte der ältere der beiden Brüder nunmehr als alleiniger Nachfolgekandidat gelten müssen. Als auch er starb, änderte sich die Situation grundlegend. Im Laufe der Zeit war der Kreis der Kandidaten durch viele Todesfälle immer kleiner geworden – von Marcellus über Agrippa bis hin zu Lucius und Gaius.

Einer war immer noch da: Tiberius, inzwischen 45 Jahre alt. Hoffte oder fürchtete er, nun in die vorderste Reihe berufen zu werden? Später, als er Kaiser war, hat er immer wieder die Bürde betont, die man ihm damit aufgeladen habe. Tiberius hatte sich daran gewöhnt, alles zu tun, was Augustus von ihm verlangte und erwartete. Die Flucht nach Rhodos war auch als eine Herausforderung des allmächtigen Patrons gedacht gewesen. Dieser hatte nicht reagiert, hatte so lange gewartet, bis Tiberius von sich aus bat, zurückkehren zu dürfen. Dann, als Augustus anordnete, er solle sich aus der Politik verabschieden, in Rom nur noch als Privatperson auftreten, fügte er sich folgsam.

Und so protestierte er auch nicht, als Augustus ihm gleich nach dem Tod des Gaius eröffnete, dass er nun erster Kandidat für seine Nachfolge sei. Vielleicht fragte er, warum er so lange hatte warten müssen, warum ihm Augustus seine beiden Enkel vorgezogen hatte. Aber wahrscheinlicher ist, dass er die kaiserliche Entscheidung einfach akzeptierte. Oder dachte er, dass er nun auch einmal Glück gehabt hatte? Der frühe Tod der Enkel war nicht vorauszusehen gewesen. Möglich, dass Tiberius auch darüber nachdachte, was es eigentlich bedeuten musste, die Nachfolge des Augustus anzutreten. Für diese Position gab es keine Stellenbeschreibung und für die Nachfolge auch noch keinen Präzedenzfall. Eigentlich konnte und durfte Augustus auch gar keinen Nachfolger haben. Denn das System, das er Prinzipat nannte, war ganz und gar auf seine Person zugeschnitten. Er rechtfertigte seine Herrschaft ja gerade mit *seinen* Verdiensten für den Staat. Er, und nur er war der Garant für Frieden, Sicherheit und Ordnung. Seine Herrschaft war kein institutionalisiertes Gebilde, in dem ein Amtsträger den anderen ersetzte, sondern, so auch die eigene, von Augustus verbreitete Propaganda, die Belohnung für seine Taten. Mit seinem Tod würde diese Ausnahmestellung eines Einzelnen beendet sein. Und nicht wenige Senatoren träumten von einer Rückkehr zu den alten republikanischen Zeiten. Unter diesen Voraussetzungen durfte es keinen Prinzeps nach Augustus geben – ob er nun Marcellus, Agrippa, Lucius Caesar, Gaius Caesar oder Tiberius hieß.

Die Herausforderung für Augustus bestand daher darin, eine Herrschaft zu transferieren, die von ihrer Ausrichtung her nicht transferierbar war. Die Lösung, die er fand, war eine doppelte und lautete: Adoption und Übertragung politischer Einzelkompetenzen noch zu seinen Lebzeiten und damit Designation des Tiberius zum künftigen Prinzeps. Die Adoption war notwendig, weil Augustus keinen leiblichen Sohn hatte. Adoptionen waren in der römischen Oberschicht ein bewährtes Mittel, um politische Allianzen zu schmieden oder dynastische Verbindungen zu knüpfen. Wenn Augustus erst seine Enkel Lucius und Gaius und nach deren Tod seinen Stiefsohn Tiberius adoptierte, waren dies in den Augen der Zeitgenossen ganz legitime oder normale Vorgänge. Immerhin war auch Augustus einst, als er noch Octavian hieß, von dem Dictator Iulius Caesar adoptiert worden. Bei den meisten Adoptionen blieb man in der Familie, konzentrierte sich also auf Stiefsöhne, Schwiegersöhne, Neffen, Enkel. Außenstehende sollten in der Familie nicht zu viel Einfluss gewinnen.

Die Übertragung politischer Einzelkompetenzen gehörte zu den besonderen Merkmalen des augusteischen Prinzipats. Augustus hatte sich, wie alle noch wussten, nicht etwa in einem einzigen Akt zum König oder zum Imperator ausrufen und krönen lassen. So etwas hatte der Dictator Iulius Caesar versucht, und er war damit gescheitert. Augustus hatte mit der Parole geworben, seine Herrschaft bedeute die *res publica restituta*, die wiederhergestellte Republik. Eine offene Monarchie war mit diesem Anspruch nicht vereinbar. Augustus war der Erste unter Gleichen – und die Gleichen, das waren die Senatoren, seine aristokratischen Kollegen. Die Macht des Kaisers Augustus beruhte staatsrechtlich auf der Kumulation von Amtsgewalten, die bereits aus der Republik bekannt waren – in erster Linie auf der *tribunicia potestas*, der Amtsgewalt eines Volkstribuns, und dem *imperium proconsulare*, durch das er den Oberbefehl über die Legionen hatte.

Adoption und Übertragung dieser ihm selbst zu Beginn seiner Herrschaft zugewiesenen Amtsgewalten auf den potentiellen Nachfolger waren also die Mittel, mit denen Augustus die Hürde, dass er eigentlich keinen Nachfolger haben durfte, zu überwinden versuchte. Eine komplizierte Lösung, aber sie ergab sich aus der Logik des Prinzipats als einer an eine Person gebundenen Machtposition. Indem Augustus einen Teil seiner Kompetenzen auf seinen (Adoptiv)Sohn übertrug, erklärte er ihn gleichzeitig zum Erben: zum Erben eines Vaters, der mit seiner geballten Autorität hinter dieser Lösung stand und sie sanktionierte.

Am 26. Juni des Jahres 4 n. Chr. wurde die Adoption des Tiberius durch Augustus offiziell vollzogen.[121] Tiberius war jetzt Sohn, Stiefsohn und ehemaliger Schwiegersohn des Augustus. Diesen Status sollte er, was allerdings zu diesem Zeitpunkt noch keiner ahnte, noch zehn Jahre und knapp zwei Monate innehaben, bis Kaiser Augustus am 19. August des Jahres 14 n. Chr. starb. Die Adoption fand als öffentliche Zeremonie auf dem Forum Romanum statt. Augustus erläuterte die Beförderung des Tiberius vom Stiefsohn zum Sohn mit dem Zusatz, er tue dies *rei publicae causa* – »um des Staates willen«.[122] Sonst hätte er es also nicht gemacht? Nur aus Staatsraison, weil Lucius und Gaius nicht mehr da waren? War dies das öffentliche Zugeständnis, dass Tiberius nicht die erste Wahl war? Nein, so dachte ein Augustus nicht. Die Öffentlichkeit war nicht der Ort, an dem man familiäre Konflikte austrug. Im Gegenteil: Um Kritiker im Senat zu beruhigen, die zweifelten, ob Tiberius geeignet sei, das Staatsschiff zu führen, versicherte er, die Eigenheiten und die mitunter skurril wirkenden Verhaltensweisen, die der Erbe an den Tag lege, seien »ihm zur Natur gewordene schlechte Gewohnheiten, aber keine Charakterfehler«.[123] »Um des Staates willen« bedeutete nicht eine Kapitulation des Prinzeps vor den Verhältnissen, sondern ein klares Bekenntnis zu Tiberius als dem kommenden Prinzeps. So wurde es auch von dem Zeitgenossen Velleius Paterculus aufgefasst, der diesen von Augustus formulierten Zusatz überliefert. Denn zusammen mit Tiberius adoptierte der Prinzeps auch Agrippa Postumus, den Bruder der verstorbenen Enkel Lucius und Gaius, Er war der jüngste Sohn der Augustus-Tochter Iulia aus deren Ehe mit Agrippa. 12 v. Chr. geboren, war er zum Zeitpunkt der Adoption durch seinen Großvater sechzehn Jahre alt. Nur in Bezug auf Tiberius aber sprach Augustus davon, dass er diese Adoption um des Staates willen vorgenommen habe. Damit war deutlich formuliert, dass die Adoption des Tiberius eine staatspolitische Dimension hatte.[124] Seit dem 26. Juni 4 n. Chr. war also klar: Tiberius war der Kronprinz. Um diese neue Konstellation zu unterstreichen, ließ Augustus dem Tiberius für einen Zeitraum von zehn Jahren die *tribunicia potestas* und kurz darauf das *imperium proconsulare* übertragen.

Zu den vielen Stärken des begnadeten Inszenierers Augustus (ein Gebiet, auf dem Tiberius überhaupt kein Talent hatte) gehörte es, wichtige Ereignisse an symbolträchtigen Tagen stattfinden zu lassen. Der Tag der Adoption war der 26. Juni: Es war der 26. Juni des Jahres 23 v. Chr. gewesen, als er selbst, auf dem Weg zur Komplettierung seiner Prinzipats-Herrschaft, das Konsulat, das er bis dahin regelmäßig bekleidet hatte, niedergelegt und dafür die volle *tribunicia potestas* und das *imperium proconsulare* erhalten hatte – beides Eckpfeiler seiner Macht als Prinzeps. Seitdem galt der 26. Juni in Rom als ein Festtag.[125] Tiberius ausgerechnet an diesem Tag zu adoptieren, war eine unmissverständliche Ansage im Hinblick auf dessen künftige Rolle im Staat.

Was Augustus im Sommer 4 veranstaltete, war ein großer Wurf und folgte einem strukturierten Plan. Denn Tiberius hatte, bevor er von Augustus adoptiert wurde, seinerseits seinen neunzehnjährigen Neffen Germanicus adoptieren müssen.[126] Es ging Augustus dabei um nicht weniger als um eine langfristige Zukunftssicherung der iulisch-claudischen Dynastie als führender Familie in Rom.[127] Germanicus war der Sohn von Tiberius' Bruder Drusus, der 9 v. Chr. bei dem Reitunfall in Germanien ums Leben kam, mit Antonia, der Tochter des Triumvirn Marcus Antonius. Jeder wusste jetzt, welchen Platz er in der Hierarchie hatte. Tiberius, 45 Jahre alt, war die klare Nummer Eins (hinter Augustus natürlich). Es folgte Agrippa Postumus, sechzehn Jahre alt, als jüngerer Bruder der verstorbenen einstigen Favoriten Gaius und Lucius gewissermaßen ein neuer Hoffnungsträger aus der jungen Generation. Dahinter kam nun Germanicus, der aufstrebende, populäre Vertreter der Drusus-Familie. Und natürlich profitierte auch der jüngere Drusus, der Sohn des Tiberius, von der großen Personalrochade des Jahres 4 n. Chr. Im gleichen Alter wie Germanicus, wurde er durch die Adoption seines Vaters durch Augustus insofern aufgewertet, als er nun zwar nicht zum biologischen, aber doch zum rechtlichen Enkel des Prinzeps, aufstieg.

Mit diesem Personalpaket, mit dem die Dynastie in die nächsten Jahre ging, hatte Augustus nicht nur den innerfamiliären Kompass bestimmt, sondern auch ein Zeichen nach außen gesandt: Euer Prinzeps, lautete die Botschaft an Senat und Volk von Rom, zeigt Handlungsfähigkeit, und eure führende Familie zeigt Geschlossenheit – ein Signal, das angesichts der Turbulenzen um Tiberius' Flucht nach Rhodos, die Verbannung Iulias und den Tod des Gaius und des Lucius wohl auch notwendig war.

Dieses Signal war umso wichtiger, als sich in Rom hartnäckig Gerüchte hielten, Augustus habe eigentlich eine ganz andere Regelung im Sinn gehabt. Nicht Tiberius, sondern Germanicus sei sein Favorit gewesen, doch seine Gattin Livia, die Mutter des Tiberius, habe ihn so lange bearbeitet, bis er zugestimmt habe.[128] Der Kaiserkenner Sueton diskutiert diese Gerüchte ausführlich und hält sie im Ergebnis für haltlos.[129] Nicht die Bitten seiner Frau seien entscheidend gewesen, und auch nicht das – etwas hinterhältige – Kalkül, man werde sich irgendwann nach ihm zurücksehnen, wenn ein solcher Mann erst sein Nachfolger geworden sei: »Doch kann man mich nicht so weit bringen, zu glauben, der umsichtigste und klügste Herrscher habe gerade bei dieser so bedeutenden Amtshandlung vollkommen unbesonnen gehandelt. Ich bin vielmehr der Ansicht, Augustus habe die Schwächen des Tiberius und seine Vorzüge gegeneinander abgewogen und sei zu der Überzeugung gelangt, die Vorzüge würden überwiegen, zumal er vor dem versammelten Volk geschworen habe, er adoptiere ihn im Interesse des Staates.«

Lange hielt die ausgeklügelte Konstruktion des Jahres 4 allerdings nicht, jedenfalls was Agrippa Postumus betrifft. Denn dieser schied schon bald aus der Reihe der Prätendenten aus. Sein Fall ist geeignet, der Vorstellung von den sprichwörtlichen »Zuständen wie im alten Rom« weitere Nahrung zu geben: 6 n. Chr., nur zwei Jahre nach der Präsentation der großen Lösung, wurde er, so wie bereits zuvor seine Mutter Iulia, in die Verbannung geschickt, erst nach Surrentum (heute Sorrent), dann auf die bei Elba gelegene Insel Planasia (heute Pianosa). Als Grund nennt Sueton seinen »ordinären und übermütigen Charakter«.[130] So etwas reichte an sich noch nicht aus, damit man zum Mittel der Verbannung griff. Dazu mussten auch entsprechende Taten gehören. Cassius Dio[131] teilt mit, Agrippa habe die Mentalität eines Sklaven gehabt und die meiste Zeit beim Fischfang verbracht, weshalb er sich gerne Neptun genannt habe. Er bekam häufig Wutanfälle, habe Livia und Augustus beschimpft. Das reichte aus, um ihn aus Rom zu verbannen. Offiziell wurde verbreitet, er sei geistig nicht völlig in Ordnung.[132] Möglicherweise wurde ihm zum Verhängnis, dass er – in welcher Form auch immer – Kontakte zu Kreisen um seine verbannte Mutter Iulia geknüpft hatte.

Tiberius hingegen saß fest im Sattel. Und dies durchaus auch im wörtlichen Sinn. In den folgenden Jahren war er wieder, wie am Beginn seiner Laufbahn, im Dienste des Prinzeps in mitunter heiklen und gefährlichen militärischen Missionen unterwegs. Doch war die Lage für ihn jetzt deutlich anders als noch zu den Zeiten, als er gemeinsam mit seinem Bruder Drusus Feldzüge unternommen hatte. Nun war er designierter Prinzeps, und in dieser Eigenschaft konnten ihm militärische Erfolge dazu verhelfen, die Skeptiker im Senat zu beruhigen – jene, die nicht einsahen, warum man in der Zeit nach Augustus überhaupt wieder einen Prinzeps brauchte, und jene, die sich nach wie vor fragten, ob Tiberius denn wirklich der richtige Mann für die Nachfolge sei. Aber es ging bei den Missionen nicht allein und auch nicht in erster Linie darum, Tauglichkeitsnachweise zu erbringen. Dass er ein fähiger Militär war, hatte Tiberius schon zur Genüge unter Beweis gestellt. Vielmehr war das Unternehmen, zu dem er gleich im Jahr 4 n. Chr. startete, Teil der strategischen Planungen des Augustus, die römische Herrschaft auf Germanien auszudehnen. Hier waren bereits einige Erfolge zu verzeichnen gewesen. Zwischen 8 und 6 v. Chr. waren viele Stämme zwischen Rhein und Elbe von Tiberius unterworfen worden. Nicht wenigen in Rom galt Germanien zu dieser Zeit bereits als »befriedet«, wie die Römer euphemistisch jenen Zustand nannten, wenn man Gegner militärisch besiegt und ihnen als Zeichen der Dominanz die Zahlung von Tributen auferlegt hatte. Jedoch zeigt das reine Faktum weiterer Feldzüge, dass von einer vollständigen Unterwerfung aller Stämme in der »Germania libera« noch keine Rede sein konnte.

Der Historiker Velleius Paterculus diente in diesen Jahren unter Tiberius als Präfekt der Reiterei. Seine Begeisterung für Tiberius resultiert aus dieser Zeit. Sie bietet einen bemerkenswerten Kontrast zu den üblichen kritischen bis negativen Darstellungen, die Tiberius in der Phase, bevor er Kaiser wurde, vor allem aber während seiner Tätigkeit als Kaiser erfahren hat. Er schreibt:

*»Zu diesem Zeitpunkt wurde ich, nachdem ich zuvor Tribun gewesen war, Soldat im Heer des Tiberius Caesar. Sogleich nach seiner Adoption wurde ich mit ihm als Befehlshaber der Reiterei nach Germanien geschickt, und zwar als Nachfolger meines*

*Vaters in diesem Amt. So wurde ich, als Präfekt und als Legat, neun Jahre hindurch Zuschauer bei seinen über menschliches Maß hinausgehenden Taten, ja im Rahmen meiner bescheidenen Fähigkeiten sogar Mithelfer. Ich glaube, man wird als sterblicher Mensch ein solches Schauspiel, wie ich es genießen durfte, kein zweites Mal erleben. Im bevölkerungsreichsten Teil Italiens und überall im Gebiet der gallischen Provinzen wollten alle ihren alten Feldherrn wiedersehen, der durch seine Verdienste und Leistungen schon Caesar war, bevor er offiziell diesen Namen erhielt, und dabei gratulierten sie sich selber mehr als ihm. Die Freudentränen der Soldaten bei seinem Anblick, der Eifer und die unglaubliche, ausgelassene Freude, ihn wieder begrüßen zu können, dazu ihre Begierde, seine Hand zu fassen, wobei sie sich nicht zurückhalten konnten, hinzuzufügen: ›Sehen wir dich wieder, Imperator? Haben wir dich heil und gesund wieder?‹ Und weiter: ›Ich bin mit dir in Armenien gewesen, Imperator! – Und ich in Raetien! – Ich bin von dir bei den Vindelikern ausgezeichnet worden! – Ich in Pannonien, ich in Germanien!‹ Das alles lässt sich in Wahrheit mit Worten nicht ausdrücken, ja, man kann es vielleicht kaum glauben.«*[133]

Zeitzeugen sind, wie Historiker wissen, nah an den Ereignissen dran, andererseits fehlt ihnen dadurch häufig die notwendige kritische Distanz. Die überschwängliche Lobeshymne des Velleius Paterculus auf den Militärführer Tiberius wirkt in der Form etwas überzogen und in ihrem Pathos sogar peinlich, im Kern ist sie aber absolut gerechtfertigt: Denn zwischen 4 und 6 n. Chr. feierte die römische Armee in Germanien unter dem Kommando des Tiberius beachtliche Erfolge. Gleich im ersten Jahr der Kampagne konnte Tiberius nach Rom melden, dass er mit seinen Truppen nicht, wie bisher, in die Winterquartiere an der Rheingrenze zurückkehren musste, sondern Quartier an der oberen Lippe beziehen konnte. Diese bemerkenswerte Information überbrachte er Augustus persönlich: Er ließ seine Truppen im Winterlager zurück und machte sich auf den Weg über die Alpen nach Italien.[134]

Im Jahr darauf stattete die römische Flotte der Ostseeküste einen Besuch ab und kam dabei auch in jene Gebiete, von denen einst die Kimbern und Teutonen Richtung Gallien und Italien ausgezogen waren, wo sie die Römer in zwei Schlachten grandios besiegten. An der Elbe trafen die römische Flotte und das von Tiberius geführte Landheer zusammen. Abordnungen germanischer Stämme, die östlich der Elbe lebten, erschienen bei Tiberius und baten um die Freundschaft des römischen Volkes.

Augustus konnte mit den Nachrichten, die aus dem hohen Norden in der Metropole am Tiber eintrafen, mehr als zufrieden sein.

Es kann kein Zweifel darin bestehen, dass Tiberius, wie von Velleius porträtiert, ein hervorragender Feldherr war, der es verstand, seine Soldaten zu motivieren und zu begeistern, – besser jedenfalls, wie man mit einem Blick nach vorn konstatieren muss, als es Tiberius später als Kaiser verstand, die Römer in ihrer Gesamtheit zu motivieren und zu begeistern. Eine auf ihn eingeschworene Truppe und ein klarer militärischer Befehl von oben: das war die Welt des Tiberius, nicht aber das Imperium mit seiner komplexen sozialen Struktur.

Der schwärmende Velleius Paterculus kennt noch einige weitere Episoden aus dem Leben des Soldaten Tiberius in den Weiten Germaniens. So berichtet er von einem denkwürdigen Ereignis an der Elbe.[135] Tiberius hatte am westlichen Ufer ein Lager aufschlagen lassen. Auf der anderen Seite hatten sich germanische Krieger aufgestellt. Tiberius hatte, so Velleius, die Lage unter Kontrolle: Bei jedem Manöver der römischen Schiffe zogen sich die Gegner zurück. Da tauchte auf einem Nachen – einem Boot in Form eines ausgehöhlten Baumstammes – plötzlich »einer der Barbaren auf, ein älterer Mann von stattlicher Größe und, wie seine Kleidung zeigte, von hohem Rang«. Er fuhr bis zur Mitte des Flusses und bat darum, Tiberius sehen zu dürfen. »Das wurde ihm erlaubt. Darauf ruderte er den Kahn ans Ufer und schaute Caesar lange schweigend an. Schließlich sagte er: ›Unsere jungen Leute sind nicht bei Sinnen, verehren sie doch in eurer Abwesenheit euer göttliches Wesen.‹« Wahrscheinlich meinte der Germane einen Altar für die Stadtgöttin Roma und Augustus, den Lucius Domitius während seiner Feldzüge in Germanien hatte errichten lassen.[136] Jedenfalls fuhr er fort: »›Wenn ihr aber da seid, zeigen sie eher Angst vor euren Waffen, anstatt sich eurem Schutz anzuvertrauen. Ich aber habe dank Deiner gütigen Erlaubnis, Caesar, heute die Götter gesehen, von denen ich vorher nur gehört hatte. Einen glücklicheren Tag habe ich in meinem Leben weder erhofft noch erlebt.‹ Nachdem ihm gestattet worden war, Caesars Hand zu fassen, stieg er wieder in seinen Kahn und fuhr an sein Ufer zurück, wobei er Caesar unverwandt anschaute.«

Hat sich Velleius diese Geschichte nur ausgedacht? Wollte er zeigen, dass jeder, der Tiberius sah, und sei es auch nur ein »germanischer Barbar«, zu einem glücklichen Menschen wurde? Velleius neigt nicht zu Erfindungen.

Die Episode dürfte authentisch sein. Nur hat er sie wohl im Sinne einer Glorifizierung des von ihm so verehrten Tiberius uminterpretiert: Der germanische Stammesfürst war eher auf diplomatischer Mission unterwegs, um die Chancen einer friedlichen Vereinbarung auszuloten. Und Velleius legte den Fokus auf: Tiberius wurde von allen, ob Freund oder Feind, geliebt.

Doch bald war es mit der Erfolgsgeschichte vorbei – woran der designierte Prinzeps allerdings keine Schuld trug. 6 n. Chr. kehrte Tiberius nach Rom zurück. Nach Velleius Paterculus »blieb in Germanien nichts mehr zu erobern übrig, außer dem Volksstamm der Markomannen«.[137] Die Markomannen, die damals im heutigen Böhmen siedelten, hatten in der Person des Marbod eine geniale Führungspersönlichkeit gefunden. Wie eine Reihe anderer germanischer Adliger hatte er als junger Mann eine Ausbildung in Rom genossen und auch in der römischen Armee gekämpft. Nachdem Marbod bei den Markomannen König geworden war, betrieb er eine ausgesprochen expansive Politik. Aus römischer Sicht bedeuteten diese Aktivitäten eine Gefahr für die eigenen Interessen im Gebiet zwischen Weser und Elbe. Nicht weniger als zwölf Legionen wurden auf Anweisung des Augustus in Marsch gesetzt, um den ambitionierten Marbod in die Schranken zu verweisen. Und einmal mehr war die Allzweckwaffe Tiberius gefragt: Er zog mit sechs Legionen von dem an der Donau gelegenen Militärlager Carnuntum aus, wohin er von Rom aus geeilt war, Richtung Norden.

Gerade war Tiberius dabei, einige Anfangserfolge zu erzielen, als ihm eine andere Aufgabe übertragen wurde. Denn in Pannonien und Dalmatien rebellierten die Einwohner wegen hohen Steuerdrucks und einer unsensiblen Verwaltung gegen die ungeliebte römische Herrschaft, und der Aufstand breitete sich wie ein Flächenbrand aus. Hastig wurde mit Marbod ein Friedensabkommen geschlossen und die Armee in Richtung des neuen Kriegsschauplatzes dirigiert. Augustus war ernstlich beunruhigt. Im Senat malte er ein Katastrophenszenario an die Wand. In zehn Tagen könne, so sagte er, der Feind vor den Toren Roms auftauchen.[138] Auch jetzt sollte Tiberius Rom retten. Es wurden harte Kämpfe; Sueton nennt den Pannonischen Krieg den schwersten seit den Punischen Kriegen,[139] in denen es Rom 250 Jahre vorher mit der Großmacht Karthago und ihrem kongenialen Strategen Hannibal zu tun gehabt hatte.

Während dieses Krieges, der vier Jahre – bis 9 n. Chr. – dauerte, waren nicht nur Tiberius' Qualitäten als Feldherr gefragt. Denn die Stimmung unter den Soldaten war schlecht, sogar von Meuterei war die Rede:[140] Der Psychologe Tiberius trat auf den Plan. Wenn man Velleius Paterculus Glauben schenken darf – und das kann man grundsätzlich tun, zumindest, was die reinen Fakten betrifft – so kümmerte sich Tiberius geradezu vorbildlich insbesondere um die Kranken und Verwundeten.[141] Mit Blick auf den späteren, als wenig kommunikativ, im Umgang mit anderen Menschen geradezu als verstockt, ja gestört charakterisierten Kaiser Tiberius ist es erstaunlich, mit welchem Einfühlungsvermögen der Feldherr Tiberius auf die Probleme und Sorgen seiner militärischen Schutzbefohlenen einging. Keiner, ob von höherem oder niederem Rang, so berichtet der Augenzeuge Velleius, sei jemals krank gewesen, ohne dass sich Tiberius nicht persönlich um die Gesundung gekümmert habe, »und zwar mit solcher Anteilnahme, als ob er, der mit den größten Lasten überhäuft war, keine andere Sorge hätte«. Weiter heißt es: »Ein angespanntes Fuhrwerk war bereit für alle, die es haben wollten, seine Sänfte stand für alle zur Verfügung – wie viele andere habe auch ich sie benutzen können. Seine Ärzte, seine eigene Küche, eine Badeeinrichtung, die man eigens für ihn mitführte – alles stand zur Heilung jedes Kranken zur Verfügung.«

War Tiberius mit seinem humanitären Einsatz etwa eine Art Vorläufer des Roten Kreuzes? Wahrscheinlich war es weniger Menschlichkeit, was ihn bei diesem fürsorglichen Verhalten antrieb, als die Befolgung von Regeln, die sich aus der Beziehung zwischen dem Patron – dem Feldherrn – und seiner Klientel – den Soldaten – ergab. Geradezu mustergültig sorgte der (Feld-)Herr für seine Untergebenen. Tiberius kannte also das Prinzip und wendete es erfolgreich an – im Krieg, bei seinen Soldaten. War ihm als Kaiser die Betreuung der Klientel etwa eine zu große Aufgabe?

9 n. Chr. konnte Tiberius Vollzug melden: Der Aufstand in Pannonien und Illyrien war niedergeworfen, am Verhandlungstisch war eine Einigung erzielt worden. Kaiser und Senat genehmigten ihm einen Triumphzug in Rom als verdienten Lohn für gute Leistungen im Krieg. Doch bevor er sich von der römischen Bevölkerung bejubeln lassen konnte, erreichte Rom eine Hiobsbotschaft: In Germanien wurden in einer Schlacht, die nach Tacitus »nicht weit entfernt vom Teutoburger Wald« stattfand,[142] drei römische Legionen, die unter dem Befehl des Legaten Publius Quinctilius Varus stan-

den, vernichtet. Sie unterlagen einer Koalition von mehreren germanischen Stämmen unter der Führung des Cheruskers Arminius (den der deutsche Nationalstolz später in »Hermann« umtaufte). Augustus war schockiert, bedeutete diese desaströse Niederlage doch das abrupte Ende seiner ambitionierten Eroberungspläne in Germanien. All die Arbeit, die Tiberius und die anderen römischen Heerführer in den Jahren zuvor geleistet hatten, war umsonst gewesen. Manch einer mag sich gefragt haben, ob auch der versierte Militär Tiberius in die Falle getappt wäre, in die Arminius, der das militärische Handwerk bei den Römern gelernt hatte, den in kriegerischen Angelegenheiten eher unerfahrenen Varus gelockt hatte.

Nun wurde Tiberius von Augustus wieder nach Germanien geschickt – nicht um die alte Eroberungspolitik wieder aufzunehmen, sondern um Schadensbegrenzung zu betreiben und den Germanen schon aus Prestigegründen militärische Nadelstiche zu versetzen. Auch Germanicus, der junge Neffe des Tiberius, der diesen Ehrennamen von seinem Vater, dem älteren Drusus, Tiberius' Bruder, geerbt hatte, beteiligte sich in führender Position an diesen Aktionen. Den Quellen zufolge ging Tiberius klug und zurückhaltend vor, frei von hektischer Betriebsamkeit und Rachegedanken. Oberste Priorität hatte die Sicherung der Rheingrenze. Von weitgreifenden Operationen wie in den vorhergehenden Jahren war nun nicht mehr die Rede.

In gewohnter Manier preist Velleius Paterculus Tiberius' Taten an der Grenze zu Germanien auch während dieser Mission, die bis zum Jahr 12 n. Chr. dauerte.[143] Sueton bläst ins selbe Horn und präsentiert Details, die jedenfalls in dieser Form verbreitet wurden und als Nachrichten über Tiberius in Rom kursierten.[144] Stellte Velleius dessen karitativ-soziale Seite in den Fokus, so konturiert ihn Sueton als großen, umsichtigen Organisator, der viel auf Disziplin und Ordnung achtete. Als Tiberius den Rhein überquerte, so der Biograph, ließ er den gesamten Tross erst dann übersetzen, nachdem er Ladung und Gepäck höchstpersönlich kontrolliert hatte. Rechts des Rheins, im Gebiet der Gegner, »gewöhnte er sich daran, in der Art zu leben, dass er sich auf den nackten Rasenboden setzte und etwas aß, oft ohne Zelt übernachtete und sämtliche Befehle für den folgenden Tag, auch wenn plötzlich noch eine Aufgabe hinzugefügt werden musste, nur schriftlich gab«. Disziplin, so erfahren wir weiter, habe er mit äußerster Strenge eingefordert, »indem er auf Arten von Bestrafung und Ehrverlust zurückgriff und einen Legionslegaten mit Schimpf brandmarkte, weil er ein paar Soldaten zusammen mit seinem Freigelassenen zur Jagd jenseits des Flusses geschickt habe«.[145] Einmal soll es zu einer dramatischen Situation gekommen sein, die den kommenden Kaiser beinahe das Leben gekostet hätte:[146] Ein Angehöriger des Stammes der Brukterer habe den Versuch unternommen, Tiberius zu ermorden, sich aber durch seine »unruhige Hast« verraten; durch Folter habe man von ihm ein Geständnis erpresst. Im historischen Kontext markiert die Mission des Tiberius in den Jahren 9 bis 12 n. Chr. eine Phase in den römisch-germanischen Beziehungen, die vom Übergang von geplanter Expansion zu einer Sicherung der bestehenden Grenzen geprägt war. Insofern sind die Unternehmungen dieser Kampagnen als erfolgreich zu bewerten, auch wenn keine großen Kampfessiege verkündet werden konnten.

Im Herbst 12 n. Chr. kehrte Tiberius nach Rom zurück und durfte endlich den Triumph für seine Erfolge in Pannonien und Dalmatien feiern – mit dreijähriger Verspätung, weil seine Anwesenheit in Germanien gefragt gewesen war: am 23. Oktober. Velleius Paterculus, der Tiberius in all diesen Jahren militärisch begleitet hatte, durfte bei dem Zug, der traditionell über das Forum zum Kapitolinischen Tempel führte, dabei sein. Voller Stolz notierte er: »Mir und meinem Bruder wurde das Glück zuteil, zusammen mit den großartigsten Männern Roms, die im Schmuck der großartigsten Ehrengaben prangten, an diesem Triumphzug teilzunehmen.«[147]

Tiberius war zwischen 4 und 12 n. Chr. selten zu Hause in Rom gewesen. Seine Mutter Livia hatte er kaum gesehen, auch nicht seinen Sohn Drusus. Jedoch hatte Drusus seit der Adoption des Tiberius durch Augustus in der familiären Hierarchie eine neue, gehobene Position erreicht. Nach dem in der Dynastie inzwischen bewährten Muster war er nach und nach mit höheren Weihen versehen worden: Er durfte, obwohl nach wie vor noch jung an Jahren, an den Sitzungen des Senats teilnehmen, wurde in wichtige priesterliche Gremien gewählt und zum Quästor ernannt. 4 n. Chr. (oder etwas später) hatte er Tiberius zum Schwiegervater gemacht, als er Claudia Livia Iulia, auch Livilla genannt, geheiratet hatte. Zuvor war sie, die Tochter des älteren Drusus, die Frau des großen Hoffnungsträgers Gaius Caesar gewesen, der 4 n. Chr. gestorben war und damit die Nachfolgepläne des Augustus so gründlich durcheinander gebracht hatte. Dass sie nun die Frau des Drusus geworden war, war wieder einmal ein Arrangement des Augustus gewesen, das dazu diente, die politischen und dynastischen Regelungen des Jahres 4 zu fundieren. Später, als Tiberius bereits Kaiser war, wurde Livilla in eine Affäre verwickelt, die geradezu staatspolitische Ausmaße annahm. Davon war jetzt aber noch nichts zu spüren. Vielmehr freute sich Tiberius, als er erfuhr, dass Sohn und Schwiegertochter Nachwuchs erwarteten: Er würde also bald seine vielfältigen verwandtschaftlichen Verknüpfungen im Kontext der iulisch-claudischen Dynastie um den Eintrag »Großvater« ergänzen können. Es passt zu den verwickelten genealogischen Verhältnissen, die das System Augustus prägten, dass seine Schwiegertochter Livilla als Tochter seines Bruders Drusus zugleich auch seine Nichte war.

In den winterlichen Pausen der militärischen Unternehmungen im Norden hatte Tiberius dem Prinzeps in Rom immer wieder Bericht erstattet. Seine engste Kontaktperson aus dem Kreis der Familie war in dieser Zeit aber Germanicus gewesen – der Bruder der Livilla und, was in diesem Zusammenhang wichtiger ist, seit 4 n. Chr. auch sein, des kommenden Prinzeps Tiberius, Adoptivsohn. Perspektivisch gesehen war Germanicus Kandidat für die Nachfolge des Tiberius. Auf den Kriegsschauplätzen im Norden funktionierte die Zusammenarbeit zwischen beiden offenbar problemlos. Erst nach dem Jahr 14, als Tiberius Kaiser geworden war, soll sich das Verhältnis rapide und grundlegend verschlechtert haben, wie zu behaupten vor allem der Historiker Tacitus nicht müde wurde.

Einen handfesten Skandal hatte es, während Tiberius noch in Pannonien unterwegs gewesen war, im Jahr 8 n. Chr. gegeben. Im Mittelpunkt hatte Iulia gestanden – nicht die Tochter des Augustus und ehemalige, nun verbannte Ehefrau des Tiberius, sondern deren Tochter aus der früheren Ehe mit Vipsanius Agrippa (und zugleich die Schwester von Gaius und Lucius, der früh verstorbenen Augustus-Favoriten). 19 v. Chr. geboren, war sie 4 v. Chr. im für diese Kreise normalen Heiratsalter Ehefrau eines vornehmen Patriziers namens Aemilius Paullus geworden. Unter nicht geklärten und wohl auch nicht mehr klärbaren Umständen geriet das Paar in den Verdacht, eine Verschwörung gegen Kaiser Augustus organisieren zu wollen. Möglicherweise spielte die Tatsache eine Rolle, dass Iulias Bruder Agrippa Postumus kurze Zeit zuvor vom Kaiser in die Verbannung geschickt worden war. Dadurch dürften auch für den Ehemann Aemilius Paullus die Chancen, in der Familienhierarchie und damit in der Politik eine prominente Position einzunehmen, geschwunden sein. In die Affäre war auch der Dichter Ovid verwickelt, der mit Schriften amourösen Inhalts, die so ganz im Gegensatz zur prüden Moralpolitik des Prinzeps standen, Anstoß erregt hatte. In Bezug auf diese Vorgänge sprach der Dichter nur kryptisch von einem »Irrtum« (*error*), den er begangen habe. Er wurde nach Tomi am Schwarzen Meer verbannt. Iulia wurde ins Exil auf die Insel Trimerus (heute Tremiti) vor der Küste Apuliens geschickt, ihr Ehemann hingerichtet, das gemeinsame Haus in Rom niedergerissen. Augustus wurde derweil alt und älter, Tiberius nicht jünger. Seit 4 n. Chr. durfte er sich bereits als der kommende Mann in Rom fühlen. Bis das Feld frei wurde, zogen aber noch zehn Jahre ins Land.

## Der Tod des Augustus

Augustus starb am 19. August 14 n. Chr. – in dem Monat, der einige Jahre zuvor, 8 v. Chr., zu seinen Ehren so benannt worden war. Bis dahin hatte man vom »Sextilis«, »dem Sechsten«, gesprochen, weil im ursprünglichen, bis 153 v. Chr. gültigen Kalender der Römer der März der erste Monat im Jahr und der Sextilis somit nicht der achte, sondern der sechste Monat des Jahres gewesen war (wie der September der »siebente«, der Oktober der »achte«, der November der »neunte« und der Dezember der »zehnte«). 18 n. Chr., als Tiberius bereits Prinzeps war, gab es im Senat eine Initiative, den Monat November, in dem der Kaiser geboren worden war, in »Tiberius« umzutaufen. Tiberius soll diese Ehre abgelehnt haben, mit der untypisch schlagfertigen Bemerkung: »Was werdet ihr denn tun, wenn es dreizehn Kaiser werden?«[148] Hätte sich Tiberius doch darauf eingelassen! Dann wäre sein Name heute wenigstens als Monatsname noch in aller Munde. (Immerhin können Cineasten »Tiberius« begegnen, denn eine Münchner Filmfirma hat sich seinen Namen gegeben – und seinen Kopf als Signé.)

Augustus wurde 76 Jahre alt, wohl zu seiner eigenen Überraschung – denn angesichts seiner labilen körperlichen Konstitution, und weil er ohnehin zu Hypochondrie neigte, hatte er mit einem deutlich früheren Ableben gerechnet. Der Architekt des Prinzipats konnte in dem beruhigenden Bewusstsein sterben, das herrscherliche Feld mit der Weichenstellung von 4 n. Chr. gut bestellt zu haben: Mit Tiberius, Germanicus und auch dem immer noch jungen Tiberius-Sohn Drusus schien die Kontinuität des Prinzipats gesichert. Als Augustus starb, war Tiberius 55 Jahre alt. Ob dieser damals darüber nachgedacht hat, dass Iulius Caesar, einer der Ahnherren der iulisch-claudischen Dynastie, in diesem Alter nur noch ein Jahr zu leben hatte? Oder dass Alexander, der auch in Rom viel bewunderte König der Makedonen, als Eroberer eines Weltreiches überhaupt nur 32 Jahre alt geworden war. Kaiser mit 55, das bedeutet: Tiberius hatte schon viel erlebt, als er die Schaltzentrale der Macht besetzen durfte, als Zeitzeuge und teilweise auch Gestalter einer der markantesten Umbruchphasen der römischen Geschichte.

Augustus war, als er den entscheidenden Schritt auf dem Weg zum Prinzipat vollzog, in der berühmten Senatssitzung im Januar 27 v. Chr., 36 Jahre alt gewesen. Tiberius' jetziges Alter, 55, hatte Augustus erreicht, kurz nachdem Tiberius' Bruder Drusus ums Leben gekommen war: Da war er schon eine gefühlte Ewigkeit in Amt und Würden gewesen. 13 n. Chr. hatte Augustus seinen Tatenbericht, die *Res gestae*, veröffentlicht. Der erste Satz lautet: »Im Alter von neunzehn Jahren habe ich als Privatmann aus eigenem Entschluss und aus eigenen Mitteln ein Heer aufgestellt, mit dessen Hilfe ich den durch die Willkürherrschaft einer bestimmten Gruppe versklavten Staat befreite.« Mit neunzehn Jahren – dies war Augustus so wichtig, dass er es gleich an den Anfang seiner Leistungsbilanz gesetzt hat. Hätte Tiberius vor seinem Tod ebenfalls einen Tatenbericht verfasst, so hätte er eingangs allenfalls schreiben können: »Im Alter von 45 Jahren wurde ich von meinem Stiefvater Augustus adoptiert. Im Alter von 55 Jahren trat ich seine Nachfolge an.« Das war eine deutlich andere Konstellation und Disposition – nicht die eigene Leistung war entscheidend, sondern die Beziehung zu Augustus.

In den letzten Jahren seiner Herrschaft hatte sich Augustus keine totale politische Abstinenz verordnet. So etwas lag nicht in seiner Natur, und außerdem brauchte das Prinzipat zu seiner Bestätigung und Akzeptanz einen aktiven Prinzeps. Gleichwohl hatte er, als er die Siebzig überschritten hatte, begonnen, sich etwas zurückzuziehen, jedoch nur so weit, dass er das Heft des Handelns noch in seinen Händen hielt. Einige Verbesserungen technischer Art erleichterten ihm in dieser Phase das politische Geschäft. So ersparte man ihm den beschwerlichen Weg von seinem Haus auf dem Palatin hinunter zum Senatslokal auf dem Forum Romanum und ließ die Sitzungen bei ihm im heimischen Wohnzimmer stattfinden. Wenn er außer Haus an Versammlungen teilnahm, kam es immer öfter vor, dass er auf persönliche Redebeiträge verzichtete und andere für sich einspringen ließ.

Gastmähler in den Privathäusern reicher und einflussreicher Freunde, bei denen er in jüngeren Jahren ein häufiger Gast gewesen war, standen nicht mehr auf seiner Agenda. Dagegen behielt er bis zuletzt die Gewohnheit bei, im Kreis von Verwandten und Freunden aus eigenen Werken vorzulesen. Doch war er häufig vor Müdigkeit nicht mehr in der Lage, die Rezitation zu Ende zu bringen. Dann reichte er die Schriftrolle an Tiberius, der ihm, wenn er in Rom war, regelmäßig assistierte und der, wie zuvor bereits viele andere, auch diese Aufgabe für ihn zuverlässig erledigte. Eine der Leidenschaften des alten Augustus war das Würfelspiel. Als Tiberius an zwei Abenden nicht dabei sein konnte (oder wollte), berichtete Augustus ihm brieflich darüber und schlug dabei einen vertrauten Ton an, gab sich sogar selbstironisch, was Tiberius geschätzt haben mag: »Ich habe mit den Personen gespeist, mit denen ich immer zu Tisch liege, mein lieber Tiberius. Als Gäste gesellten sich Vinicius und der ältere Silius hinzu. Während wir zu Tisch lagen, haben wir gespielt, wie es sich für Greise schickt, sowohl gestern als auch heute. Wir würfelten nämlich so, dass jeder, der einen Hund oder die Sechs gewürfelt hatte, für jeden Würfel einen Denar in die Mitte legen musste; die konnte dann alle der einstecken, der die Venus geworfen hatte.«[149]

Im Jahr seines Todes fühlte sich der »Greis« Augustus zunächst noch gesund, selbst Anfang August ging es ihm noch gut. Tiberius war wieder einmal auf dem Sprung auf die andere Seite der Adria, nach Illyrien, das trotz der Militärintervention, die er fünf Jahre zuvor mit einigem Erfolg angeführt hatte, ein Krisengebiet geblieben war. Augustus beschloss, sich Tiberius anzuschließen – natürlich wollte er aber nicht bis nach Illyrien mitkommen. Der Prinzeps hatte zwar Zeit seines Lebens die Rolle des Kriegsherrn geliebt, doch aus dem militärischen Geschäft an der Front hatte er sich nach Möglichkeit immer herausgehalten. Dafür hatte er seine Leute – früher Agrippa und jetzt Tiberius oder Germanicus. Tiberius sollte nach dem Willen des Kaisers in Illyrien für Ordnung sorgen und die Interessen des Imperiums wahren. Gerade nach dem Desaster in der Schlacht im Teutoburger Wald galt es, außenpolitisch und militärisch wieder Flagge zu zeigen.

So machten sich im Sommer 14 der noch amtierende Kaiser Augustus und sein designierter Nachfolger Tiberius mit ihrem Gefolge auf den Weg, auf der Via Appia, jener berühmten Straße, die Rom mit dem Süden Italiens verband.[150] Nicht wenige, wahrscheinlich auch Tiberius, fragten sich, warum

Augustus darauf bestand, ihn auf der ersten Strecke seiner Reise nach Illyrien zu eskortieren. Vom Ende her gedacht – der Tatsache, dass Augustus von dieser Reise nicht lebend zurückkehrte und Rom nicht wiedersah –, könnte man zu der Auffassung gelangen, es habe sich um ein letztes Lebenszeichen des 76-Jährigen gehandelt, nach der fast romantischen Devise, er habe »sein Ende nahen gefühlt« und deshalb Tiberius geradezu symbolisch den Weg in seine Zukunft als neuer Prinzeps gewiesen. Augustus war zwar immer ein Meister der Inszenierung gewesen, dies aber mehr in eigener Sache als im Interesse anderer (abgesehen von seinen Lieblingen Lucius und Gaius, für die er alles getan hatte). Und bei der Abreise aus Rom wusste er auch nicht, dass dies ein Abschied für immer sein sollte. Nicht vom Ende her gedacht, ergibt sich ein anderes Bild. Die Botschaft, die Augustus im Sommer 14 aussandte, lautete: Augustus ist alt, aber noch rüstig genug, um Tiberius zu begleiten, sogar noch rüstig genug, um in der Abwesenheit des Nachfolgers die Zügel fest in der Hand zu halten.

Offiziell wurde allerdings ein anderer Anlass für die Reise genannt: In Neapel fanden in diesem Sommer sportliche Wettbewerbe zu seinen Ehren statt, und er habe sie besuchen wollte. Er hatte geplant, Tiberius bis nach Benevent zu begleiten. Die Stadt war eine wichtige Station an der Via Appia. Die »Königin der Straßen«, wie die Römer sie nannten, hatte anfangs in Capua geendet, war dann bis nach Brundisium, dem heutigen Brindisi, verlängert worden. Von Benevent wollte Tiberius nach Brundisium weiterreisen und dort ein Schiff besteigen, das ihn über die Adria nach Illyrien bringen würde, und Augustus wollte nach Rom zurückkehren.

Die erste Wegstrecke führte die Reisegesellschaft bis nach Astura in Latium – so hieß sowohl ein Fluss als auch eine Insel ganz in der Nähe von Antium, dem heutigen Anzio. Heute liegt dort der Ort Torre Astura. Die Insel war damals durch eine Brücke mit dem Festland verbunden. Augustus und Tiberius besaßen hier eine Villa, die nach dem Geschmack der römischen Aristokratie mit Fischteichen und Laubengängen ausgestattet war. Astura hatte auch einen kleinen Hafen, und dies war auch der Grund, warum Augustus diesen Ort als Station der Reise ausgewählt hatte: Man bestieg hier ein Schiff. Der alte Kaiser zog den Komfort einer Seereise entlang der Küste des Tyrrhenischen Meeres den Strapazen einer Landtour vor. Am Abend kam ein günstiger Wind auf, und Augustus entschied sich, gegen seine Gewohnheit, schon in der Nacht an Bord zu gehen: kein guter Entschluss, wenn man dem wie immer gut unterrichteten Biographen Sueton[151] Glauben schenken will. Denn er bekam plötzlich gesundheitliche Probleme. Aber er ließ sie sich nicht anmerken und absolvierte weiter routiniert und professionell das vorgesehene Programm.

Weiter ging die Reise nach Capri. Die Trauminsel vor der Küste Kampaniens gehörte Augustus, seitdem er sie in einem Geschäft mit dem Stadtrat von Neapel gegen Ischia getauscht hatte. Tiberius befand sich immer noch in seiner Gesellschaft. So eilig hatte er es anscheinend nicht mit seiner Illyrien-Mission. Tiberius hatte vier Tage Zeit, sich ein Bild von der Insel zu machen, die zwölf Jahre später zu seinem dauerhaften Domizil werden sollte. Die Atmosphäre bei diesem Capri-Besuch war entspannt und heiter, so Sueton, und man schaute jungen Griechen bei ihren sportlichen Übungen zu.[152]

Nach vier Tagen verließ die Reisegesellschaft Capri und steuerte Neapel an. Nach wie vor war auch Tiberius noch dabei. Als man sich in Benevent wie geplant getrennt und Augustus die Heimreise nach Rom angetreten hatte, verschlimmerte sich dessen Gesundheitszustand dramatisch. Seine Krankheit, offenbar ein Darmleiden, machte ihm schwer zu schaffen. Ursprünglich einmal hatte er von Neapel aus per Schiff nach Rom zurückkehren wollen, nun aber musste er im kampanischen Nola Station machen, wo die Familie ein Haus besaß. In diesem Haus – für solche Merkwürdigkeiten interessieren sich die antiken Quellen offenbar sehr – war 72 Jahre zuvor sein Vater gestorben, was Augustus natürlich wusste. Ein paar Tage lag er krank danieder, bevor er am 19. August im Kreise seiner Familie sanft entschlief.

Als er in den letzten Zügen lag, ließ Augustus Tiberius zurückrufen. Der designierte Kaiser war aber bereits in Illyrien angekommen. Nun reiste er eilends nach Kampanien zurück, »und so traf er«, wie Sueton mitteilt, »Augustus zwar bereits angeschlagen, aber doch noch lebend an und war mit ihm den ganzen Tag unter vier Augen zusammen«.[153] Diese Angabe findet sich, in etwas anderen Worten, auch in Suetons Augustus-Biographie: »Tiberius ließ er von seiner Reise zurückrufen und führte mit ihm ein Gespräch ohne Zuhörer. Danach befasste er sich mit keinem wichtigeren Geschäft mehr.«[154] Doch kursierte in Rom noch eine andere, eine seltsame Geschichte.[155] Als Tiberius das Zimmer des Kaisers verließ, wollten Diener genau gehört haben, wie Augustus sagte: »Wie arm ist doch das römische

Volk dran, dass es unter so langsam zermalmende Zähne kommen wird.« Sueton hat die Information nicht überprüft, gibt sie auch nur sehr zurückhaltend wieder (»Ich weiß, dass man allgemein glaubt ...«) und hält sie auch nicht für authentisch. Aber angenommen, der Satz ist wirklich so gefallen – was hat Augustus dann damit sagen wollen? Ein Kompliment war es nicht, auch kein Vertrauensbeweis. Stattdessen kam es einem regelrechten Misstrauensvotum gleich, wenn er eine Metapher wählte, die suggerieren sollte, Tiberius ähnele einer Bestie, die in einer Mischung aus Grausamkeit und Bedächtigkeit das römische Volk auffressen werde. Das Attribut der Grausamkeit schrieben antike Autoren, die Tiberius nicht unbedingt freundlich gesinnt waren, ihm für die Zeit, als er Kaiser war, zu. Tatsächlich ist nicht zu erkennen, mit welchem Verhalten oder mit welchen Vorfällen Tiberius seinen Adoptivvater vor dem August 14 zu einer solchen Polemik veranlasst haben sollte.

Spätes Porträt des Kaiser Augustus

## Problematische Beziehungen: Tiberius und Augustus

In Nola endete im August 14, was 51 Jahre zuvor in Rom begonnen hatte – die Dauerbeziehung zwischen Augustus und Tiberius. Hier sahen sie sich zum letzten Mal. Zum ersten Mal gesehen hatten sie sich, als Augustus Tiberius' Mutter Livia kennenlernte (Tiberius war da erst zwei, fast drei Jahre alt) und bald danach heiratete. Seitdem war er es gewesen, der sein Leben bestimmte. Gleich dreifach war Tiberius' verwandtschaftliche Beziehung zu Augustus: Er war dessen Stief-, Schwieger- und Adoptivsohn. Er diente ihm dort, wo dieser es ihm befahl. In jungen Jahren war Tiberius einer der wichtigsten militärischen Helfer des Augustus. In Germanien leistete er gemeinsam mit seinem jüngeren Bruder Drusus Bedeutendes. Die Anerkennung, die er dafür erntete, hielt sich in Grenzen. Andere schien der Prinzeps zu bevorzugen – Marcellus, Agrippa, vor allem seine Enkel Gaius und Lucius. Tiberius war zweimal verheiratet, und beide Male hatte ihm Augustus die Ehe vorgeschrieben: Erst mit Vipsania Agrippina, der Tochter seines, des Augustus, Vertrauten Agrippa, dann mit Iulia, seiner einzigen Tochter. Tiberius hatte sie heiraten müssen, obwohl er sich von Vipsania nicht hatte trennen wollen. Tiberius hielt sich für zu wenig geschätzt und respektiert, verließ deshalb, aber auch um Druck auf Augustus auszuüben, die Hauptstadt Rom und zog sich für mehrere Jahre nach Rhodos zurück. Erst als alle von Augustus für die Nachfolge favorisierten Kandidaten gestorben waren, rückte er in den Fokus, wurde adoptiert und zum Erben des Prinzeps designiert.

Direkte Aussagen von Tiberius über Augustus kennen die Quellen nicht. Dabei hatte er allen Grund, sich zu beschweren. Doch entsprachen öffentliche Schlammschlachten nicht seiner Mentalität. Wenn er etwas Negatives zu sagen hatte, geschah dies hinter verschlossenen Türen. Sein Hauptvorwurf dürfte gelautet haben: Warum habe ich so lange warten müssen, bis du mich an die erste Stelle der potentiellen Nachfolger gerückt hast? Warum hast du deine jungen Enkel vergöttert und mich, den erfolgreichen Militär und Diplomaten, nur in die zweite Reihe gestellt?

Was aber hatte Augustus gegen Tiberius? Tiefschürfenden psychologischen Analysen setzen die Quellen Grenzen. Ihr Tiberius ist gerade in solchen Fragen mehr Konstrukt als Realität. Jedoch sieht es nicht so aus, als habe

Augustus gegenüber Tiberius eine abgrundtiefe Antipathie gehegt. Im Gegenteil: Er wusste, neben den militärischen Qualitäten, dessen Folgsamkeit und Loyalität zu schätzen.

Das beweisen Briefe des Augustus an Tiberius, die der Biograph Sueton bei seinen Recherchen in den kaiserlichen Archiven entdeckt hat.[156] Sie stammen wahrscheinlich aus der Zeit, als Tiberius den schwierigen Aufstand in Pannonien zu bekämpfen hatte:

> *»Lebe wohl, mein liebster Tiberius, und habe eine glückliche Hand bei allem, was du anfasst, für mich und meine und deine Kriegskameraden.«*
>
> *»Mein Liebster, und so wahr ich glücklich bin, tapferster Mann und verdienstvollster Feldherr, lebe wohl.«*
>
> *»Die Ordnung in deinem Winterlager aber findet mein Lob, mein lieber Tiberius, und ich glaube, dass bei einer solchen Häufung von äußeren Schwierigkeiten und der Mutlosigkeit, wie sie sich bei der Truppe breitgemacht hatte, niemand klüger hätte handeln können, als du es getan hast. Das gestehen dir auch alle zu, die bei dir waren. Es dürfte der bekannte Vers des Ennius auf dich angewendet werden: ›Ein Mann hat durch sein unermüdliches Wirken den Staat wieder auf Vordermann gebracht.‹«*
>
> *»Wenn sich etwas zuträgt, über das man gründlicher nachdenken müsste, oder etwas, worüber ich mich ärgere, wünsche ich mir sehr meinen Tiberius herbei. Da fällt mir der altbekannte Vers des Homer ein: ›In seiner Begleitung kehrten wir sogar aus flammendem Feuer beide zurück, weil keiner ihn erreicht an Erfindung.‹«*
>
> *»Wenn ich höre oder lese, du seist heruntergekommen, weil du dir bei all den Strapazen kein Verschnaufen gönnst, sollen mich die Götter zugrunde richten, wenn ich nicht am ganzen Körper erschaudere. Ich bitte dich, schone dich, dass ich und deine Mutter nicht, wenn wir hören, du seist krank, den letzten Atemzug tun und das römische Volk nicht um die Existenz seines Reiches bangen muss.«*
>
> *»Es kommt nicht darauf an, ob ich wohlauf bin oder nicht, wenn du nicht gut dran bist.«*
>
> *»Ich beschwöre die Götter, dass sie uns dich erhalten und dich heute und für alle Zeiten bei guter Gesundheit lassen, wenn sie dem römischen Volk nicht sehr gram sind.«*

Je älter Augustus wurde, desto mehr schätzte er Tiberius. Nur standen ihm vorher andere näher: erst Marcellus, der Sohn seiner Schwester Octavia; dann Agrippa, seit frühesten Zeiten Freund, Berater und unentbehrlicher Helfer; natürlich Gaius und Lucius, die Söhne seiner Tochter Iulia; und nun auch Germanicus, der Sohn des Tiberius-Bruders Drusus. Wenn er Tiberius gegen Ende seiner Herrschaft solche warmherzigen Briefe schrieb, mag bei dem alten Taktiker auch die Furcht eine Rolle gespielt haben, dass, wenn nun auch Tiberius etwas zustoßen würde, bald kein Kandidat mehr für die Fortführung seines Lebenswerkes, des Prinzipats, zur Verfügung stehen würde.

Das Problem war nicht, dass Tiberius schlecht gewesen wäre, sondern dass andere in der Wertschätzung des Augustus schlichtweg besser abschnitten. Als dann alle Favoriten ausgefallen waren und Augustus dem Tiberius sein Vertrauen schenkte, ihn adoptierte, war dieser 45 und damit ziemlich alt verglichen mit den Männern, auf die Augustus zuvor gesetzt hatte. Bis ihm dann die Verantwortung für Rom, Italien und das Imperium zufiel, vergingen weitere zehn Jahre.

Wenn man das Phänomen Tiberius zu decodieren beabsichtigt, so liefert das Verhältnis zu Augustus einen wichtigen Schlüssel. Augustus war der Übervater, der Prinzeps, der glänzende Kommunikator, der Meister der Selbstinszenierung. Tiberius war ein loyaler, gehorsamer, folgsamer Stief-, Schwieger-, Adoptivsohn. Der Tod des Augustus bedeutete für ihn keine Befreiung. Er spürte nun die Last der Verantwortung allein auf seinen Schultern – zumal es für das Experiment »Fortführung des Prinzipats nach dem Tod des Gründers« keine Rezeptur und keinen Präzedenzfall gab. Das Prinzipat des Tiberius wurde zum Modellfall, zum Prototyp für die Art und Weise, eine Herrschaft auszuüben, die so ganz auf den Erfinder zugeschnitten gewesen war. Mit Soldaten konnte Tiberius, das hatte er oft genug bewiesen, gut umgehen, er konnte sie leiten, lenken, motivieren. Doch würde ihm dies auch im Römischen Reich gelingen, mit seinen komplexen gesellschaftlichen Strukturen, den vielen Traditionen, Kulturen und Mentalitäten?

Als Augustus im Sterben lag, musste Tiberius zu seinem Krankenbett kommen: als Akt der Pietät nach römischen Kategorien nicht nur eine moralische, sondern auch eine rechtliche Verpflichtung. Aber hat Tiberius wirklich am Sterbebett des Kaisers gestanden? Hat die Unterredung, über deren Inhalt die Quellen nichts mitteilen, wirklich stattgefunden? Bei Cassius Dio heißt es, Tiberius weilte, als Augustus starb, in Illyrien.[157] Deswegen sei der Tod des Kaisers auch nicht gleich bekannt gegeben worden, weil man einen Umsturz befürchtet habe. Erst als Tiberius in Nola eintraf, habe man die Meldung herausgegeben. »So berichten wenigstens die meisten und dazu glaubwürdigsten Geschichtsschreiber«, ergänzt der Historiker. »Es gibt nämlich auch Stimmen, wonach Tiberius am Krankenbett des Kaisers weilte und von ihm bestimmte Weisungen erhielt.«

Cassius Dio behauptet außerdem, Livia sei in Verdacht geraten, ihren Mann ermordet zu haben.[158] Grund sei ein Besuch des Kaisers bei Agrippa Postumus gewesen, dem jüngsten Sohn seiner Tochter Iulia, den er ein paar Jahre zuvor in die Verbannung geschickt hatte. Da soll er sich mit seinem Enkel ausgesöhnt haben. Nun habe Livia gefürchtet, Augustus werde »Agrippa zurückholen und zum Herrscher machen«. Und so bestrich sie, wie Dio sagt, einige Feigen, die noch an den Bäumen hingen, von wo Augustus gewöhnlich mit eigenen Händen die Früchte brach, mit Gift. Dann verzehrte sie selber die nicht bestrichenen Feigen, die vergifteten bot sie ihrem arglosen Gatten an – und das erwartete, beabsichtigte Ergebnis trat ein. Die Vergiftungsversion als Reaktion auf ein Zusammentreffen des Augustus mit Agrippa kennt auch Tacitus.[159] Er erwähnt einen Eilbrief, mit dem Livia Tiberius nach Nola beorderte, legt sich aber nicht fest, ob Tiberius Augustus noch in lebendigem Zustand antraf: »Es ist nicht hinreichend geklärt, ob er Augustus in der Stadt Nola noch atmend oder entseelt vorfand.«

Velleius Paterculus, der wenige Jahre nach dem Tod des Augustus sein Geschichtswerk veröffentlichte, hat hingegen keinerlei Zweifel, dass Tiberius beim Tod des Augustus anwesend war. Der glühende Tiberius-Verehrer findet dafür reichlich pathetische Worte: »In Nola wurde Augustus' Befinden von Tag zu Tag schlechter, und da er wohl wusste, wen er rufen müsse, wenn er alles heil und wohlbehalten hinterlassen wollte, ließ er eilends den Sohn zurückbeordern. Dieser kam in fliegender Eile, noch schneller als erwartet, zum Vater des Vaterlandes zurück. Da versicherte Augustus, nun fühle er sich ohne Sorge. In den Armen seines Tiberius legte er diesem ihr gemeinsames Werk ans Herz und zeigte sich bereit, zu sterben, wenn das Schicksal ihn riefe. Zunächst belebte es ihn noch ein wenig, einen Menschen zu sehen und zu sprechen, der ihm so teuer war. Dann aber machte das Schicksal alle zärtliche Fürsorge zunichte, und es folgte die Auflösung.«[160] Kann man Velleius hier trauen? Möglicherweise reagierte er mit dieser – zugegeben rührenden – Version auf Stimmen, die Tiberius einen ungeeigneten Nachfolger für den großen Augustus nannten. Da war das Szenario »Der sterbende Kaiser und sein Nachfolger – ein Herz und eine Seele« sicher nicht fehl am Platz.

Aber war Tiberius nun da oder nicht? Man könnte einwenden, dass diese Frage mit Blick auf die weitere Entwicklung nicht wirklich wichtig ist. Falls er da war: Hat Augustus ihm noch Bedeutendes mitgeteilt? Eigentlich war alles gesagt, und alle politisch relevanten Aspekte hatte Augustus in einem Dokument schriftlich zusammengefasst, das nach seinem Tod im Senat verlesen wurde.[161] Falls er nicht da war: Was sollte ihm entgangen sein? Letztlich beruhen die unterschiedlichen Angaben in den Quellen auf dem Bestreben, Tiberius entweder als einen guten oder einen schlechten Sohn zu porträtieren. Diejenigen, die meinten, er habe gefehlt, waren seine Gegner, diejenigen, die angaben, er sei anwesend gewesen, zählten zu seinen Sympathisanten (die deutlich in der Minderheit waren). Bemerkenswert ist, dass sich Tacitus, der nun wirklich nicht zu den Freunden des Tiberius gehörte, der Stimme enthält. Nur zu gerne hätte er sich kritisch darüber geäußert, dass der designierte Kaiser nicht beim sterbenden Kaiser gewesen sei. Er fand aber, wie man annehmen darf, bei seinen Recherchen keinen sicheren Hinweis, dass es tatsächlich so gewesen war.

Und so war Tiberius wohl Teil und Zeuge einer Familienidylle am Totenbett. Ein paar Personen aus dem familiären Umfeld des sterbenden Kaisers fehlten ganz gewiss, als man sich um dessen Lager im Schlafzimmer des väterlichen Hauses in Nola versammelte. So die Tochter Iulia und die Enkelin Iulia, die beide in der Verbannung leben. Aus demselben Grund konnte sich auch Agrippa Postumus nicht von Augustus verabschieden.

Bevor er starb, hatte der Kaiser noch einige Fragen. Ob seine schwere Erkrankung und der bevorstehende Tod in der Öffentlichkeit zu Unruhen geführt hätten, wollte er wissen. Und es interessierte ihn, wie er aussah. Man reichte ihm einen Spiegel. Haar und Kinn gefielen ihm nicht – das Haar war ungekämmt, die Wangen eingefallen. Also wurde die Frisur zurechtgemacht und das schlaffe Kinn wurde hochgebunden. Jetzt konnte er sich in angemessener Weise an das an seinem Bett angetretene Publikum wenden: »Er erkundigte sich bei den Freunden, die er zu sich vorgelassen hatte, ob sie den Eindruck hätten, er habe die Komödie des Lebens angemessen hinter sich gebracht, und fügte dann die übliche Schlussformel hinzu: ›Wenn gut gespielt wurde, klatscht Beifall und begleitet uns alle mit Beifallsrufen hinaus.‹«[162] Er sprach dies auf Griechisch, ein Zitat aus einer damals bekannten griechischen Komödie. Hier hätte Tiberius, der sehr gut Griechisch sprach, lernen können, wie man sich als sterbender Kaiser einen perfekten Abgang verschafft. Doch bei seinem Tod sollte es weitaus nüchterner zugehen, jedenfalls was seinen eigenen Part anging. Augustus aber hatte sich, was seine letzten Stunden anging, gut vorbereitet. Allerdings sorgte er mit seinem Spruch über die »Komödie des Lebens« für Irritationen. Wahrscheinlich war dies eine Botschaft zum Decodieren seiner Herrschaft: Die Republik diente als Fassade, um die Monarchie zu verbergen – so spielte er als Kaiser eine Rolle, wie ein Schauspieler. Wenn er es so gemeint haben sollte – bei Tiberius ist diese Botschaft, wie sich bald zeigte, nicht angekommen.

Nach diesen bedeutenden Worten schickte der Kaiser alle aus dem Zimmer. Aber es kamen immer wieder neue Besucher. Keiner seiner Freunde wollte fehlen, wenn der große Augustus starb. Als sie um sein Bett herumstanden, stellte der Kaiser eine seltsame Frage: Wie es denn um das Befinden der erkrankten Tochter des Drusus stehe? Die Frage muss, wenn er denn da war, an Tiberius gerichtet gewesen sein. Tiberius wusste sicher auch, von wem der Kaiser sprach. Es gab zu dieser Zeit zwei Frauen, die Anspruch auf die Bezeichnung »Tochter des Drusus« erheben konnten: Iulia, die 3 n. Chr. geborene Tochter von Tiberius' Sohn Drusus und mithin seine Enkelin, die zu dieser Zeit also elf Jahre alt war; und Livilla, die Tochter des älteren Drusus, Tiberius' 9 v. Chr. verunglückten Bruders. Die Quellen überliefern nur die Frage, nicht die Antwort. So wird es ein ewiges Geheimnis bleiben, wie es am 19. August 14 n. Chr. der erkrankten Tochter des Drusus ging. Seine allerletzten Worte richtete Augustus an seine Frau Livia, die Mutter des Tiberius, die er über fünfzig Jahre vorher geheiratet hatte – nach heutigen Kategorien hätten sie noch Goldene Hochzeit feiern können. »Er verschied plötzlich«, sagt Sueton, »unter den letzten Küssen Livias mit den Worten: ›Livia, gedenke immer unserer Ehe und lebe wohl.‹«[163]

Der 19. August 14 n. Chr. war die große Zäsur im Leben des Tiberius. Mit 55 Jahren stand er vor der nicht beneidenswerten Aufgabe, in die Fußstapfen des Augustus zu treten, der seine politische Karriere mit neunzehn Jahren begonnen und sich als 36-Jähriger an die Spitze des römischen Staates gestellt hatte. Tiberius wurde Nachfolger in einer Position, die an sich nicht auf Nachfolge angelegt war. Die große Frage lautete: Würde er es schaffen, den Anforderungen und Erwartungen gerecht zu werden, die die Öffentlichkeit, die in Teilen wenigstens skeptisch war, an den zweiten Kaiser stellte? Und würde er es schaffen, aus dem Schatten des großen Augustus zu treten?

Vor dem offiziellen Amtsantritt stand das Begräbnis des verstorbenen Kaisers auf dem Programm. Als Sohn und Nachfolger kam Tiberius bei den

Familiengrab: das Mausoleum auf dem Marsfeld in Rom

Zeremonien eine tragende Rolle zu: für ihn gleichzeitig die Chance, sich in seiner neuen Rolle als Nachfolger der römischen Öffentlichkeit zu präsentieren. Um seine letzte Ruhestätte hatte sich Augustus schon lange vorher gekümmert. Das Mausoleum auf dem Marsfeld hatte er nach dem Sieg über seinen Konkurrenten Marcus Antonius und dessen Verbündete, die ägyptische Königin Kleopatra, bauen lassen. Vor dem Begräbnis musste aber erst einmal der Leichnam von Nola nach Rom gebracht werden. Dazu wurde eine eindrucksvolle Prozession arrangiert, deren Choreographie wohl eher Livia als Tiberius zuzutrauen ist. Totenfeiern als Spektakel zu gestalten, war in den Kreisen der römischen Aristokratie bereits in Zeiten der Republik üblich gewesen. Jede Familie nutzte diese Gelegenheit zur Selbstdarstellung. Erst recht musste dies bei dem Prinzeps Augustus, dem Vater des Vaterlandes, der Fall sein.

250 Kilometer – die Entfernung zwischen Nola und Rom – hatten die Arrangeure Zeit, um aus dem Trauerzug ein Spektakel zu machen. Vierzig Soldaten der Leibgarde gaben dem Ganzen einen militärisch-würdigen Anstrich. Die Bahre mit dem toten Augustus wurde von den Honoratioren der Städte und Orte, die der Zug passierte, wie eine Trophäe getragen und wie eine Stafette weitergereicht. Augustus war im August gestorben, im Hochsommer. Am Tag war es zu heiß, daher bewegte sich der Zug immer nur in der Nacht. Fackeln wiesen den Weg, und so bot sich den vielen Menschen, die den Weg säumten, ein feierlicher Anblick. Nach einigen Tagen erreichte der Zug die Hauptstadt Rom. Tiberius hatte zuvor bei dem Ort Bovillae eine Gedenkstätte für die Familie der Iulier und ein Standbild für den verstorbenen Kaiser eingeweiht. Bis alles für das Begräbnis vorbereitet war, würden noch einige Tage vergehen. Der Leichnam des Augustus wurde zwischenzeitlich in der Vorhalle seines Hauses auf dem Palatin aufgebahrt.

Kurz darauf, Anfang September, fand im Beisein des Tiberius die erste Sitzung des Senats nach dem Tod des Kaisers Augustus statt. Man wollte über den Ablauf der Begräbnisfeier sprechen, dann sollte das Testament verlesen werden. Was den ersten Punkt anging, so versuchten sich willfährige Senatoren gegenseitig mit Vorschlägen zu überbieten, was man Augustus alles an Ehrungen zukommen lassen sollte.[164] Das Testament und die anderen Dokumente, die anschließend verlesen wurden, hatte Augustus einst in die Obhut der Vestalinnen, der Priesterinnen, die das heilige Feuer hüteten, gegeben.

Haupterbe war, was keinen überraschte, Tiberius.[165] Der Nachfolger bekam mit sieben Zwölfteln den größten Anteil aus dem Vermögen des verstorbenen Kaisers. Seine Frau Livia erhielt ein Drittel. Auch Drusus und Germanicus, der Sohn und der Neffe des Tiberius, erhielten namhafte Summen, wie auch die restlichen Verwandten. Augustus zeigte sich, wie alle anerkannten, auch im Tod noch großzügig.

Nach der Familie kamen die Legate für das Volk an die Reihe. 40 Millionen Sesterzen lobte der Prinzeps für die Bevölkerung der Stadt Rom aus. Auch die Soldaten, die wichtigste Stütze der Macht des Prinzeps, wurden üppig bedacht. Jedes Mitglied der Prätorianergarde, seiner Leibwache, erhielt 1000 Sesterzen. Jedes Mitglied der stadtrömischen Kohorten durfte sich über 500, jeder Legionär über 300 Sesterzen freuen.

In einem weiteren Teil des Testaments, der anschließend verlesen wurde, ging es um die Regelung von Familienangelegenheiten. Da Augustus in den vergangenen vierzig Jahren den römischen Staat gelenkt und repräsentiert hatte, war auch seine Familie politisch und rechtlich ein Teil des öffentlichen Lebens. Deshalb gehörten die Bestimmungen, die Augustus mit Blick auf seine Familie festgelegt hatte, zu denen, die vor dem Senat verlesen wurden.

Livia, die Witwe des Augustus und Mutter des Tiberius, wurde befördert. Sie stammte aus der Familie der Claudier und wurde nun offiziell in die Familie der Iulier aufgenommen, in die Augustus seinerseits einst durch die Protektion vonseiten des Dictators Iulius Caesar Eingang gefunden hatte. Weiterhin erhielt sie den Ehrentitel *Augusta*. Dieses Pendant zum männlichen Titel *Augustus* gab ihr auch eine staatsrechtlich relevante Position. Ob Tiberius über diese Regelung glücklich war? Angesichts der Tatsache, dass Livia ihre neue Rolle auch und gerade politisch sehr offensiv auslegte, kann man zumindest vermuten, dass er sich eine weniger dominante Mutter gewünscht hätte. Jedenfalls war hier, wie sich bald zeigen sollte, viel Konfliktpotential angelegt.

Mit den beiden Iulias hatte Augustus auch im Testament kein Mitleid. Sowohl seine Tochter, Tiberius' Ex-Frau, als auch seine Enkelin hatte er in die Verbannung geschickt. Dort sollten sie auch bleiben, und was sie aus der väterlichen Erbmasse erhielten, war so gering, dass es nur als Demütigung empfunden werden konnte. Deutlich war auch die Verfügung, dass sie nach ihrem Tod nicht in der Familiengrabstätte beigesetzt werden sollten.

Laut Cassius Dio soll das Testament auch Richtlinien für die zukünftige Regierungspolitik enthalten haben[166] – sie waren an die Adresse des Nachfolgers Tiberius gerichtet: »Unter anderem fand sich dort auch die dringende Mahnung, nicht zu vielen Sklaven die Freiheit zu schenken und so die Stadt mit einer bunten Menschenmenge anzufüllen. Sie sollten auch keine große Zahl von Bewerbern in die Bürgerlisten aufnehmen, damit ein deutlicher Unterschied zwischen ihnen und den untertänigen Völkerschaften bestehen bleibe.«

Das ist überraschend. Augustus selbst hatte keine restriktive Freilassungspolitik und auch keine restriktive Bürgerrechtspolitik betrieben. Vielmehr hatte er durch Freilassung von Sklaven und eine großzügige Verleihung des Bürgerrechts die Schar seiner Klienten gezielt vergrößert, auch um seinen Status als *pater patriae*, als Oberpatron aller Römer, zu festigen.

Doch die Mahnungen an Tiberius gingen noch weiter: »Außerdem legte Augustus seinen Römern ans Herz, die Staatsgeschäfte all denen anzuvertrauen, die die Fähigkeit des Verstehens und des Handelns besäßen, und sie niemals von einer einzigen Person abhängen zu lassen. Damit wollte er verhindern, dass jemand nach der Tyrannis strebe oder der Staat, falls jener Einzelne zu Fall komme, darüber zugrunde gehe.« Augustus hatte in seiner langen Regierungszeit keinen Anlass für ein solches Schreckensgemälde gegeben, und auch über Tiberius konnte man eine Menge sagen, nicht aber, dass er Ambitionen hegte, sich zu einem despotischen Alleinherrscher aufzuschwingen. Und schließlich, so Cassius Dio: »Noch einen Rat erteilte er ihnen: Sie sollten sich mit ihrem eigenen Besitzstand zufriedengeben und keinesfalls darauf ausgehen, das Reich noch weiter zu vergrößern. Man könne es dann, wie er sagte, nur schwer verteidigen und werde Gefahr laufen, auf diese Weise den vorhandenen Besitz zu verlieren.« Diese letzte Bestimmung wird von Tacitus bestätigt.[167] Augustus habe seinen Schreiben an die Nachwelt den Rat hinzugefügt, man solle das Reich innerhalb seiner Grenzen halten, also auf jede weitere Expansion verzichten. Typisch für Tacitus ist der erläuternde Zusatz: Ob Augustus dies »aus wirklicher Sorge oder nur aus Eifersucht geschrieben hat, bleibt ungewiss«. Der Rat, auf weitere außenpolitische Abenteuer zu verzichten, ist merkwürdig angesichts dessen, dass sein Urheber wie kaum ein anderer Politiker vor ihm militärische Auseinandersetzungen gesucht hatte. Dennoch, Dio und Tacitus berichten unabhängig voneinander über diesen Punkt, sodass man von dessen

Authentizität ausgehen darf. Damit war die Senatssitzung beendet. Tiberius und sein Sohn Drusus konnten die Konferenz verlassen und sich auf die große Leichenfeier vorbereiten.

Wenige Tage später erlebte Rom das Spektakel der großen Totenzeremonie. Alle waren da – Senatoren, Ritter, deren Ehefrauen, die Angehörigen der Prätorianergarde »und sozusagen die gesamte sonstige Einwohnerschaft, die damals in Rom lebte«[168]. Hauptredner war Drusus, der Sohn des Tiberius. Das war nicht ungewöhnlich und auch keine Zurücksetzung des Tiberius. Jungen Leuten aus dem Kaiserhaus wurde gerne die Gelegenheit gegeben, sich bei einem solchen Anlass der Öffentlichkeit zu präsentieren und sich zu profilieren. Als Tiberius an der Reihe war, sagte er laut Cassius Dio Folgendes: »Was in privater Hinsicht von den Angehörigen zu sagen war, hat Drusus bereits vorgetragen. Indessen hat der Senat weise daran getan, wenn er ihn auf eine gewisse Art einer öffentlichen Lobrede für würdig erachtete. Nun bin ich mir zwar bewusst, dass diese Rede gebührenderweise mir übertragen wurde – denn wem hätte wohl mit größerem Recht als mir, seinem Sohn und Nachfolger, die Verpflichtung zu seinem Lobpreis auferlegt werden dürfen? –, doch kann ich mich ganz und gar nicht versichert fühlen, dass meine Fähigkeiten nicht weit hinter euren Wünschen, die ihn betreffen, sowie seinen Verdiensten zurückbleiben.«[169]

Man kann froh sein, dass Tiberius diese quälend gewundene Rede nicht wirklich gehalten hat. Sie ist eine rhetorische Übung des Historikers Cassius Dio, gestaltet nach den Prinzipien der Redekunst des 3. Jahrhunderts, in dem Dio schrieb. Was Tiberius bei der Trauerfeier wirklich sprach, ist nicht überliefert. Wenn er das sagte, was man von ihm in dieser Situation erwartete, dann führte er wohl aus, wie bedeutend der Verstorbene gewesen war, dass er als sein Nachfolger eine schwere Last zu tragen habe und dass er versuchen werde, sich seiner würdig zu erweisen.

Als gesagt war, was zu sagen war, bewegte sich der Leichenzug vom Forum in Richtung des Mausoleums auf dem Marsfeld. Und als alle vorbereitenden Rituale absolviert waren, wurden die Fackeln entflammt, die das Holzwerk mit dem Leichnam des Augustus in Brand setzen sollten. Dann mussten die formalen Voraussetzungen für die Apotheose des Kaisers, die Entrückung zu den Göttern, erfüllt werden. Ein Adler stieg in den Himmel auf, so, als würde die Seele des Augustus gen Himmel getragen. Ein Senator namens Numerius Atticus, den Livia zuvor für seine Aussage bezahlt hatte, gab zu Protokoll, er habe das Abbild des Verstorbenen in den Himmel aufsteigen sehen. Dann verließen alle den Ort des Geschehens, auch Tiberius und Drusus. Livia wachte noch fünf Tage am Grab und trug Sorge, dass die Gebeine bestattet wurden.

Augustus war tot und begraben. Jetzt musste Tiberius, der Sohn des vergöttlichten Augustus, der bisher immer den Weisungen des Adoptivvaters gefolgt war, beweisen, dass er in der Lage war, die Aufgabe und Herausforderung als neuer Prinzeps eigenständig und selbstständig zu meistern. Knapp 23 Jahre hatte er, was er natürlich noch nicht ahnen konnte, für dieses Projekt Zeit.

# 4. Herrschaftsantritt

Am 17. September, vier Wochen nach Augustus' Tod, versammelte sich der Senat zu seiner konstituierenden Sitzung. Erst gab es einen Blick zurück, dann wurde die Zukunft ins Visier genommen. So stand zunächst die Konsekration, die förmliche Aufnahme des Augustus unter die Götter, auf der Tagesordnung. Der Sohn des vergöttlichten Caesar war nun selber zum Gott geworden, und Tiberius hatte einen Gott zum Vater. Doch die Zeiten, in denen römische Kaiser göttliche Ehren beanspruchten, lagen noch in weiter Ferne. Zwar gab es, vor allem im Osten des Imperiums, wo die religiöse Verehrung des Herrschers Tradition hatte, auch bereits in der frühen Kaiserzeit Ansätze zu einem Herrscherkult, im Westen, in Rom und Italien dagegen war der Prinzeps schon deswegen gut beraten, sich göttlicher Ehren zu enthalten, weil diese den Anspruch, nur Erster unter Gleichen zu sein, massiv widersprochen hätten. Die Divinisierung des verstorbenen Kaisers war allerdings durchaus auch dazu geeignet, dem Nachfolger Autorität, Respekt und eine herrscherliche Aura zu verschaffen.

Tiberius für einen Gott zu halten, wäre ohnehin niemandem eingefallen. Im Grunde blieb er von seiner ganzen Ausrichtung und Mentalität her immer der gewissenhafte, pflichtbewusste, bodenständige Soldat, der durch die Wälder Germaniens streifte, dort viele Siege errang und mit (symbolischen) Narben übersät im Triumph nach Rom zurückkehrte. Ihm musste der Sklave, der hinter ihm auf dem mit Edelsteinen dekorierten Triumphwagen stand und eine goldene Krone über den Kopf hielt, eigentlich nicht die vorgeschriebenen Worte sagen: »Bedenke, dass du ein Mensch bist« – und nicht etwa ein Gott, wie anfälligere Charaktere durchaus hätten meinen können, wenn sie von den Massen bejubelt zum Kapitol fuhren, wo sie der göttlichen Trias Jupiter, Juno und Minerva ihren Dank abstatteten.

Neben der Beschlussfassung, Augustus zum Gott zu erklären, stand auf der Tagesordnung des Senats der wichtige Punkt »Regelung der Nachfolge – Installierung des Nachfolgers«. Nachdem Augustus zuvor alle entsprechenden

Maßnahmen getroffen hatte, von der Adoption bis zur Übertragung seiner eigenen Amtsgewalten, war dieser Schritt im Prinzip nicht mehr als eine Formalität. Und doch sollte der 17. September 14 zu einer der denkwürdigsten Sitzungen des traditionsreichen Gremiums werden. Denn sie verlief ganz und gar nicht so, wie es sich alle vorgestellt hatten: Es gab kein zupackendes Bekenntnis des Tiberius zu seiner neuen Aufgabe, er hielt auch keine feurige Rede, in der er die Senatoren auf die Aufgaben, die vor ihnen lagen, einschwor. Vielmehr präsentierte sich der neue Prinzeps als Zögerer und Zauderer, dem seine neue Rolle sichtlich Unbehagen bereitete. Die große Bühne, das zeigte sich schon ganz am Anfang, war nicht seine Sache. Wäre es nach ihm gegangen, hätte er auf die ganze Prozedur verzichtet. Lieber wäre er gleich an die Arbeit gegangen. Aber die sensible, raffinierte Herrschaftsarchitektur, die Augustus entworfen hatte, erforderte Zugeständnisse und die Befolgung von Regularien.

Der Senat des Jahres 14 war nicht mehr das Gremium aus republikanischen Zeiten. Ursprünglich saßen hier die »Ältesten«, die führenden Mitglieder der Adelsfamilien. Später war die Bekleidung eines der oberen öffentlichen Ämter Zugangsvoraussetzung gewesen. Der Sitz im Senat war auf Lebenszeit angelegt – allenfalls wer negativ auffiel, etwa durch einen ausschweifenden Lebenswandel, wurde wieder ausgeschlossen. In der Republik hatte der Senat eine Sollzahl von dreihundert Mitgliedern. In den Turbulenzen der späten Republik war er personell exorbitant gewachsen. Augustus sorgte für eine Reduktion auf sechshundert Mitglieder und auch dafür, dass möglichst viele seine Anhänger einen Sitz im Senat bekamen. Trotzdem waren, als er starb, bei Weitem nicht alle Senatoren glühende Anhänger der Monarchie, insbesondere nicht diejenigen, deren Vorfahren schon in den Zeiten der Republik dem Senat angehört hatten. Sie vertraten reichlich konservative, traditionelle Ansichten und wachten mit Argusaugen darüber, dass der Prinzeps nicht ihre *libertas* beeinträchtigte – die Freiheit der Senatoren, weiter Einfluss auf die Politik zu nehmen. Den hatten sie nicht wirklich, aber Augustus hatte den Senatoren wenigstens das Gefühl gegeben, sie seien seine Partner und nicht etwa eine degradierte ehemalige Elite.

In die Sitzung vom 17. September konnte Tiberius eigentlich ohne Sorge gehen. Alles war vorbereitet, jeder wusste, worum es ging. Außerdem hatte er kurz vorher weiteren Rückenwind erhalten. Der römische Kaiser war, auch wenn dies niemals offiziell so gesagt wurde, ein Herrscher, dessen Macht ganz entscheidend auf dem Heer beruhte. Die Soldaten waren die militärische Klientel, ohne deren Zustimmung der Prinzeps praktisch nicht regieren konnte. Über die gesamte Kaiserzeit hinweg nutzten unzufriedene Legionäre Herrscherwechsel, um Forderungen nach mehr Sold oder besseren Lebensbedingungen durchzusetzen – und sei es auch nur um zu testen, wie weit der neue Prinzeps bereit war, ihnen entgegenzukommen. Als erster Kaiser musste Tiberius diese Erfahrung machen. Kaum installiert, hatte er sich mit einer Meuterei der römischen Soldaten in Pannonien und Untergermanien zu beschäftigen.[1] Um die Lage zu beruhigen, schickte Tiberius seinen Sohn Drusus mit einer Armee an den Ort des Geschehens; doch Drusus bewährte sich nicht in gleicher Weise wie einst er selbst, als er im Auftrag des Augustus unterwegs gewesen war. Aus den übrigen Legionslagern und Militärstützpunkten empfing der neue Prinzeps durchweg positive Signale: Die soldatische Klientel huldigte dem Militärpatron und gab ihm per Akklamation ihren Segen.

Auch von anderer Seite hatte Tiberius, noch bevor er am 17. September den Senat betrat, Unterstützung erfahren.[2] So prominente Persönlichkeiten wie die amtierenden Konsuln Sextus Pompeius und Sextus Appuleius, Seius Strabo, der Chef der mächtigen Prätorianergarde, Gaius Turranius, zuständig für die Getreideversorgung in Rom, beeilten sich, den Treueid auf ihn zu leisten. Die Sitzung verlief jedoch komplizierter als erwartet, was vor allem an Tiberius lag. Er versetzte die versammelten Senatoren mit einer überraschenden Mitteilung in Erstaunen – Tacitus, der sich auf die Protokolle des Senats stützen konnte, überliefert seine Worte in indirekter Rede: »Nur der Geist wie der des verewigten Augustus sei einer so gewaltigen Aufgabe gewachsen. Er selbst habe, nur zu einem Teil der Geschäfte von jenem berufen, durch Erfahrung gelernt, wie schwer und wie sehr dem Glück unterworfen die Last sei, das Ganze zu regieren. Daher sollten sie in einem Staat, der sich auf so viele hervorragende Männer stützen könne, nicht alles einem Einzigen aufbürden. Mehrere würden leichter die Aufgaben des Staates mit vereinten Kräften durchführen.«[3]

Tacitus, überzeugt, dass Tiberius nie das sagte, was er wirklich meinte, sondern dass Verstellung und Heuchelei zu seinen charakterlichen Primärtugenden gehörten, hält dessen Angebot, die Herrschaft zu teilen, für nicht aufrichtig, sondern sieht darin ein Mittel, mit demonstrativer Bescheidenheit Sympathien zu ernten und den Eindruck zu erwecken, er wolle die alte republikanische Verfassung wieder zu neuem Leben erwecken.

Sueton teilt die Ansicht seines Kollegen Tacitus.[4] Lange wies Tiberius, so der Biograph, die Alleinherrschaft von sich, »indem er ganz unverschämt schauspielerte und bald die Freunde, die ihn drängten, schalt, sie wüssten ja nicht, was für ein Ungeheuer die Herrschaft sei, bald den Senat, der sich aufs Bitten verlegte und sich vor ihm auf die Knie warf, mit zweideutigen Antworten und raffiniertem Hinhalten im Ungewissen ließ, sodass einigen der Senatoren der Geduldsfaden riss und einer im Lärm rief: ›Entweder soll er endlich als Prinzeps handeln oder von dem Posten Abstand nehmen!‹« Sehr viel schöner und prägnanter hört sich dieser Satz im lateinischen Original an: *aut agat aut desistat!* Schließlich übernahm Tiberius die Herrschaft, ließ seine Umgebung aber deutlich erkennen, dass dies gegen seinen Willen geschehen sei, und er beklagte sich, man habe ihm eine »elende und unwürdige Sklavenarbeit« aufgebürdet. Er halte »einen Wolf bei den Ohren«, soll er mehrfach gesagt haben. Mit dieser Metapher bezog er sich auf ein griechisches Sprichwort – der Wolf symbolisierte die Herrschaft, die er nicht loslassen durfte, wollte er nicht von ihr zerrissen werden. Laut Cassius Dio wies Tiberius die Senatoren auch auf sein fortgeschrittenes Alter und auf seine Kurzsichtigkeit hin, die ihm nicht in der Dunkelheit, wohl aber bei Tageslicht erheblich zu schaffen mache.[5]

Nur der große Tiberius-Bewunderer Velleius Paterculus interpretiert dessen Verhalten anders. Tiberius habe darum gekämpft, »eher die Rolle eines Bürgers als die des herausragenden ersten Mannes spielen zu dürfen«. Vernunftgründe hätten ihn dann aber dazu bewogen, die Position einzunehmen, die man ihm übertragen wollte, denn »er sah ein, dass alles untergehen werde, wenn er es nicht unter seinen Schutz nehme«.

Einer der Senatoren spielte bei der erregten Sitzung eine besondere Rolle: Asinius Gallus, ein alter Gegner des Tiberius – nach dessen erzwungener Scheidung von seiner ersten Frau Vipsania Agrippina war er deren neuer Ehemann geworden.[6] Ihn hatte Tiberius in Verdacht, hochfliegende politische Pläne zu verfolgen. Als Tiberius zu erkennen gab, er könne sich vorstellen, einen Teil der Aufgaben im Staat zu übernehmen, fragte ihn der Kontrahent: »Ich frage dich, Caesar, welchen Teil der Staatsgeschäfte willst du dir übertragen lassen?« Als er sah, dass er Tiberius mit dieser Frage in Verlegenheit brachte, legte er nach: Es gehe ihm nicht darum, etwas zu teilen, was nicht geteilt werden könne, sondern er wolle Tiberius zu dem Eingeständnis bringen, »dass der Staatskörper eine Einheit sei und nur von einem Einzigen geleitet werden könne«. Daraufhin setzte er zu einer Lobrede auf Augustus an und erinnerte auch an die Erfolge des Tiberius bei dessen militärischen Unternehmungen. Was vordergründig freundlich klang, war allerdings der perfide Versuch, einen Kontrast herzustellen zwischen dem zögerlichen Auftritt des Tiberius im Senat, den Leistungen eines Augustus und den glorreichen Taten, die Tiberius vollbracht hatte, als er noch nicht vor der Übernahme der Herrschaft gestanden hatte.

Bis heute herrscht in der Forschung kein Konsens darüber, wie man das Verhalten des Tiberius in der Senatssitzung am 17. September 14 bewerten soll. Entweder spielte er dem Senat eine Komödie vor, oder er meinte es ernst. Falls er eine Komödie aufführte (so, wie es Tacitus, Sueton und auch Cassius Dio argwöhnen), dann orientierte er sich an dem Beispiel des großen Augustus, der es verstanden hatte, seine monarchische Stellung hinter einer republikanischen Fassade zu verbergen. Falls er es ernst meinte, muss er tiefe Zweifel gehegt haben, dass er geeignet war, die große, ja gewaltige Aufgabe zu übernehmen. Zu Komödien neigte der ernste Tiberius eigentlich nicht. Also fühlte er sich überfordert? War der Schatten des Augustus zu groß? War er zu alt und zu kurzsichtig?

Tiberius muss gewusst haben, dass die Weichen gestellt waren. Ein Rückzieher war nun nicht mehr möglich. Und so rückt eine weitere Interpretation in den Fokus. Der Übergang der Herrschaft von Augustus auf Tiberius war die erste Nachfolgeprozedur des Prinzipats. Es gab dafür kein Vorbild, keine Gebrauchsanweisung, keinen Präzedenzfall. Zwar war Tiberius von Augustus schon mit allen höheren Weihen ausgestattet worden, dem Senat aber kam im System Prinzipat eine wichtige Rolle zu. Er wollte gehört, geachtet, respektiert werden. Er war noch nicht, wie in späteren Zeiten, ein reines Akklamationsgremium. So wäre es unklug gewesen, den Senat vor vollendete Tatsachen zu stellen und ihm nicht die Chance zu geben, Stellung zu nehmen. Dazu diente das Angebot des Tiberius, die Herrschaft auf mehrere Schultern zu verteilen. Die Senatoren wussten, dass das Angebotene nicht umsetzbar war. Aber sie waren froh, dass sie gefragt wurden. Damit erwies ihnen der künftige Herrscher die gebührende Achtung. Und sie wussten auch, wie sie reagieren mussten. Sie mussten den Prinzeps bitten, Prinzeps werden zu wollen. Dieser zierte sich und gab dann nach.

Damit war alles gesagt und getan. Letztlich war die Kür des Tiberius im Senat von Rom eine Inszenierung, die von beiden Seiten ausgegangen war, ohne dass man sich über die Abläufe zuvor hätte detailliert verständigen müssen. Fast sieht es so aus, als habe hier Augustus Regie geführt: Das Spiel im Senat trug so ganz seine Handschrift, entsprach seinem Gespür dafür, mit symbolhaften Handlungen Lösungen zu finden, mit der alle Beteiligten und Betroffenen gut leben konnten. Ein Augustus überließ nichts dem Zufall und wollte auch das kontrollieren, was nach seinem Tod geschehen würde. Gut möglich also, dass er vor seinem Ableben Vorsorge getroffen hatte, dass die entscheidende Sitzung im Senat genau so ablaufen würde, wie es dann tatsächlich der Fall war. Nach einem Tiberius, der pflichtbewusst und strebsam war, dem aber die politische Fantasie seines Stiefvaters fehlte, sah die Aktion vom 17. September jedenfalls nicht aus. Doch ergab sich aus dieser Senatssitzung noch eine weitere merkwürdige Konstellation. Denn Tiberius zog aus dem 17. September die Konsequenz, dass aus dem Ritual Realität werden sollte. Er gab sich selbst den Auftrag mit auf den herrscherlichen Weg, die Senatoren so zu behandeln, dass sie keinen Grund und keinen Anlass zur Klage über seinen Regierungsstil zu haben brauchten.

Soweit war alles geglückt. Doch wieder einmal hatte Tiberius Pech. Denn zwei Todesfälle sorgten dafür, dass sein Regierungsantritt ins Zwielicht geriet. Der eine Todesfall ereignete sich schon vor der Sitzung vom 17. September. Kaum war Augustus gestorben, da machte in Rom die Nachricht die Runde, dass Agrippa Postumus, Augustus' Enkel, Sohn seiner Tochter Iulia aus der Ehe mit Vipsanius Agrippa, gestorben war. Genauer gesagt: Er war ermordet worden. Tacitus nennt diese Tat »das erste Verbrechen des neuen Prinzipats«[7] und suggeriert mit dieser Formulierung erstens, dass es sich bei dem Tod des Agrippa Postumus um ein Verbrechen gehandelt habe, und zweitens, dass in der Regierungszeit des Tiberius noch viele weitere Verbrechen folgten. Agrippa Postumus war einst ein Hoffnungsträger gewesen, Augustus hatte ihn zehn Jahre zuvor zusammen mit Tiberius adoptiert. Dann war er in Ungnade gefallen und auf die bei Elba gelegene Insel Planasia verbannt worden. Kurz vor seinem Tod soll sich Augustus mit dem Enkel ausgesöhnt haben. Und nun wurde dessen Ermordung bekannt. Wer der Täter beziehungsweise der Drahtzieher war, blieb unbekannt. Nahezu jeder aus dem engeren familiären Umfeld wird in den Quellen als möglicher Verursacher genannt.[8] Die einen behaupteten,

Tiberius habe den Mord veranlasst und noch von Nola, vom Totenbett des Augustus aus, jemanden auf die Insel geschickt, um Agrippa zu töten. Andere versicherten, es sei Augustus gewesen, der, bevor er starb, den Mord in Auftrag gegeben habe. Es gab auch Stimmen, die Livia, der Mutter des Tiberius, die Verantwortung für das Verbrechen zuschoben. Daneben kursierte die Version, der Tod des Agrippa Postumus sei nicht das Werk eines Angehörigen des Kaiserhauses gewesen, vielmehr habe ein Centurio, der zu seiner Bewachung abkommandiert war, eigenmächtig gehandelt, weil er umstürzlerische Pläne verfolgt habe.

Sueton bestätigt die Angabe, ein Militärtribun, der als Leibwächter fungierte, habe den Mord begangen, jedoch nicht eigenmächtig, sondern aufgrund einer schriftlichen Order des Augustus.[9] Es sei jedoch unklar, ob diese Weisung von Augustus noch auf seinem Sterbebett verfasst wurde oder ob Livia sie im Namen ihres Gemahls diktiert habe. Unklar sei auch, inwieweit Tiberius involviert war. Als der Tribun bei ihm Meldung über den Mord erstattete, habe Tiberius gesagt, er habe den Befehl nicht gegeben und der Tribun solle sich vor dem Senat verantworten. Danach habe er über die Sache kein Wort mehr verloren und auf diese Weise dafür gesorgt, dass sie in Vergessenheit geriet.

Was sagt Tacitus dazu, der ausgewiesene Spezialist unter den antiken Autoren in Sachen suggestive Kommentierung nebulöser Mordfälle im Kaiserhaus? Er wusste es auch nicht genau, hielt den Mord aber für die gemeinschaftliche Tat von Tiberius und seiner Mutter Livia.[10] Tiberius äußerte sich im Senat, verwies auf eine schriftliche Anordnung des Augustus an den Tribun, der das Wachkommando befehligte, Agrippa zu töten, sobald er selbst, Augustus, aus dem Leben geschieden sei. Diese Version hält der Historiker für unglaubwürdig. Niemals habe der erste Prinzeps einen seiner nächsten Angehörigen töten lassen; er hätte nicht seinen Enkel »für die Sicherheit seines Stiefsohns töten lassen«. Dass die Schuldigen Tiberius und Livia seien, liegt seiner Ansicht nach »der Wahrheit viel näher« (in der Formulierung ein Musterbeispiel dafür, wie Tacitus einem vagen Verdacht den Charakter des Faktischen zu verleihen bestrebt war). Das Motiv des Tiberius sei Furcht vor einem Rivalen um die Herrschaft gewesen, das der Livia »stiefmütterliche Abneigung«. Als der Wachsoldat Tiberius meldete, die befohlene Tat sei ausgeführt, habe Tiberius geantwortet, er sei es nicht gewesen, der den Befehl gegeben habe, man müsse über die Tat vor dem Senat

Rechenschaft ablegen. Das stimmt mit der Angabe Suetons überein. Auch tauchte ein Mitwisser namens Sallustius Crispus, ein Enkel der Schwester des gleichnamigen Geschichtsschreibers aus der Zeit der späten Republik, auf. Dieser hatte, wie Tacitus mitteilt, das Schreiben an die Wachleute verfasst. Nun bedrängte er Livia, diese Dinge, die nur das Kaiserhaus angingen, nicht an die Öffentlichkeit zu zerren.[11]

Hat die Herrschaft des Tiberius also mit einem von ihm in Auftrag gegebenen Mord begonnen? In der Forschung sind die Meinungen geteilt. Die Faktenlage ist zu brüchig, um zu einer klaren Einschätzung zu gelangen. Geht man mit kriminalistischer Methodik vor, was Historikern insofern erlaubt sein muss, als das Handwerkszeug der Quellenkritik immer auch etwas mit detektivischem Spürsinn zu tun hat, so sollte man vor allem nach dem Motiv fragen. Hatte Tiberius einen Grund, Agrippa Postumus töten zu wollen? Vielleicht hätte er zehn Jahre zuvor einen Grund gehabt, als Augustus ihn und Agrippa adoptierte und er in dem dreißig Jahre jüngeren Mann einen Nachfolge-Rivalen hätte sehen können. Doch jetzt war Agrippa schon lange kaltgestellt, stand auf dem Abstellgleis, bedeutete keine Gefahr mehr. Es wäre zudem äußerst unklug gewesen, seine Herrschaft mit einem spektakulären Mord zu beginnen, wo er doch, da er in der Nachfolge des großen Augustus stand, um Akzeptanz bemüht sein musste. Ermordet wurde Agrippa Postumus tatsächlich, das lässt sich nicht bestreiten. Doch müssen alle Spekulationen, wer denn der wirkliche Täter war, angesichts der Quellenlage hypothetisch bleiben.

Beteiligt war Tiberius auch nicht am zweiten Tod innerhalb der Familie kurz nach seinem Regierungsantritt. In Rhegion, dem heutigen Reggio di Calabria im Süden Italiens, starb seine Ex-Frau Iulia, im Alter von 52 Jahren. Von den Quellen mit dem Attribut »leichtfertig« und »trinkfest« und allen damit verbundenen antiken Assoziationen etikettiert, hatte sie ein so fremdbestimmtes Leben, dass man ihre Ausbrüche und Exzesse unter der Rubrik »Kompensation« verbuchen kann. Das Verhältnis zwischen ihr und Tiberius war ohne jede Einschränkung problematisch.

## Problematische Beziehungen: Tiberius und Iulia

Tiberius hatte schon deswegen nicht viel für die Tochter des Augustus übrig, weil er ihretwegen seine erste Frau Vipsania Agrippina verlassen musste. Das war nicht Iulias Schuld, aber dennoch geeignet, bei Tiberius erst gar keine positive Einstellung zu dieser Ehe aufkommen zu lassen. Der gemeinsame Sohn, in römischen Adelsehen manchmal Verbundenheit stiftend, lebte nur kurz. Auch die Ehe war nicht von allzu langer Dauer. Neun Jahre nach der Hochzeit – acht davon verbrachte Tiberius ohnehin ohne seine Frau auf Rhodos – wurde sie geschieden, Iulia musste auf Anordnung des Vaters in die Verbannung gehen. Dieser ließ sich nicht erweichen, ihr im Exil bessere Lebensbedingungen zu verschaffen, außer dass er sie von der Insel Pandateria aufs Festland zurückholte. Tiberius soll Iulia noch schlechter behandelt haben. Tacitus zufolge habe er die Frau »durch Hunger und langes Siechtum verkommen lassen«.[12] Einer ihrer früheren Liebhaber aus der Zeit, als sie noch mit Marcus Agrippa verheiratet gewesen war, Sempronius Gracchus, hatte sie angeblich zum Ehebruch verführt und diese Beziehung wieder aufgenommen, als sie die Frau des Tiberius wurde. Dafür wurde Gracchus auf eine kleine Insel vor der libyschen Küste verbannt. Später wurde er, angeblich im Auftrag des Tiberius, getötet.

Auch Sueton weiß über das Verhältnis zwischen Tiberius und Iulia nichts Gutes zu berichten.[13] Er ordnet die Beziehung in der Abteilung »Hass auf die Verwandtschaft« ein. Nicht einmal ein Mindestmaß an Höflichkeit und Menschlichkeit habe Tiberius seiner Frau entgegengebracht, moniert der Biograph und fügt lebensklug hinzu, dass man wenigstens dies habe erwarten können. Stattdessen habe er ihr sogar verboten, das Haus zu verlassen und Kontakt zu anderen Menschen zu haben. Und er entzog ihr die jährlichen Geldzuweisungen seitens ihres Vaters.

Nach Tacitus ließ Tiberius »die jeglicher Hoffnung beraubte Frau durch Hunger und langes Siechtum verkommen, in der Meinung, bei der langen Dauer der Verbannung werde ihr Tod weiter keine Beachtung finden«.[14] Das ist einmal mehr die klassische Quellensituation: Tacitus fand in seinen Quellen die Angabe, dass Iulia kurz nach Herrschaftsbeginn des Tiberius an ihrem Verbannungsort starb. Es kamen durch keine Fakten fundierte Gerüchte auf, Tiberius habe seine ehemalige Gattin einfach verhungern lassen. Und im Laufe der Zeit wurde der unbegründete Anfangsverdacht als Gewissheit ausgegeben. Sehr nach Tacitus sieht die ergänzende Begründung aus: Es wird bei so einer langen Verbannungszeit schon niemandem ungewöhnlich erscheinen, dass Iulia tot war. Ungewöhnlich war es in der Tat nicht. Iulia war inzwischen 52 Jahre alt, ohne Zukunft und Aussicht, und ihr Leben war außerordentlich strapaziös gewesen, als Spielball und vielseitig verwendbares Objekt dynastischer Politik und mit langen Jahren der Verbannung. In einer solchen Situation eines natürlichen Todes zu sterben, war nicht völlig ungewöhnlich.

Auch wenn Tiberius für beide Todesfälle, die sich gleich nach Regierungsbeginn ereigneten, nicht die Verantwortung trug: Nicht erst die späteren Quellen, sondern auch bereits die Zeitgenossen trauten ihm solche Taten zu – ein Zeichen dafür, dass seine Startbedingungen als Prinzeps alles andere als günstig waren.

# 5. Kaiser Tiberius – Die ersten zwölf Jahre

Nachdem sich die Turbulenzen der Machtübertragung von Augustus auf Tiberius gelegt hatten, konnte sich der neue Prinzeps ans Regieren machen – oder eher ans Reagieren, wenn man einer These folgen will, die der englische Historiker Fergus Millar aufgestellt hat.[1] Demnach gehörte nicht zum Geschäft und zum Anforderungsprofil eines römischen Kaisers, was wir von modernen Regierungssystemen her kennen, insbesondere von demokratischen Systemen, in denen die Politiker jedenfalls im Idealfall mit Ideen, Konzepten und Programmen um Zustimmung werben, in denen erfolgreiches Regieren bedeutet, virulente Themen aufzugreifen und markante politische Spuren zu hinterlassen und, um ein Modewort zu verwenden, Nachhaltigkeit zu erzeugen. Ein römischer Kaiser wurde nicht von sich aus aktiv, sondern reagierte nur auf das, was passierte oder was von außen an ihn herangetragen wurde. Das bedeutete auf der anderen Seite nicht, dass es genügte, den ganzen Tag im bequemen Lehnsessel zu verbringen und zu beobachten, was in der Stadt und im Imperium vor sich ging. Von einem Kaiser erwarteten die Menschen anderes. Er war für sie nach dem traditionellen, bereits aus den Zeiten der Republik bekannten patronalen System der oberste Aristokrat, dessen wichtigste Aufgabe darin bestand, sich um seine Klientel zu kümmern. Seine Klientel waren im Prinzip alle Menschen, die im Römischen Reich lebten – die Senatoren, die Ritter, die Soldaten, die Masse der Bevölkerung in Rom, in Italien und im Reich. Nur die Sklaven spielten, sofern sie nicht privilegierte Positionen wie etwa am kaiserlichen Hof einnahmen, in diesem System keine Rolle; sie galten als rechtlose, kostengünstige Arbeitskräfte. Aber alle anderen wollten das Gefühl haben, dass sich der Prinzeps um ihre materielle und soziale Existenz sorgte, dass sie bei ihm gut aufgehoben waren, dass er da war, wenn es Probleme gab – wie Mangel an Getreide, Unglücksfälle, Naturkatastrophen.

Der Lohn für einen entsprechenden Einsatz des Kaisers waren Akzeptanz und Loyalität auch in Form des Unterlassens von Unruhen oder Aufständen. Am wichtigsten war es für den kaiserlichen Patron, die Bevölkerung der Hauptstadt, die *plebs urbana*, bei Laune zu halten. Die einfachen Menschen, die Handwerker, Arbeiter, Gewerbetreibenden, Tagelöhner – sie bestimmten den Ruf, den der Kaiser genoss. Sie hatten die Möglichkeit, ihre Wünsche und Stimmungen überall dort zu artikulieren, wo viele Menschen zusammenkamen, in den Theatern etwa und in den Sportstätten der Stadt, und am besten dann, wenn der Kaiser persönlich anwesend war. Die körperliche Präsenz des Kaisers war ein wichtiger Faktor seiner Wertschätzung: Der Patron gehörte zu seinen Klienten, es sei denn er war unterwegs auf wichtigen politischen, diplomatischen oder militärischen Missionen – dies jedoch mit der Option, der Hauptstadt und Italien nicht zu lange den Rücken zu kehren.

Wusste Tiberius, was die Menschen von ihm erwarteten? Wusste er, dass sie Zuwendung und Aufmerksamkeit mehr schätzten als große politische Leistungen? Dass der Ruf, zuverlässig, fürsorglich und freigebig zu sein, wichtiger war, als das politisch Notwendige oder Nützliche zu tun? Er wusste es, behauptet jedenfalls Tacitus.[2] Der Historiker zitiert aus einem Schreiben des Tiberius an Seian: »Die normalen Menschen bleiben in ihren Plänen bei dem stehen, was sie für sich als dienlich erachten. Die Führer (*principes*) aber haben ein anderes Los: Sie müssen sich in allen wichtigen Dingen nach der öffentlichen Meinung richten.«

Wenn man die 23 Jahre seiner Herrschaft insgesamt betrachtet, so ist davon auszugehen, dass Tiberius diese Aussage eher bedauernd als zustimmend getroffen hat. Er wollte etwas leisten und nahm dabei keine Rücksicht auf die Erwartungen der Menschen, so, wie er es unter Augustus als Soldat gewohnt gewesen war. Er tat, was er für notwendig hielt, und nicht, was die Leute wollten. Er war kein Volkstribun, kein Demagoge, kein Populist. Und er wollte regieren und nicht nur reagieren. Jedenfalls war das am Anfang seines Prinzipats so. Als er sah, dass er sich mit seiner Auffassung vom Herrschen nicht durchsetzen konnte, zog er sich, um so herrschen zu können, wie er es sich vorstellte, aus der Öffentlichkeit zurück und herrschte weit weg von Hauptstadt und Volk.

Die Herrschaft des Tiberius lässt sich daher in zwei große Phasen einteilen: in die Zeit vor Capri und in die Zeit auf Capri. Die Zäsur ist das

Jahr 26 n. Chr., als er Rom verließ und sich dauerhaft auf die Insel zurückzog, um von dort aus die Geschicke des Römischen Reiches zu lenken. Dort wurde er zum Kaiser, der endgültig sein Volk verlor.

Was aber machte Tiberius nach dem 17. September 14, an seinen ersten Arbeitstagen als neuer Kaiser? Eine präzise Chronologie liegt nicht vor, doch, gründlich und gewissenhaft wie Tiberius war, wird er sofort seine Unterlagen gepackt und sich zum Regieren auf das Forum oder in den Senat begeben haben. Eine seiner ersten Maßnahmen war die Neuregelung der Beamtenwahlen. Die Volksversammlung wurde entmachtet, ihre Kompetenzen gingen auf den Senat über.[3] Außerdem fand eine Debatte darüber statt, wer die Kosten für die Spiele, die zum Gedenken an Augustus veranstaltet wurden, zu tragen hatte. Dann brach bei den in Pannonien stationierten Legionen ein Aufstand aus, kurz danach bei den Truppen in Germanien. Stimmen wurden laut, Tiberius solle an die Orte des Geschehens eilen und seine kaiserliche Autorität in die Waagschale werfen. Doch Tiberius beharrte darauf, in der Hauptstadt zu bleiben.[4]

Ein unaufgeregter und wenig spektakulärer Start war es, den Tiberius den Römern bot. Er präsentierte sich dem Volk nicht als schillernde Führungspersönlichkeit, sondern bescheiden und höflich, »fast wie ein Privatmann«.[5] In der Fortsetzung seines Auftritts in der Senatssitzung vom 17. Januar zeigte er sich so demütig, dass er viele der Ehrungen, die ihm angeboten wurden, ablehnte. Dass man Statuen und Bilder von ihm aufstellte – an sich ein normaler Vorgang –, gestattete er nur unter der Bedingung, dass sie nicht zwischen Götterbildern stünden. Kaiser zu sein, konnte Tiberius gerade noch akzeptieren, ein Gott wollte er nicht sein. Denke daran, dass du ein Mensch bist. Was der Sklave sagte, der den Triumphator auf seinem Triumphwagen eskortierte, war für den Kaiser Tiberius eine der obersten Maximen.

Für Augustus war es der Höhepunkt seiner Karriere gewesen, als ihm der Senat den Titel eines *pater patriae*, »Vater des Vaterlandes«, verlieh.[6] Tiberius lehnte diesen Titel ab.[7] Was wohl als Geste der Bescheidenheit gedacht war, kam bei der Bevölkerung nicht gut an. Denn der Verzicht auf den Titel bedeutete auch das Bekenntnis, nicht die Rolle des obersten Patrons aller Römer annehmen zu wollen. Von Augustus waren die Menschen gewöhnt, dass der Prinzeps für sie der fürsorgliche Landesvater war, der sich um alles kümmerte, was sie beschäftigte. Man sprach damals noch nicht von

Herrschaftssoziologie. Doch diese moderne Sparte der Soziologie und der Geschichtswissenschaft lehrt: Jedwede Herrschaft, sei es eine Monarchie oder eine Demokratie, bedarf der Akzeptanz vonseiten der Beherrschten. Und im politischen und sozialen Koordinatensystem der Römer war es für die Menschen wichtig, dass sie eine Persönlichkeit an der Spitze des Staates wussten, der sie wie einem Vater vertrauen konnten. Die Chance, sich dazu zu bekennen, verpasste Tiberius gleich am Anfang seiner Herrschaft.

## Machtfaktor Prätorianer: Der Aufstieg des Präfekten Seian

Augustus, Livia, der Bruder Drusus, der Sohn Drusus, Vipsania Agrippina, Iulia, Marcellus, Gaius Caesar, Lucius Caesar, Agrippa Postumus – diese Menschen haben das Leben des Tiberius entscheidend geprägt, und sie haben eines gemeinsam: Sie gehörten alle zu seiner Verwandtschaft. Die Familie bildete den Kern des augusteischen Machtimperiums. Außenstehende hatten nur ausnahmsweise Chancen, in diesen elitären Kreis aufgenommen zu werden – wie unter Augustus zum Beispiel Maecenas oder Agrippa, seine engen Freunde und Helfer.

Tiberius hatte seinen Seian.

Lucius Aelius Seianus, wie er komplett hieß, war der Präfekt der Prätorianergarde und als Kommandant dieser Elitetruppe von Amts wegen für die Sicherheit des Kaisers zuständig. Die Prätorianer waren im Jahr 2 v. Chr. als Leibgarde aufgestellt und vor den Toren der Stadt Rom kaserniert worden. Unter Augustus gab es neun Kohorten von insgesamt je tausend Mann. Die Truppe hatte unter dem ersten Prinzeps zwei Kommandanten, die beide aus dem Ritterstand stammten, also jener nicht-senatorischen Elite, aus der Augustus und die späteren Kaiser bevorzugt ihr administratives Führungspersonal rekrutierten. *Praefectus praetorio* zu sein – so lautete der offizielle Titel –, bedeutete bereits zur Zeit des Augustus, über viel Macht, Einfluss und Prestige zu verfügen. Seian jedoch, der Präfekt des Kaisers Tiberius, stellte alle seine Vorgänger in den Schatten. Er war, wenn man den Quellen Glauben schenken will, der Mann, der den Herrscher beherrschte.

Geboren wurde Seian um 20 v. Chr. in der alten Etruskerstadt Volsinii. Er war somit über zwanzig Jahre jünger als Tiberius. Sein Vater, Lucius Seius

Strabo, wurde von Augustus zu einem der beiden Chefs der Garde der Prätorianer ernannt. Er war damit einer der wichtigsten Männer in der Augustus-Administration. Dynastisches Denken gab es nicht nur im kaiserlichen Haus, sondern auch in bürgerlichen Kreisen. So profitierte der Sohn vom Einfluss und den exzellenten Beziehungen des Vaters und durfte als junger Mann den Augustus-Enkel Gaius 2 v. Chr. bei dessen Reise in den Orient begleiten.

Als Tiberius an die Macht kam, hielt Seians Höhenflug an und nahm sogar noch an Fahrt auf. Denn der neue Prinzeps ernannte den Sohn zum Kollegen des Vaters; sie bildeten nun zusammen eine familiäre Doppelspitze. Noch im September desselben Jahres 14 n. Chr. schickte Tiberius Seian zusammen mit seinem Sohn Drusus nach Pannonien – sie sollten die meuternden Legionen beruhigen. Das war ohne Frage ein Zeichen besonderer Wertschätzung. Seian gehörte bereits jetzt zum engeren Zirkel der Macht.

Als der Vater zum Statthalter von Ägypten befördert wurde, avancierte Seian zum alleinigen Chef der Prätorianer.[8] Kaum im Amt, nutzte er die Gelegenheit, als Reformer in Erscheinung zu treten. Die bis dahin vor den Toren Roms dezentral aufgestellten Kohorten der Prätorianergarde zog er in einer einzigen Garnison auf dem Territorium der Hauptstadt zusammen. Als Grund für diese Maßnahme führte er praktische und organisatorische Erwägungen an. Die misstrauischen Quellen argwöhnen dahinter jedoch die Absicht, mit stets verfügbaren Soldaten im Rücken seine eigene Machtstellung zu stärken.[9]

Aber ging es Seian tatsächlich um persönliche Macht? Gab es sogar einen Masterplan, dem er konsequent folgte? Oder ging es ihm nur darum, als rechte Hand seinen Gönner Tiberius zu unterstützen, der als Nachfolger des populären und strategisch wie propagandistisch begabten Augustus und aufgrund wenig entwickelter kommunikativer Fähigkeiten in der römischen Gesellschaft einen schweren Stand hatte? Sueton behauptet jedenfalls, Tiberius habe Seian nur deswegen so viel Einfluss gegeben, weil er einen treuen Helfer brauchte – der Biograph spricht etwas unfeiner von einem »Helfershelfer« und »Gauner« –, insbesondere um sich in der eigenen Familie durchzusetzen.[10] Aber das ist, wie vieles in den Quellen, reine Spekulation, denn natürlich konnte Sueton nicht wissen, was Tiberius dachte oder wollte. Der Biograph liefert hier seine eigene Interpretation der Dinge.

Aber sicher war ein ehrgeiziger Mann wie Seian nicht nur der treue Paladin des Kaisers. Versehen mit der Gunst des Prinzeps und der latent einschüchternden Macht der Prätorianer im Rücken, hatte er bei allem, was er tat, nicht nur das Wohl der Stadt und die Sicherheit des Kaisers im Blick, sondern auch die eigene Karriere. Eine noch engere Beziehung zum Kaiserhaus konnte da nicht schaden, sagte sich daher der Präfekt und dachte über die Möglichkeit einer dynastischen Verbindung nach. Heirat war, wie er wusste, für ambitionierte Persönlichkeiten in den gehobenen römischen Gesellschaftskreisen schon immer ein probates Mittel gewesen, ihre Zukunftsaussichten zu verbessern. So entschloss er sich, seine Tochter effizient zu verheiraten, hielt in den Reihen der Familie des Tiberius nach einem geeigneten Schwiegersohn Ausschau – und entdeckte einen Sohn des späteren Kaisers Claudius namens Claudius Drusus. Das Werben war erfolgreich, bald wurde Verlobung gefeiert. Doch das Glück war nur von kurzer Dauer, denn nur wenige Tage später starb der frisch mit der Tochter des Präfekten Verlobte.

Dubios und rätselhaft sind die Hintergründe und Abläufe einer Affäre, in der Seian jedenfalls eine wichtige Rolle spielte und die zum Tod des Drusus, des einzigen noch lebenden leiblichen Sohnes des Kaisers Tiberius, führte. Neben Seian und dem Opfer Drusus waren zwei weitere Personen aktiv und dominant in die Affäre entwickelt: Livilla, Drusus' Ehefrau, also Tiberius' Schwiegertochter, und Apicata, die Gattin Seians.

Sicher ist, dass das Verhältnis zwischen Seian und Drusus nicht besonders harmonisch gewesen ist. Im Gegenteil: Ihre Beziehung war angespannt und konfliktreich. Einmal kam es sogar zu Handgreiflichkeiten. Drusus, der, wie Tacitus formuliert, »keinen Nebenbuhler ertrug und ziemlich leidenschaftlich war«, schlug den Präfekten bei einem Streit ins Gesicht.[11] Drusus ärgerte sich darüber, dass Seian bei seinem Vater über so viel Einfluss verfügte. Der Präfekt wiederum sah in dem Sohn des Kaisers einen Rivalen im Kampf um die Macht und die Gunst des Kaisers. So kam er, heißt es, zu dem Entschluss, den Rivalen aus dem Weg zu räumen.

Tacitus berichtet über diesen Fall am ausführlichsten:[12] Zur Vorbereitung des Verbrechens nahm Seian Kontakt zu Livilla, der Ehefrau des potentiellen Opfers auf, gewann dank elaborierter Verführungskünste ihre Zuneigung und versprach ihr Heirat und Mitregentschaft. Ein Plan mit Chancen, wie der in dieser Hinsicht anscheinend einschlägig bewanderte

Historiker betont: »Eine Frau, die ihre Keuschheit verloren hat, pflegt ja Weiteres nicht mehr zu versagen.«[13]

Die Realisierung der Beseitigung des Drusus überließ Seian angeblich einem Eunuchen namens Lygdus. Dieser verabreichte seinem Opfer eine tödliche Dosis Gift. Involviert in das Verbrechen war auch Livillas Leibarzt Eudemus. Das Gift entfaltete seine Wirkung langsam, sodass alle dachten, Drusus leide an einer Krankheit. Um Livilla zu beruhigen, hatte sich Seian zuvor von seiner Frau Apicata und den drei Kindern getrennt. Acht Jahre später, nach Seians Tod, gab die Ex-Gattin eben diese von Tacitus erzählte Version zu Protokoll. Unter der Folter bestätigten der ehemalige Leibarzt Eudemus und der Eunuch Lygdus damals diesen Ablauf der Ereignisse.

Bei kritischer Betrachtung gibt es jedoch keine belastbaren Beweise dafür, dass Drusus überhaupt eines gewaltsamen Todes gestorben ist und dass es sich um ein von Seian geplantes Komplott gehandelt hat. Entsprechende Berichte und Mutmaßungen in den Quellen sind (zu) offensichtlich von dem Bestreben geleitet, den Präfekten als machthungrigen Aufsteiger zu porträtieren, der, wenn es sein musste, über Leichen ging. Dass Tacitus die Ausschaltung des Drusus als Auftakt einer geplanten Serie von Morden in der Familie des Tiberius ausgibt (»er wollte mit Drusus den Anfang machen«), erhöht nicht die historische Wahrscheinlichkeit. Tiberius machte auch keine Anstalten, den Tod des Sohnes seinem Vertrauten Seian anzulasten; er ging vielmehr von einem natürlichen Tod aus.[14] Nur einer von Seian gewünschten Heirat mit Livilla versagte er seine Zustimmung – weniger aus Misstrauen als vielmehr zur Wahrung des familiären Friedens in der iulisch-claudischen Dynastie.[15] Die angebliche Zeugenaussage der Apicata hat nur einen begrenzten Wert. Wenn es diese Aussage überhaupt gegeben hat, so entstand sie unter dem Druck der turbulenten Vorgänge nach dem Tod Seians. Aus dem Dickicht von Vermutungen, Verdächtigungen, Gerüchten und Spekulationen, das Tacitus aufbaut, lässt sich als Gewissheit letztlich nur herausdestillieren, dass Drusus am 14. September 23 n. Chr. n. Chr. starb, im Alter von 37 Jahren. Warum er starb, woran er starb, durch wen er starb, ist unklar. Der »Fall Drusus« hat somit einen festen Platz in der gut gefüllten Abteilung »Ungeklärte Todesfälle der Antike«.

## Gute Beziehung: Tiberius und sein Sohn Drusus

Tiberius hatte drei Söhne: Drusus, einen weiteren, dessen Name nicht bekannt ist, und Germanicus. Drusus und der Unbekannte, der bald nach der Geburt starb, waren leibliche Söhne (der erste mit Vipsania Agrippina, der zweite mit Iulia), Germanicus war sein Neffe und Adoptivsohn. Die Beziehung zu Germanicus, der bei Senatoren, Volk und Senatoren sehr beliebt war, war schwierig. Mit Drusus hingegen kam Tiberius gut aus.

Die gute Beziehung zu Drusus belegen die reinen Fakten, die Aussagen wie die des Tacitus korrigieren, Drusus habe den Eindruck gehabt, der Kaiser habe seinen Prätorianerpräfekten Seian mehr geschätzt als seinen eigenen Sohn. Der Vater förderte den Sohn nach Kräften. Gleich nach seinem Herrschaftsantritt versorgte er ihn mit wichtigen kultischen Funktionen. So, wie er früher selbst die mobile Einsatzreserve des Augustus geworden war, so wurde nun Drusus sein Mann für militärische Feuerwehreinsätze. Noch im selben Jahr, 14 n. Chr., übertrug er ihm die Aufgabe, den Aufstand der Legionen in Pannonien niederzuschlagen. Ein Jahr später bekleidete Drusus das Amt des Konsuls. Zwei Jahre später schickte ihn der Kaiser als Statthalter nach Illyrien. Wie Tacitus berichtet, geschah dies, damit er sich »an den Kriegsdienst gewöhnte und die Liebe des Heeres gewann«.[16] Man darf hinzufügen: ... so, wie es damals auch bei Tiberius im Dienste des Augustus der Fall gewesen war. Der Vater wollte, dass sich der Sohn als Militär profilierte. Tacitus weiß noch mehr: Tiberius glaubte, »der im Wohlleben der Stadt ausschweifende Jüngling werde im Lager besser aufgehoben sein«. Eine typische Tacitus-Bemerkung, die allerdings weniger über den Lebenswandel des Drusus aussagt als vielmehr über die moralische Einstellung des Historikers zum Trubel in der Großstadt. Auch sonst nutzte Tacitus jede Gelegenheit zu urbaner Zivilisationskritik. Als Quelle für die Einstellung des Tiberius zu seinem Sohn kann die Passage daher nicht gelten.

Allerdings finden sich auch bei Sueton Angaben, die geeignet sein könnten, die Beziehung Tiberius–Drusus als gestört anzusehen.[17] Tiberius brachte, so behauptet der Biograph, Drusus »keine väterliche Liebe entgegen«. Und weiter: »Er war voller Hass gegen ihn wegen seiner Fehler. Denn der Lebenswandel des Drusus war ihm zu locker und allzu lose.« Als Beweis dient ihm Tiberius' Verhalten nach Drusus' Tod: »Und so nahm ihn nicht einmal sein Tod besonders mit, ja er ging nicht nur sofort von den Begräbnisfeier aus wieder seinen gewohnten Geschäften nach, sondern verbot auch einen längeren Stillstand der Gerichte.« Das Aussetzen aller Prozesse gehörte normalerweise zum festen Inventar bei Trauerfeierlichkeiten in prominenten Familien. Tiberius aber betrieb *business as usual*. So nutzte er, wie Sueton an gleicher Stelle erzählt, die Gelegenheit des Besuches von Gesandten, die aus Troja nach Rom gekommen waren, um ihm zu kondolieren, zu einer Demonstration seiner Kenntnisse auf dem Gebiet der trojanischen Mythologie und Geschichte: »Was er ihnen antwortete, klang so, als habe er bereits die Erinnerung an den Schmerz aus seinem Gedächtnis gestrichen. Auch er empfinde seinerseits mit ihnen, weil sie in Hektor einen hervorragenden Mitbürger verloren hätten.«

Das mag herzlos klingen. Aber Tiberius war nicht so gestrickt wie ein Augustus, der es perfekt verstanden hatte, familiäre Trauer zu einem öffentlichen Ereignis zu stilisieren. Emotionen leistete man sich nicht auf dem Forum, sondern allenfalls hinter verschlossenen Türen. So ging Tiberius nach dem Ende der Feierlichkeiten gleich wieder zur Tagesordnung über. Schon zuvor, als Drusus krank darniedergelegen hatte, hatte er sich bemüht, demonstrativ geschäftsmäßig gelassen zu wirken. Jeden Tag ging er, als sei nichts geschehen, in den Senat.[18]

Die Totenfeier selbst gestaltete der Kaiser durchaus würdig. Und, wie Tacitus berichtet, wurden dieselben Ehren beschlossen wie für den beliebten Germanicus und sogar noch einige Besonderheiten eingebaut: »Das Leichenbegängnis zeichnete sich besonders durch den feierlichen Aufzug der Ahnenbilder aus, bei dem man in langer Reihe Aeneas, den Stammvater des iulischen Geschlechts, sämtliche Albanerkönige und Romulus, den Gründer der Stadt, sah, danach den sabinischen Adel, den Attus Clausus und die Bilder der übrigen Claudier.«[19] Diese Reminiszenzen an die Anfänge der Stadt Rom und die Visualisierung der Großen aus der regierenden iulisch-claudischen Dynastie bedeuteten auch eine spezielle Auszeichnung für Drusus: Er war Teil dieser großen Geschichte gewesen.

Tiberius war stolz auf Drusus. Aber es genügte ihm, dies während der Trauerfeierlichkeiten öffentlich zu zeigen. Das eigentliche Trauern um seinen einzigen leiblichen Sohn (der andere hatte ja nur kurz gelebt) fand im Privaten statt. Aber nicht zu lange. Die Arbeit musste weitergehen. Dafür allerdings hatten die Römer kein Verständnis. Sie liebten Zeremonien und Inszenierungen – für die Tiberius aber Neigung und Talent fehlten. Und so schritt die gegenseitige Entfremdung voran.

## Tiberius und der Senat

Eines Tages im Senatsgebäude in Rom: Das ehrwürdige Gremium hat sich zu einer routinemäßigen Sitzung versammelt, und wie meistens, so ist auch heute der Kaiser anwesend. Nur selten lässt er die Gelegenheit aus, der Versammlung beizuwohnen. Der Senator Quintus Haterius trägt gerade seine Meinung zu einem Tagesordnungspunkt vor. Als er seine Ausführungen beendet hat, steht der Prinzeps Tiberius auf. Er vertritt in der Sache eine andere Auffassung und erläutert seinen Standpunkt. Als er fertig ist, wendet er sich Haterius zu und spricht ihn direkt an: »Bitte verzeihe, sollte ich irgendetwas allzu offen gegen dich so wie ein Senator gesagt haben.«[20] Und zu allen gewandt, fährt er fort: »Ich habe heute und häufig auch bei anderen Gelegenheiten gesagt, verehrte Senatoren, dass ein guter und heilbringender Kaiser, den ihr mit so gewaltigen und weitreichenden Vollmachten ausgestattet habt, dem Senat dienen müsse, oft auch den Bürgern in ihrer Gesamtheit und in einer großen Anzahl von Fällen sogar einzelnen Bürgern. Und ich bereue keineswegs, dass ich das gesagt habe, und in euch habe ich gute und gerechte und wohlwollende Herren gehabt und habe es noch.«

Die versammelten Senatoren nahmen diese Ansprache mit Sympathie auf. Da sie von dem Biographen Sueton überliefert wird, der als späterer kaiserlicher Archivar Einblick in die Senatsprotokolle hatte, darf man sie für authentisch halten. Der Tiberius-Kritiker Tacitus hätte, wenn er denn von dieser Situation berichtet hätte, sicher den Warnhinweis dazugesetzt, es habe sich bei der Rede um reine Heuchelei und Verstellung gehandelt. Doch Tiberius sprach diese Worte – und meinte sie auch so. Der Kaiser als Diener des Senats, die Senatoren als *domini*, »Herren« des Kaisers – solche Gedanken hatte man im Senat bisher noch nicht gehört, nicht einmal von Augustus, der sich einerseits alle Mühe gegeben hatte, den Eindruck zu vermeiden, ein Monarch zu sein, und der andererseits die Senatoren zu politischen Statisten degradiert hatte. Wenn Augustus Senatssitzungen beiwohnte, hörte er den Ausführungen der Redner aufmerksam, wenn auch etwas angestrengt zu. Der Dictator Iulius Caesar saß auf einem goldenen Sessel und diktierte, während die Senatoren sprachen, Briefe. Deutlicher konnte er ihnen nicht zeigen, was er von ihnen hielt.

Tiberius hingegen behandelte die Senatoren, jedenfalls am Anfang seiner Herrschaft, betont gut und respektvoll.

Im Konsens hatte man die Initiation des Prinzeps am 17. September 14 arrangiert. Und Tiberius war aufrichtig bemüht, diesen Konsens weiter zu pflegen. Er bewahrte, wie es Sueton formuliert, den »Schein der Freiheit«.[21] Für »Freiheit« verwendet er den Begriff *libertas*. Diese war eine zentrale Kategorie im politischen Koordinatensystem der Senatoren. »Freiheit« bedeutete, in der Tradition der alten Republik, die Chance der politischen Mitsprache, der politischen Partizipation, der freien Rede. Aber was bedeutet in diesem Zusammenhang »Schein der Freiheit«? War sich Tiberius bewusst, dass es Freiheit in diesem Sinne nicht mehr gab? Oder wollte Sueton einen objektiven Tatbestand benennen? Unter dem Prinzeps Tiberius wurden Senat und Beamte in ihren Kompetenzen und Wirkungsmöglichkeiten jedenfalls nicht eingeschränkt. Tiberius setzte ganz auf die Karte der Partnerschaft, und eben deutlich mehr als ein Augustus, der gerade in seinen späteren Jahren ein distanziertes Verhältnis zu dem ehrwürdigen Gremium entwickelt hatte. Nach der Eröffnungssitzung vom 17. September 14 n. Chr. übertrug Tiberius, pflichtbewusst, wie er war, die von Augustus inspirierte Inszenierung bei der Amtseinführung in die Realität. Er wollte nicht den Schein von Freiheit wahren, sondern er wollte dem Senat tatsächlich die Freiheit geben, sich in politischen Angelegenheiten zu artikulieren. Um dieses Anliegen zu unterstreichen, bestand eine seiner ersten Maßnahmen darin, das traditionelle Recht der Volksversammlung, das politische Spitzenpersonal zu wählen, auf den Senat zu übertragen.[22] Was vordergründig nach einer Entwertung der Volksversammlung aussah, war in der Realität als eine Aufwertung des Senats gedacht. Bereits Augustus hatte für sich das Recht in Anspruch genommen, eigene Kandidaten für die Besetzung von Konsulat, Prätur und den anderen Ämtern zu benennen und damit der Volksversammlung wesentliche Kompetenzen entzogen. Tiberius versicherte den Senatoren, er werde zukünftig nicht mehr als vier Kandidaten empfehlen (die dann natürlich gewählt werden mussten). Die übrigen Posten fielen in die Zuständigkeit des Senats.

In den Quellen finden sich viele Belege dafür, dass es Tiberius mit der Berücksichtigung der Interessen des Senats ernst meinte. So ließ er in dem Gremium eine breite Palette von Themen behandeln, gleich ob sie bedeutend oder belanglos waren, darunter:[23] Regelung von Steuern und Monopolen, Errichtung und Restaurierung von Bauwerken, Aushebung und Entlassung von Soldaten, Stationierung von Legionen und Hilfstruppen,

Leitung militärischer Unternehmungen, Inhalt und Form von Antwortschreiben an auswärtige Könige. Seinen Respekt für das Gremium versuchte er auch durch ein entsprechendes Auftreten zu dokumentieren. So betrat er das Senatslokal nicht mit einem großen Gefolge, sondern immer allein – wie die Senatoren selbst auch. Als er einmal krank war, sagte er seine Teilnahme nicht ab, sondern ließ sich in einer Sänfte in den Saal tragen, wobei er seine Diener sogleich wieder hinausschickte.

Tacitus, nur selten bereit, den Prinzeps zu loben, kommt sich selbst ins Gehege, wenn er einerseits davon spricht, Tiberius sei stets bestrebt gewesen, seine Macht als Kaiser zu festigen, und andererseits davon, er habe dem Senat einen »Schatten alter Freiheit« geben wollen (*imago antiquitatis*).[24] Der kritische Historiker bezieht sich dabei auf Eingaben aus den Provinzen des Römischen Reiches, die der Kaiser zur Prüfung an den Senat weiterleitete. Insbesondere handelte es sich dabei um Fälle von Asylmissbrauch in griechischen Städten: Grundsätzlich hatten die Tempel das Recht, Schutzsuchenden Asyl zu gewähren. Doch war es hier zu Unregelmäßigkeiten gekommen. Vor allem konnte nicht jeder Tempel ohne Genehmigung Asylanten aufnehmen. In der ihm eigenen drastischen, aristokratischen Diktion spricht Tacitus von »schlimmstem Sklavengesindel«, das in den Tempeln Zuflucht gesucht hätte. So beschloss der Senat, die betreffenden Städte sollten Dokumente der Asylberechtigung nach Rom senden. »Ein glänzender Tag« für den Senat, urteilt Tacitus, als der Senat Einsicht in die Verträge nahm, »wobei es ihm, wie ehedem, freistand, was er bestätigen oder abändern wollte.« Und alles passierte ganz ohne die Mitwirkung des Tiberius.

Auch an anderer Stelle lobt Tacitus die – jedenfalls anfängliche – Bereitschaft des Kaisers zur Kooperation mit dem Senat.[25] Die staatlichen Angelegenheiten und die wichtigsten privaten Sachen seien in dem Gremium verhandelt worden. Der Prinzeps sorgte auch für ein produktives Klima der Meinungsfreiheit: »Angesehene« Senatoren durften sich jederzeit zu Wort melden. Wer sich nur in Schmeicheleien erging, den bremste der Kaiser persönlich. Bei der Vergabe hoher Ämter galt keine Vettern- oder Günstlingswirtschaft, sondern es zählte die Qualität. Diese ergab sich für den Prinzeps aus der Zugehörigkeit zum alten Adel, aus Verdiensten im Krieg und dem Nachweis guter Leistungen und Eigenschaften in Friedenszeiten. Die Gesetzgebung funktionierte im Allgemeinen reibungslos, und auch die Finanzen waren in Ordnung.

Cassius Dio stimmt zwar in das allgemeine Loblied auf den Senatsfreund Tiberius ein, doch nicht ohne kritischen Unterton.[26] Der Historiker des 3. Jahrhunderts, der in einer Zeit lebte, als die Kaiser ihre Macht mehr und offener ausspielten, als es die meisten ihrer Kollegen in der frühen Kaiserzeit taten, erkennt zwar das Bemühen des Tiberius um eine harmonische Zusammenarbeit an, doch dieser zeigte ihm insgesamt zu wenig Eigeninitiative. Die Zugeständnisse an den Senat interpretiert er auch als Zeichen mangelnder Durchsetzungsfähigkeit. Selbst die geringfügigsten Angelegenheiten landeten auf dem Tisch des Senats. Alles, was er tat, stimmte Tiberius mit den Senatoren ab. Jedem war es erlaubt, eine andere Meinung zu vertreten als er. Dabei wiederholte sich öfter ein eigenartiges Szenario: Wenn er zu einem Tagesordnungspunkt Stellung genommen hatte, durfte ihm jeder offen widersprechen. Gab er bei einer Abstimmung ein Votum ab, das nicht mit der Meinung der Mehrheit der Senatoren übereinstimmte, so beugte er sich dieser Mehrheit, und dies, ohne jemandem etwas übel zu nehmen.

Tiberius suchte die Nähe zum Senat, versuchte, den Pakt, der am 17. September 14 n. Chr. informell und inoffiziell geschlossen worden war, mit Leben und Inhalt zu füllen. Doch die erhoffte Wirkung blieb aus. Die Senatoren interpretierten sein Entgegenkommen nicht als Stärke, sondern als Schwäche und sahen es für sich selbst als Ermunterung, die ihnen gelassenen Freiräume zu nutzen. Es sieht sogar so aus, als hätten sich manche Senatoren ganz bewusst und sogar demonstrativ und provozierend von Tiberius distanziert, um ihn herauszufordern. Das scheint insbesondere der Fall gewesen zu sein, wenn sie im Senat gegen den Kaiser stimmten. Sueton schildert in diesem Zusammenhang eine aufschlussreiche Begebenheit:[27] Einer kleinen Stadt in Italien – Trebia – war von einem Erblasser eine größere Summe vermacht worden, mit der Auflage, mit diesem Geld ein neues Theater zu bauen. Die Stadt aber wollte die Mittel lieber für den Bau einer Straße verwenden. Die Angelegenheit landete im Senat. Tiberius setzte sich dafür ein, dass der Wunsch der Stadtväter von Trebia erfüllt werde. Die Senatoren aber ließen den Kaiser auflaufen und beharrten auf dem Standpunkt, der Wille des Erblassers sei rechtlich bindend. Und so dürfte es immer häufiger vorgekommen sein, was Sueton als einzelnen Fall schildert: »Als es zu einem Senatsbeschluss zufällig nur durch Abstimmen kommen sollte, trat er auf die Seite, wo weniger standen, aber niemand folgte ihm.« Bei dieser antiken Variante des modernen Hammelsprungs stand Tiberius am Ende also buchstäblich allein da, was für ihn fast einer Demütigung gleichkam.

Für die ersten Jahre seiner Herrschaft stellen die antiken Leitquellen Tiberius noch ein relativ zufriedenstellendes Zeugnis aus. Die Noten schwanken zwischen einem schwachen »gut« und einem glatten »befriedigend«. Dann aber soll sich der Kaiser verändert haben – vom Partner der Senatoren zum Herrscher, ja zu einem grausamen, unzugänglichen, einsamen Despoten. Antike Quellen verwenden gerne das biographische Schema »erst gut, dann schlecht«. Prominenten Persönlichkeiten, insbesondere den römischen Kaisern, wird häufig ein Wandel in Lebensführung und Herrschaftsstil unterstellt. »Allmählich ließ er den Herrscher durchblicken«, beschreibt Sueton diese Veränderung bei Tiberius.[28] Eine solche Wandlung tritt in den Darstellungen der antiken Schriftsteller nicht zufällig oder unmotiviert ein. Meistens ist sie mit bestimmten Ereignissen verbunden, wie dem Verlust einer Bezugsperson, woraufhin das Leben aus den Fugen gerät. Für Tacitus war es das Jahr 23, das »in der Regierung des Tiberius den Umschwung zum Schlechteren brachte«.[29] In diesem Jahr starb sein Sohn Drusus. »Solange dieser noch lebte, ging noch alles gut«, behauptet der Historiker.[30] Doch war es nicht etwa Trauer um den Sohn, was Tiberius aus der Bahn warf. Vielmehr ebnete, so will Tacitus suggerieren, der Tod des Drusus dem Prätorianerpräfekten Seian den Weg zur Macht. Solange es Drusus gegeben hatte, hatte dieser sich zurückgehalten. Damit war es nun vorbei. Im Windschatten des skrupellosen Präfekten wandelte sich auch Tiberius von einem moderaten Prinzeps zu einem grausamen Despoten. Cassius Dio setzt die Geburt des neuen, des schlechten Tiberius noch früher an, im Jahr 19, als Germanicus starb: Solange Germanicus lebte, heißt es bei ihm,[31] regierte der Kaiser vernünftig und solide. Der Tod seines potentiellen Nachfolgers aber habe die schlechte Seite seines Charakters in den Vordergrund treten lassen.[32]

Befreit man sich von derartigen, den literarischen Genres immanenten Schemata, so hat es den Anschein, als habe die nicht zu bestreitende Veränderung in der Haltung des Tiberius zum Senat und umgekehrt des Senats zu Tiberius ihre Ursache vor allem in der beiderseitigen Erkenntnis, dass der Versuch einer harmonischen Partnerschaft zum Scheitern verurteilt gewesen ist. Tiberius war kein Augustus, der ein besonderes Talent besessen hatte, dem Senat das Empfinden zu geben, noch gebraucht zu werden, und gleichzeitig seinen Willen durchzusetzen. Tiberius war Tiberius, immer bereit zum Kompromiss, ohne den Willen, sich, wenn es darauf ankam, auch einmal durchzusetzen. Aus der Sicht der Senatoren war er ein schwacher Herrscher; sie deuteten seine kooperativen Bemühungen als Mangel an Durchsetzungsfähigkeit, und sie wetteiferten in dem Bestreben, den Kaiser herauszufordern und ihn bloßzustellen. Der Kaiser, der emsige Arbeiter, wusste, wie die Senatoren über ihn dachten. Seine Freude am Politikbetrieb der Hauptstadt wurde dadurch nicht gesteigert. Im Gegenteil: Je länger er Prinzeps war, desto mehr mied er die Öffentlichkeit. Seine Auftritte im Senat wurden seltener; was es zu sagen gab, wurde per Brief erledigt.

Im Jahr 21 zeigte Tiberius erstmals ganz deutlich, dass er sich in seinem Amt nicht mehr wohlfühlte. Er verließ das hektische Rom in Richtung Süden nach Kampanien, nicht weit entfernt von der Insel Capri, die er fünf Jahre später zu seinem dauerhaften Refugium erwählen sollte. Am Anfang des Jahres hatte er das Konsulat übernommen, zusammen mit seinem Sohn Drusus. Dann habe er einen Erholungsurlaub in Kampanien angetreten: So lautete jedenfalls die offizielle Version. Der Kaiser, hieß es, wolle etwas für die Stärkung seiner Gesundheit tun.[33] Tacitus, der Experte für alles, was Tiberius »in Wirklichkeit« gewollt habe, meint, Drusus sollte sich nach dem Willen des Vaters nun auch einmal eigene Sporen verdienen und zeigen, dass er das Konsulat selbstständig zu führen in der Lage war. Und er machte seine Sache nicht schlecht, was den Kaiser dazu bewog, seinen Aufenthalt in Kampanien auf die Dauer von über einem Jahr auszudehnen. Tatsächlich dürfte beides eine Rolle gespielt haben. Tiberius wollte Rom und den Senat nicht mehr sehen, und er wollte testen, wie sein Sohn sich schlug. Doch zeigte seine lange Abwesenheit nicht nur den Senatoren, sondern auch der Bevölkerung von Rom, dass der oberste Aristokrat keine große Neigung mehr verspürte, sich um seine Klientel zu kümmern. Zwischen Tiberius und Rom gab es ein großes Missverständnis: Rom wollte einen Prinzeps wie Augustus, Tiberius glaubte, Rom durch harte, ehrliche Arbeit für sich gewinnen zu können. Als er merkte, dass der Arbeiter-Typ nicht geschätzt wurde, erklärte er mit seinem Rückzug – erst vorübergehend nach Kampanien, dann definitiv nach Capri – die kollegiale Zusammenarbeit für beendet.

## Majestätsprozesse

In diesen Kontext – Bemühen des Prinzeps um Zusammenarbeit, Herausforderungen, Provokationen, enttäuschte Hoffnungen und Erwartungen – gehört ein Phänomen, das allgemein eines der düstersten Kapitel der Herrschaft des Tiberius kennzeichnet. In der deutschen Sprache hat sich dafür die Bezeichnung »Majestätsprozesse« etabliert, doch dieser Begriff ist missverständlich, denn mit dem Ausdruck »Majestät« könnten Herrschaftsauffassungen der Spätantike, des Mittelalters oder der Neuzeit assoziiert werden. Der Prinzeps der frühen Kaiserzeit war nach dem Willen des Architekten und Choreographen Augustus kein abgehobener, gottgleicher Herrscher. Ansätze von Kaiserkult waren eine Konzession an die östliche Reichsbevölkerung, die eher daran gewöhnt war, in dem Herrscher auch einen Gott zu sehen. *Maiestas* war als Begriff und Sache schon in den Zeiten der Republik bekannt. Zunächst für die Götter und den Staat in seiner Gesamtheit reserviert, wurde *maiestas* bald auch auf der politischen Ebene bedeutsam: Sie gewährleistete die Autorität und die Unverletzlichkeit der Magistrate. In den Turbulenzen der späten Republik mutierte die *maiestas* zu einem nun auch strafrechtlich relevanten Kampfbegriff. In mehreren Gesetzen wurde definiert, welche Tatbestände als eine Verletzung der *maiestas* gelten konnten, wie etwa Hochverrat oder Landesverrat. In diesem Fall galt die *maiestas* des römischen Staates und des römischen Volkes als verletzt. Strafprozesse fanden vor einem speziellen Gerichtshof statt, Verurteilten drohte in der Regel die Verbannung. Mit dem Prinzipat erhielt die *maiestas* abermals eine neue Dimension. Augustus selbst hatte entsprechende Vorkehrungen getroffen, denn er hatte in der *maiestas* ein geeignetes Instrument erkannt, um der Herrschaft noch mehr Stabilität zu verleihen. Der Prinzeps umgab sich mit ihr in Gestalt einer durch die Tradition autorisierten Aura, die möglichen Gegnern den Wind aus den Segeln nehmen sollte. Wer gegen den Kaiser eine Verschwörung organisierte, seine Stellung nicht respektierte oder ihn persönlich beleidigte, beging ein Verbrechen gegen die *maiestas*. Für ein entsprechendes Verfahren hatte Augustus mit einer *lex Iulia maiestatis* eine gesetzliche Grundlage geschaffen, mittels derer es ihm beispielsweise möglich gewesen war, den Kreis um seine Tochter Iulia, die er in die Verbannung schickte, als Verschwörer zu brandmarken.

Unter Tiberius kam es zu einer signifikanten Häufung von Majestätsprozessen. Insgesamt etwa sechzig solcher Fälle sind bekannt. Die Tiberius nicht freundlich gegenüberstehenden Quellen sehen darin einen Beleg dafür, dass er je länger, desto mehr zu einem mit Gewalt regierenden Tyrannen und Despoten wurde, der sich an seinen eigenen Bluttaten berauschte und die kleinsten Vorgänge zum Anlass nahm, tatsächliche oder vermeintliche Gegner zu beseitigen. Jedoch ist die zahlenmäßige Zunahme solcher Prozesse eher eine logische Folge des Systems Prinzipat gewesen als Ergebnis einer Wandlung des Herrschers vom Prinzeps zum blutrünstigen Tyrannen. Unter Augustus war das Prinzipat noch eine Ausnahmegewalt gewesen. Dadurch, dass er in der Person des Tiberius einen Nachfolger gefunden hatte, war es als System etabliert worden. Und es beruhte ganz wesentlich darauf, dass der Prinzeps als Autorität akzeptiert und respektiert wurde – was bei Tiberius mit zunehmender Regierungsdauer immer weniger der Fall war. Ein weiterer Grund dafür, dass die Zahl der Fälle stieg, lag in einer Bestimmung des augusteischen Majestätsgesetzes. Anzeigen wurden nicht von Staats wegen veranlasst, sondern man reagierte auf private Initiativen sogenannter Delatoren, die eine Prämie lockte: Wurde der Angezeigte schuldig gesprochen, erhielt der Delator ein Viertel von dessen Vermögen. Es war klar, dass die Aussicht auf eine solche Belohnung auch viele Denunzianten auf den Plan rief.

Wenn Tiberius einen Anteil am Anstieg der Zahl von Majestätsprozessen hatte, dann dadurch, dass er im Laufe der Zeit desto empfindlicher reagierte, je mehr er spürte, dass seine Autorität bei Senat und Volk litt. Am Anfang seiner Herrschaft gab sich der Prinzeps noch moderat. Gefragt, ob er wünsche, dass Majestätsklagen angenommen werden sollten, antwortete er: Gesetze seien dazu da, dass man sie anwende.[34] Ihn ärgerten, wie Tacitus berichtet, von anonymen Verfassern publizierte Spott- und Schmähgedichte. Damit befand er sich in bester Gesellschaft mit seinem Vorgänger Augustus, der ebenfalls nach Autoren von Pamphleten hatte fahnden lassen, die ihn und andere Männer und Frauen aus den oberen Gesellschaftskreisen aufs Korn genommen hatten.

Für das Jahr 17 schildert Tacitus einen Fall ganz ausführlich und liefert damit ein Beispiel für den Ablauf solcher Prozesse, die Argumentation der Beteiligten und die Haltung des Kaisers.[35] Im Mittelpunkt stand Appuleia Varilla, eine Enkelin der Octavia, der Schwester des Augustus. Ein Delator beschuldigte sie, Augustus, Tiberius und dessen Mutter Livia mit unflätigen Reden beleidigt zu haben. Außerdem warf er ihr Ehebruch vor. Der Kaiser nahm Stellung, betonte, dass über den Ehebruch schon Augustus in seinen Gesetzen – gemeint sind die Ehe- und Sittengesetze – genug gesagt habe. Wegen Majestätsverbrechens sollte sie nur belangt werden, sofern es als erwiesen gelten konnte, dass sie sich über Augustus ausgelassen habe. Was sie über ihn selbst gesagt habe, solle nicht Gegenstand der Untersuchung sein. Auf die Frage, wie man mit den Beleidigungen gegenüber Livia umgehen solle, gab der Kaiser keine Antwort. Erst bei der nächsten Sitzung des Senats verkündete er, auch was gegen seine Mutter vorgebracht worden sei, solle nicht als Verbrechen behandelt werden. Wegen des Ehebruchs solle man die Beklagte in die Verbannung schicken, 200 Meilen von der Hauptstadt Rom entfernt. Offensichtlich kam es Tiberius zumindest in diesem Fall darauf an, eine – wenn auch entfernte – Angehörige der kaiserlichen Familie mit dem Skandal eines Majestätsprozesses zu verschonen.

Vier Jahre später ging es abermals um die kaiserliche Familie.[36] Ein Delator klagte einen schriftstellerisch tätigen Prominenten namens Clutorius Priscus an. Zwei Jahre zuvor hatte dieser einigen Ruhm erworben mit einem lyrischen Nachruf auf den verstorbenen Germanicus. Dieser Epilog muss auch zur Zufriedenheit des Tiberius ausgefallen sein, denn der Kaiser zahlte ihm dafür eine großzügige Prämie. Der Delator behauptete, der Autor habe nun auch den Tod des zu diesem Zeitpunkt erkrankten Tiberius-Sohnes Drusus vorweggenommen und ein entsprechendes Gedenkgedicht geschrieben – offenbar in der Hoffnung, dafür noch mehr Geld vom Kaiser zu bekommen. Er hatte das Werk sogar schon öffentlich vorgetragen, vor einem handverlesenen Publikum vornehmer Frauen, »aus Eitelkeit«, wie Tacitus meint, der immer gleich wusste, welche Beweggründe und Motivationen hinter den Handlungen der Menschen standen. Da Tiberius sich gerade nicht in Rom aufhielt, wurde der Fall im Senat in seiner Abwesenheit behandelt. Nach der Befragung von Zeugen und einiger Diskussion wurde der Dichter auf Antrag eines designierten Konsuls zum Tode verurteilt. Das Urteil wurde sofort vollstreckt. Tiberius reagierte, als er davon erfuhr, ungehalten. Allerdings nicht wegen der harten Strafe. Inzwischen reichten geringfügige Vergehen oder auch nur der Verdacht eines solchen Vergehens aus, um einen Majestätsprozess anzustrengen. Vielmehr gefiel es ihm nicht, dass man nicht gewartet hatte, bis er seine Einschätzung des Falles hatte geben können. Und so ordnete er an, dass ein vom Senat zum Tode Verurteilter nicht vor Ablauf von zehn Tagen hingerichtet werden sollte. Dieser Fall ist ein weiterer Beleg für das schwierige Verhältnis zwischen Kaiser und Senat, aus der Sicht der Senatoren wohl auch eine Demonstration der Macht gegenüber einem Herrscher, dessen Toleranz sie nun immer mehr und auch bewusst strapazierten.

Im Jahr 25 sorgte der Fall Cremutius Cordus für Aufsehen.[37] Der Beklagte war ein schon hochbetagter, bekannter Geschichtsschreiber. Man warf ihm vor, in einem seiner Werke Marcus Brutus gelobt und Gaius Cassius als »letzten Römer« bezeichnet zu haben. Die beiden Protagonisten bei dem Attentat auf Iulius Caesar an den Iden des März des Jahres 44 v. Chr. galten in der offiziellen kaiserlichen Geschichtsdeutung als Mörder und Verräter, war der Dictator Caesar doch in doppelter Hinsicht Ahnherr der von Augustus begründeten Herrscherdynastie: Er war der Adoptivvater des Augustus gewesen, als dieser noch Octavian geheißen hatte, und er hatte die Republik beseitigt und damit der Monarchie den Weg bereitet. Insofern stand er im kaiserlichen Rom gewissermaßen unter Denkmalschutz. Seine Mörder zu loben, mit einem Cassius gar die »richtige« römische Geschichte enden zu lassen, hieß, dieses Denkmal ins Wanken zu bringen, und das war Majestätsbeleidigung. Beobachter registrierten aufmerksam die finstere Miene, die Tiberius aufsetzte, als der Angeklagte seine Verteidigungsrede ablieferte. Sein flammendes, geschickt komponiertes Plädoyer für die Freiheit des Wortes und der Rede stieß bei jenem Prinzeps, der sich sonst gerne als Bewahrer alter, auch republikanischer Werte gerierte, auf wenig Gegenliebe. Und während er also eine finstere Mine aufsetzte, bewies der Historiker Cremutius Cordus, wie gut er sich in der Geschichte der Römer auskannte, indem er eine ganze Reihe von Präzedenzfällen präsentierte, die sein angebliches Fehlverhalten relativieren sollten: Auch andere, die über Brutus und Cassius schrieben, hätten anerkennende Worte gefunden. Und der große Historiker Livius, der Verfasser einer berühmten und viel gelesenen Geschichte Roms von den Anfängen bis in die Gegenwart, eine Art moralisches Gewissen der Römer, habe Pompeius, den Gegenspieler Caesars, in einer Weise gepriesen, dass Augustus ihn einen »Pompeianer« nannte – und das nicht im negativen Sinn. Auch Caesar selbst, also das Opfer des von Brutus und Cassius organisierten Attentats, führte Cremutius Cordus als Exemplum für römische Toleranz und Liberalität an. Als Cicero Cato, einen

Gegner Caesars lobte, habe Caesar souverän reagiert und mit einer Gegenschrift geantwortet. Caesar und Augustus nahmen, behauptete der Historiker, Schmähungen gelassen und mit Haltung hin. Ganz zu schweigen von den Griechen, die nicht nur die Freiheit, sondern auch die Frechheit liebten. Und dann hob der Angeklagte zur rhetorischen Schlussoffensive an, die Tacitus, der in Cremutius Cordus einen engen Verwandten im Geiste sah, in wohl engem Anschluss an das tatsächlich Gesagte so zitiert:

> *»Stehen denn Brutus und Cassius noch unter Waffen, behaupten sie noch das Feld von Philippi, und rufe ich für sie durch öffentliche Reden das Volk zum Bürgerkrieg auf? Oder sind sie nicht in Wirklichkeit vor nunmehr siebzig Jahren gefallen und wollen nur ihren Platz in den Geschichtswerken behaupten, wie man sie doch auch aus ihren Bildnissen kennt, die nicht einmal der Sieger vernichtet hat? Einem jeden wägt doch die Nachwelt sein Maß an Ehre zu. Und wenn mich die Verurteilung trifft, so wird es nicht an Leuten fehlen, die nicht nur des Brutus und Cassius, sondern auch meiner gedenken werden.«*

Die Rede war gut, der Auftritt beeindruckend. Kaiser und Senatoren nahmen die Geschichtslektion zur Kenntnis, Tiberius dachte vielleicht an seinen eigenen, seinen richtigen Vater, den ihm Augustus, als er noch der junge Bürgerkrieger Octavian gewesen war, weggenommen hatte und der sich von einem Caesar-Anhänger zu einem bekennenden Sympathisanten von Brutus und Cassius gewandelt hatte. Doch am Befund und am Urteil änderte sich nichts: Cremutius Cordus wurde des Majestätsverbrechens für schuldig befunden. Immerhin ersparte man ihm die Hinrichtung und ließ ihn einen freiwilligen Hungertod sterben. Die Senatoren wollten daraufhin seine Bücher verbrennen lassen, taten es auch, doch blieben Exemplare und Abschriften – auch aufgrund der Initiative Marcias, der Tochter des Cremutius Cordus – weiter im Umlauf, als freiheitliches Gewissen in monarchischen Zeiten.

Wie Cassius Dio bezeugt, fanden seine Schriften »gerade wegen des traurigen Schicksals ihres Verfassers viel lebhafteres Interesse«. Tacitus nutzt die Gelegenheit, nach der Schilderung des Schicksals des Cremutius Cordus allen Machthabern, die glauben, sich durch Beseitigung von ihnen nicht genehmen Schriften und Meinungen eine störungsfreie Herrschaft sichern zu können, die folgenden Sätze ins Stammbuch zu schreiben:

> *»Man muss über die Torheit derer spotten, die das glauben, sie könnten durch ihren augenblicklichen Machtanspruch auch das Gedächtnis späterer Zeiten zerstören. Im Gegenteil, man bestrafe die Geisteshelden, ihr Ansehen wird damit nur noch größer. Auch ausländische Könige oder alle, die mit der gleichen Grausamkeit wüteten, haben nie etwas anderes erreicht, als dass sie selbst Schmach, jene aber Ruhm ernteten.«*

Waren diese Worte auch auf Tiberius gemünzt? Wahrscheinlich sogar in erster Linie, jedenfalls auf den Tiberius des Tacitus. Der echte Tiberius spielte in der Cordus-Affäre eine merkwürdig zurückhaltende Rolle. Diejenigen, die das Heft des Handelns in der Hand hielten, waren die Senatoren. Nicht eindeutig verifizierbaren Aussagen zufolge war der eigentliche Drahtzieher des Prozesses gegen Cremutius Cordus der mächtige Prätorianerpräfekt Seian, mit dem sich Cordus zuvor angelegt haben soll.[38] Tatsächlich waren beide Ankläger im Prozess Leute Seians.[39] Vielleicht fühlte sich Tiberius bei diesem Prozess gefangen in einem Geflecht aus den Interessen seines wichtigen Unterstützers Seian, dem wachsenden Selbstbewusstsein der Senatoren gegenüber einem von ihnen als schwachen Charakter diagnostizierten Prinzeps und seiner eigenen, durch den Vater geprägten familiären Vergangenheit.

Der echte Tiberius war kein glühender Anhänger von Majestätsprozessen. Sie gehörten zu der Logik eines monarchischen Systems, das die Aufgabe hatte, die Herrschaft des Prinzeps zu sichern und zu garantieren und ihn zugleich auch zu schützen. Gleichwohl haben seine Gegner – sowohl diejenigen, die mit ihm konkret zu tun hatten als auch die meisten Quellenautoren – diese Prozesse instrumentalisiert, um ihn als grausamen, tyrannischen Despoten zu charakterisieren. Stellvertretend dafür steht eine Passage bei dem Biographen Sueton,[40] der einzelne Informations-Bausteine zu einem großen, in sich geschlossenen Kampagnen-Gebäude zusammenfügt. Indem er diese Passage mit dem Satz »Grausam und gefühllos war er von Natur aus« einleitet, suggeriert er der Leserschaft zugleich, in welche Richtung sie bei den dann folgenden Aussagen zu denken hat. Den Auftakt bildet der Satz des Tiberius, Gesetze seien dafür da, dass sie angewandt würden. Und sodann schließt sich eine Zusammenstellung einzelner Fälle an, von Sueton so ausgewählt, dass die Vergehen in ihrer Banalität umso schärfer mit den verhängten Strafen kontrastieren:

*»Jemand hatte einer Statue des Augustus den Kopf abgenommen, um ihr einen anderen aufzusetzen. Es kam zu einer Verhandlung vor dem Senat und, weil bestehende Zweifel an der Schuld des Angeklagten nicht ausgeräumt wurden, zu einer Untersuchung unter Anwendung der Folter. Es kam zu einer Verurteilung des Angeklagten. Seitdem ging man mit der Zeit in der böswilligen Auslegung von Vorfällen so weit, dass schon Folgendes unter die Kapitalverbrechen mit Todesfolge fiel: in der Nähe eines Bildnisses des Augustus einen Sklaven zu verprügeln, die Kleider zu wechseln, eine Münze oder einen Ring mit dem Bild des Augustus auf die Latrine oder in das Bordell mitzunehmen oder einen Ansatz von Kritik an einem Wort oder einer Tat des Augustus vernehmen zu lassen.«*

Diese Darstellung ist weniger für eine historische Einordnung der Majestätsprozesse aufschlussreich als vielmehr als Information darüber, was im Rom des Tiberius Menschen um Bilder des Augustus herum alles so machten. So richtig erschließt sich allerdings nicht, wodurch man veranlasst sein konnte, in der Nähe eines Bildes des Augustus die Kleider zu wechseln. Andererseits gab es in Rom so viele Bilder des Augustus, dass es fast unmöglich war, etwas zu tun, ohne dass sich ein solches Porträt in der Nähe befand. So gesehen war die Zahl der Majestätsprozesse in der Ära Tiberius sogar noch ziemlich niedrig. Das gilt auch für die Zeit nach dem Rückzug nach Capri, als Tiberius nach Ausweis der ihm gegenüber negativ eingestellten Quellen bei den Prozessen und den Verfolgungen jegliches Maß verloren haben soll.

## »Innerhalb der Grenzen des Reiches«: Tiberius und die Außenpolitik

In den Unterlagen, die Augustus seinem Nachfolger Tiberius hinterlassen hatte, um ihn für seine schwere Aufgabe zu präparieren, fand dieser, der neue Prinzeps, neben einer Aufstellung der militärischen Machtmittel, der Steuern, Abgaben und Spenden im Römischen Reich einen bemerkenswerten Ratschlag: Er solle das Reich innerhalb seiner Grenzen halten – ein viel zitierter und viel interpretierter Satz, der sich auf Latein wieder schöner liest als in der deutschen Übersetzung: *consilium coercendi intra terminos imperii*. Tacitus, der diesen Satz überliefert[41] und sich wie üblich nicht zurückhalten kann, ihn zu kommentieren, ist sich nicht ganz sicher, ob Augustus diese Empfehlung gab, weil er sich um das Imperium sorgte oder weil er eifersüchtig darüber wachen wollte, dass der Nachfolger nicht mehr außenpolitische Meriten erwerben würde als zuvor er selbst.

Die Grenzen des Reiches orientierte die römische Administration bevorzugt an geographischen Fixpunkten, am liebsten an großen Flüssen. In der Zeit des Tiberius markierten der Rhein, die Donau und der Euphrat die Grenzen des Imperiums im Norden beziehungsweise Osten. Im Süden, in Afrika, bildeten die Küstengebirge wie der Atlas und die Wüste Sahara die *termini imperii*. Augustus selbst hatte eine ausgesprochen expansive Politik betrieben, sowohl im Westen als auch im Osten, wo er sich mit Roms großem Rivalen, den Parthern, schließlich diplomatisch arrangiert hatte. Seine Germanienpolitik, deren Ziel darin bestanden hatte, das römische Imperium bis zur Elbe auszudehnen, hatte mit einem grandiosen Fehlschlag geendet. Offiziell präsentierte sich Augustus als Friedenskaiser – und doch hat es nach ihm nur wenige Kaiser gegeben, die mehr Eroberungspolitik betrieben. Aber Frieden – *pax* – bedeutete in Rom nicht den Verzicht auf kriegerische Aktionen, also einen erstrebenswerten Zustand an sich: Es musste vielmehr zuvor ein Krieg geführt werden, damit Frieden eintreten könne.

Es besteht kein Grund daran zu zweifeln, dass Augustus Tiberius außenpolitische Zurückhaltung auferlegt hat. Über die Motive kann man streiten – Eifersucht, wie von Tacitus unterstellt, dürfte kaum eine Rolle gespielt haben. Der Begriff gehörte zum festen argumentativen Repertoire des Historikers, er konnte sich nicht vorstellen, dass in der Politik auch andere Aspekte das Denken und Handeln bestimmen als niedere menschliche Instinkte. Der Tiberius des Tacitus ist ein beklagenswertes Produkt dieser Einstellung. Die Ratio in dem Rat des Augustus mag darin bestanden haben, dass er es unter dem Eindruck der gescheiterten Germanienpolitik für sinnvoll und notwendig erachtete, künftig auf größere militärische Abenteuer zu verzichten und sich an das zu halten, was man hatte. Platziert war die Empfehlung zudem am Ende einer buchhalterischen Bilanz der finanziellen Mittel, über die das Reich verfügte. Kriege verschlangen viel Geld, und so dürfte auch der Blick auf die Finanzen Augustus dazu bewogen haben, sich für eine zurückhaltende Außenpolitik auszusprechen.

Überblickt man die außenpolitischen und militärischen Aktivitäten Roms in der Zeit des Kaisers Tiberius, so hat es den Anschein, als habe sich der zweite Prinzeps streng an die Vorgabe seines Vorgängers gehalten. Es gab keine größeren kriegerischen Unternehmungen, der territoriale Bestand des Reiches im Jahr 37 n. Chr., als Tiberius starb, entsprach im Wesentlichen dem von 14 n. Chr., als er die Regierung übernommen hatte. Als Kaiser war Tiberius militärisch viel weniger aktiv als in jenen Zeiten, als er als oberster Soldat des Augustus unterwegs gewesen war. Konsolidierung, Bewahrung des Bestehenden – von diesen Leitlinien, die ganz sicher den Beifall des Augustus gefunden hätten, war seine Außenpolitik bestimmt. So gab es keine außenpolitischen Abenteuer mehr. Wenn es zu militärischen Einsätzen kam, so handelte es sich um Reaktionen auf Bedrohungssituationen. Auf eigene Feldzüge verzichtete der neue Kaiser. Dass er mit dieser restriktiven Politik bei den Soldaten und deren Führung nicht unbedingt Pluspunkte sammelte, weil das Ausbleiben von Feldzügen und Kriegen die Möglichkeit der Legionäre einschränkte, ihr Salär durch Raub und Beute aufzubessern, nahm er in Kauf. Augustus hatte auch und vor allem deswegen eine extensive Eroberungspolitik betrieben, weil er in seiner Eigenschaft als Prinzeps hatte unter Beweis stellen müssen, dass er die Primärtugend der *virtus* besaß, also der militärischen Leistungsfähigkeit, die seit den Zeiten der Republik, als sich Rom von einer Regionalmacht zu einer Weltmacht entwickelte, als wichtigstes Element der Reputation und des Sozialprestiges eines römischen Aristokraten galt. Diesen Nachweis musste Tiberius nicht erbringen. Er hatte bereits gezeigt, dass er das Metier des Soldaten perfekt beherrschte und damit jenes Maß an *virtus* besaß, das ihn nach dem römischen Wertekodex für eine Spitzenposition im Staat qualifizierte.

Aus diesen Gründen war Tiberius kein Erobererkaiser. Die Legionen agierten in seiner Regierungszeit, wie es Augustus geraten hatte, innerhalb der bestehenden Grenzen des Imperiums. Außenpolitik unter Tiberius bedeutete daher im Wesentlichen Reichsinnenpolitik – außerhalb von Rom und Italien, aber innerhalb der Grenzen des Imperiums. Relevante außenpolitische Ereignisse sind fast ausschließlich in den ersten zwölf Jahren seiner Herrschaft zu finden. Nach seinem Rückzug nach Capri blieben solche Aktivitäten nahezu vollständig aus.

Die erste Bewährungsprobe, die Tiberius in seiner neuen Funktion zu bestehen hatte, war ein Aufstand der römischen Legionen in Pannonien und Niedergermanien. Sie nutzten den Herrscherwechsel, um ihre Wünsche und Forderungen zu artikulieren. Unter anderem verlangten sie mehr Geld und die Verkürzung der Dienstzeit von zwanzig auf sechzehn Jahre.[42] Die Forderungen waren nicht gegen Tiberius als Person gerichtet. Wegen seiner

Meriten in der Vergangenheit stand er bei den Soldaten in einem guten Ruf. Auf diesen Vertrauensvorschuss baute er auch, als er seinem Sohn Drusus, den er gemeinsam mit Seian mit der Erledigung der Angelegenheit beauftragte, einen Brief an die meuternden Soldaten mitgab.[43] Darin betonte er seine Zuneigung zu seinen »tapfersten Legionen, mit denen er so viele Kriege durchgestanden habe«. Er erinnerte sie daran, dass er sich wegen des Todes des Augustus noch in Trauer befand – kein ungeschickter Schachzug, brachte er die Militärs damit doch in Verlegenheit, weil sie ihn in einer schwierigen persönlichen Situation mit ihren materiellen Forderungen konfrontierten. Alles Weitere würde zu gegebener Zeit in Absprache mit dem Senat geklärt werden. Diese Zusicherungen entsprachen nicht den Erwartungen der Soldaten, und nur mit Mühe gelang es Drusus, die Wogen zu glätten.

Porträt des Germanicus: strahlender Held und Rivale des Tiberius

Wirklich gefährlich war der Aufstand in Pannonien für Tiberius nicht. Anders verhielt es sich in Germanien. Hier führte Germanicus das Oberkommando, der beliebte Sohn des Tiberius-Bruders Drusus, den Tiberius zehn Jahre zuvor auf Veranlassung des Augustus adoptiert hatte. Zu diesem Zeitpunkt war Germanicus 29 Jahre alt, verkörperte den Typus des strahlenden, jugendlichen Helden und bildete insofern ein Kontrastprogramm zu dem 26 Jahre älteren Tiberius, der im Vergleich hölzern und bieder wirkte. Verheiratet war Germanicus seit 5 n. Chr. mit Agrippina, einer Tochter des Vipsanius Agrippa aus dessen Ehe mit der Augustus-Tochter Iulia, die später die zweite Frau des Tiberius wurde. Die beiden wurden mit einer reichen, aus neun Köpfen bestehenden Kinderschar gesegnet. Zwei Jahre bevor Tiberius Prinzeps geworden war, hatte Agrippina einen Sohn namens Gaius zur Welt gebracht, von dem damals noch niemand ahnte, dass er einmal unter dem Spitznamen Caligula die Nachfolge des Tiberius antreten würde. Und es ahnte auch keiner, das dessen Schwester Agrippina (zur besseren Unterscheidung firmiert sie in modernen Darstellungen als Agrippina III. – nach Vipsania Agrippina I., der ersten Frau des Tiberius, und Agrippina II., ihrer Mutter) einmal die Ehefrau des Kaisers Claudius sein würde, und ihr Sohn Nero (allerdings von einem anderen Mann) dessen Nachfolger.

Beim Tod des Augustus hatte sich Germanicus in seiner germanischen Provinz aufgehalten und sich in der Belgica eine Steuerschätzung vorgenommen. Als nun die Nachricht von der Meuterei eines Teils der am Rhein stationierten Legionen eintraf, eilte er an den Ort des Geschehens.[44] Die Anführer der Meuterei erklärten die Unbotmäßigkeit mit harten Arbeitsbedingungen, kärglichem Sold und Züchtigungen als Strafe für Verfehlungen. Nun, da Germanicus da und der Kaiser fern war, erschien der Adoptivsohn des Kaisers vielen Soldaten als eine Art Heilsbringer. Sie ließen ihn wissen, lieber ihn als Kaiser haben zu wollen als Tiberius. Wenn er dazu bereit wäre, könne er ihrer Unterstützung sicher sein. Germanicus widerstand der Versuchung und inszenierte einen theatralischen Auftritt, indem er Anstalten machte, sich das Schwert in die Brust zu stoßen, verbunden mit dem Ausruf, er wolle lieber sterben als die Treue verletzen. Natürlich erwartete er, dass ihn die Soldaten an der Vollendung dieser suizidalen Anwandlung hindern würden. Zu seiner Überraschung eilten nur wenige besorgt herbei. Der Rest schaute zu, und einige ermunterten ihn geradezu, das

Werk doch zu vollenden.[45] Germanicus verzichtete auf die Ausführung der Tat – und erkannte wohl, dass er keine gute Figur gemacht hatte.

Und er wusste nun, dass ihn am Rhein eine schwere Aufgabe erwartete. Insgesamt acht Legionen hatten sich an dem Aufstand beteiligt. Germanicus sah sich veranlasst, mit äußerster Härte vorzugehen: Der Aufstand, dessen Bekämpfung er von der Colonia Claudia Ara Agrippinensium (heute kürzer und prägnanter: Köln) aus koordinierte, endete mit einem Massaker. Die Vorgänge am Rhein waren nicht geeignet, das Prestige des neuen Kaisers zu steigern. Die blutige Niederschlagung einer Meuterei der eigenen Soldaten war für den Prinzeps alles andere als eine gute Referenz. Man kritisierte ihn auch dafür, dass er nicht persönlich an den Rhein geeilt, sondern in Rom geblieben war.[46] Er hätte, so hieß es, selbst gehen und die aufrührerischen Soldaten mit seiner kaiserlichen Autorität in die Schranken weisen müssen. Augustus sei noch im hohen Alter nach Germanien gereist, während der oberste Kriegsherr Tiberius seine Zeit im Senat in Rom verbrachte. Doch Tiberius ließ sich von diesen Einlassungen nicht beirren. Er sah seinen Platz in der Hauptstadt und begründete dies auch damit, dass er sich ansonsten hätte entscheiden müssen, welchen Schauplatz er zuerst hätte aufsuchen sollen – Pannonien oder Germanien? Auf jeden Fall hätten sich die Legionäre, die er nicht zuerst mit seiner Anwesenheit beehrt hätte, zurückgesetzt gefühlt und vielleicht noch mehr zu Aufruhr veranlasst gesehen.

Als die Beendigung der Meuterei nach Rom gemeldet wurde, trat Tiberius vor den Senat, berichtete von den Erfolgen und lobte die Qualitäten des Germanicus. Selbstverständlich zweifelt der kategorisch gegen Tiberius eingestellte Tacitus an der Ehrlichkeit dieser Worte. Seiner Deutung nach redete der Kaiser »mit so schönen Worten, dass man an ihre Aufrichtigkeit nicht recht glauben konnte«. Eine wesentlich andere Interpretation würde man von Tacitus nicht erwarten. Sie diente in diesem Fall auch dazu, einen Gegensatz zwischen Tiberius und Germanicus aufzubauen, der bei der Darstellung der folgenden Ereignisse bis zum Tod des Germanicus im Jahr 19 das herausragende Leitmotiv des Historikers darstellt. Alternative Deutungen hat er sich durch diese dogmatische Haltung verbaut. Doch es kann tatsächlich nicht bezweifelt werden, dass Tiberius wieder einmal kein Glück hatte. Zwar plagte es ihn nicht Tag für Tag ernsthaft, dass Germanicus ein so erfolgreicher Feldherr und eine so faszinierende Persönlichkeit war, der die Herzen der Menschen nur so zuflogen. Doch sicher wäre für ihn in den ersten fünf Jahren seiner Herrschaft manches einfacher gewesen, wäre da nicht eine so charismatische Persönlichkeit wie Germanicus gewesen.

Germanicus kehrte nun, da die Meuterei niedergeschlagen war, nicht nach Rom zurück. Noch im selben Jahr 14 startete er eine Offensive über den Rhein ins freie Germanien. Das Heer bestand aus 12 000 Mann: Die Soldaten der niedergermanischen Legionen wurden um Reiterkontingente und Hilfstruppen ergänzt. Selbst bei großzügigster römerfreundlicher Auslegung konnte dieser Angriff nicht als Sicherungsmaßnahme ausgegeben werden. Es handelte sich schlicht um einen Überfall. Erstes Opfer war der Stamm der Marser, die zwischen den Flüssen Lippe und Ruhr siedelten. Sie wurden von der Attacke völlig überrascht.[47] Männer, Frauen und Kinder wurden getötet, das Stammesheiligtum zerstört. Danach zogen sich die Angreifer wieder hinter den Rhein zurück.

Den Römern war das Recht heilig. Nichts durfte passieren, was rechtlich nicht abgedeckt war. Auch nicht in der Außenpolitik und im Kriegswesen. Germanicus agierte bei dem Überfall auf die wehrlosen Marser nicht in einem rechtsfreien Raum: Er durfte so handeln, weil ihm im Rahmen der denkwürdigen Senatssitzung am 17. September 14 n. Chr., in der die Kür des Tiberius zum neuen Prinzeps vollzogen worden war, das *imperium proconsulare* erneuert worden war, also jene prokonsularische Amtsgewalt, die ihm bei seinem Kommando am Rhein die Möglichkeit und das Recht gab, eigenständig militärische Aktionen durchzuführen.

Tiberius war, wie es aussieht, nicht eingeweiht. Das Massaker an den Marsern ging auf das Konto des Germanicus. Einen sachlichen Grund gab es nicht, außer dass in der Nähe der Wohngebiete dieses Stammes die desaströse Niederlage des Varus gegen den Cheruskerfürsten Arminius stattgefunden hatte und die Marser als Prämie zwei der damals von den Germanen eroberten römischen Legionsadler erhalten hatten. Die Niederlage im Teutoburger Wald lag gerade einmal fünf Jahre zurück. Die antiken Politiker und Historiker waren sich einig: Sie gehörte zusammen mit der Schlacht von Cannae 216 v. Chr. im Zweiten Punischen Krieg gegen die Karthager unter Hannibal und der Niederlage des Crassus 53 v. Chr. bei Carrhae gegen die Parther zu den größten militärischen Desastern der römischen Geschichte. Sie war ein tiefer Stachel im imperialen Selbstbewusstsein der Römer. Sie hatte den Nimbus der Römer nicht nur in der germanischen Welt, sondern auch bei anderen Völkern zwar nicht zerstört, aber doch stark beeinträchtigt. Kompensation war gefragt, ein Zeichen, dass es Rom noch gab, dass Rom jederzeit in der Lage war, seine militärische Handlungsfähigkeit unter Beweis zu stellen.

Doch etwas anderes war wichtiger: Der Zug gegen die Marser war ein Akt der psychologischen Kompensation. Tacitus findet dafür eine zwar pathetische, aber doch gelungene, weil die Mentalität und die Stimmung der Soldaten gut artikulierende Formulierung, wenn er die Befindlichkeit der römischen Rheinarmeen nach dem Ende der Meuterei so beschreibt: »Die auch jetzt noch wild erregten Gemüter überkommt plötzlich das Verlangen, gegen den Feind zu ziehen und so ihre Raserei zu sühnen. Nicht anders könnten die Manen der erschlagenen Kameraden besänftigt werden, als wenn ihre schuldige Brust ehrenvolle Wunden empfinge.«[48]

Übersetzt bedeuten diese Angaben: Die Energien, die sich bei der Meuterei aufgestaut und die man gegeneinander investiert hatte, sollten auf den Feind abgelenkt werden. Auch der 29-jährige Germanicus war erfahren genug, um zu wissen, dass der Export innerer Probleme ein probates Mittel ist, interne Querelen zu überwinden.

Der Überfall auf die Marser war der Auftakt zu weiteren militärischen Unternehmungen auf rechtsrheinischem Gebiet, die sich unter der Führung des Germanicus bis in die Mitte des Jahres 17 n. Chr. erstreckten. Während der ersten vier Jahre der Herrschaft des Tiberius gab es in Germanien kontinuierlich Krieg. Dabei handelte es sich nicht mehr um weit dimensionierte Eroberungszüge im Stile eines Augustus. Der Plan, das Imperium bis zur Elbe zu erweitern, war mit der Niederlage im Teutoburger Wald zu den Akten gelegt worden. Jedoch galt es, nach innen und nach außen Stärke zu demonstrieren, insbesondere auch gegenüber den Germanen, die, selbstbewusster geworden, möglicherweise nun ihrerseits Ambitionen Richtung Rhein und Römisches Reich entwickelten. Für Germanicus persönlich waren die Feldzüge in Germanien die Chance, sein positives Image in der römischen Öffentlichkeit noch weiter auszubauen – wenn er, wie er hoffte, immer wieder Siegesnachrichten aus dem hohen Norden über die Alpen nach Italien senden würde. Als Adoptivsohn des aktuellen Prinzeps war er darüber hinaus dessen designierter Nachfolger. Das Beispiel des Tiberius hatte gezeigt, dass militärische Erfolge geeignet waren, diese Anwartschaft deutlich zu unterstreichen.

Es war klar, dass Germanicus die erweiterten Unternehmungen der Jahre 15 bis 17 nicht ohne Absprache mit dem Kaiser durchführen konnte.

Und es war ebenso klar, dass sich Tiberius' Begeisterung in Grenzen hielt – und dies aus guten Gründen. Allerdings war es wohl nicht, wie von dem Kritiker-Protagonisten Tacitus beharrlich behauptet, die Eifersucht, die ihn antrieb, die Sorge, der ohnehin schon so beliebte Germanicus würde mit Siegen auf der Profilierungsbühne Germanien eine Position gewinnen, das ihn, den Kaiser, völlig ins Abseits stellen würde, wenngleich auch Sueton die Version von dem neiderfüllten Tiberius bedient, der alles getan habe, um Germanicus nicht in einem zu guten Licht erscheinen zu lassen: »Germanicus gegenüber war er dermaßen missgünstig eingestellt, dass er sowohl seine hervorragenden Taten als vollkommen unnütz und auch seine Siege, die äußerst rühmlich waren, als schädlich für den Staat verhöhnte.«[49] Alle antiken Autoren bleiben ihrer Linie treu, so natürlich auch Velleius Paterculus, der den Sachverhalt in gewohnter Weise ganz anders deutet. In einer panegyrischen literarischen Ansprache an den hoch verehrten Kaiser betont er: »Wie gut hatte er seinen Germanicus geschult, den er ins Kriegshandwerk eingeweiht hatte und den er dann als Bezwinger Germaniens begrüßen konnte. Mit welchen Ehren überhäufte er den jungen Mann und sorgte dafür, dass der Glanz des Triumphes der Größe seiner Taten entsprach.«[50]

Bezwinger Germaniens? Große Taten? Ein Euphemismus, denn insgesamt war die Leistungsbilanz des Germanicus bei seinen Unternehmungen in der freien germanischen Stammeswelt eher mager. Und sie bestätigten Tiberius in seiner Einschätzung, dass es nicht empfehlenswert war, sich auf eine Neuauflage der offensiven augusteischen Germanienpolitik einzulassen. Germanicus' Aktionen in Germanien erbrachten nicht viel an substantiellen Ergebnissen. Der Feldherr hatte dies auch nicht geplant. Die Präsenz des römischen Militärs auf germanischem Gebiet war Selbstzweck und nicht mit irgendwelchen weitergehenden Zielen verbunden.

Überwiegend waren die römischen Heere in diesen Jahren im heutigen Hessen (gegen die Chatten) und Nordwestdeutschland unterwegs. Auch die Cherusker, die bei der Schlacht im Teutoburger Wald unter Arminius eine ausschlaggebende Rolle gespielt hatten, kamen wieder ins Visier der Römer. Bei ihnen gab es zwei Parteien: eine Gruppierung, die auf gute Beziehungen zu den Römern setzte – ihr Repräsentant war der Fürst Segestes – und eine antirömische Abteilung mit dem Varus-Bezwinger Arminius an der Spitze. Es überrascht kaum, dass sich die Römer, als der interne Konflikt eskalierte, auf die Seite des Segestes schlugen und ihm zum Sieg gegen den Rivalen

Arminius verhalfen. Thusnelda, Segestes' Tochter und zugleich die Ehefrau des Arminius, kam in römische Gefangenschaft und wurde später, im Mai 17 n. Chr., als besondere Trophäe im Triumphzug des Germanicus in Rom mitgeführt.[51]

15 n. Chr. besuchte Germanicus den Ort im Teutoburger Wald, wo sich sechs Jahre zuvor die desaströse Niederlage ereignet hatte. Dabei handelte es sich nicht um einen zufälligen Besuch – anders als Tiberius war Germanicus mit demselben propagandistischen Talent wie Augustus gesegnet. Dort (aller Wahrscheinlichkeit nach beim heutigen Kalkriese in der Nähe von Osnabrück) bot sich ihnen ein Anblick des Grauens: »Mitten auf dem Feld lagen bleichende Knochen, teils zerstreut, teils haufenweise, je nachdem die Soldaten geflohen waren oder Widerstand geleistet hatten. Daneben fanden sich zerbrochene Waffen und Pferdegerippe, auch vorn an den Bäumen befestigte Menschenschädel. In den benachbarten Hainen standen die Altäre der Barbaren, an denen sie die Tribune und Centurionen ersten Ranges geschlachtet hatten.«

Germanicus sorgte nun dafür, dass folgende ergreifende Szenen in Rom gebührende Beachtung fanden:

> *»So bestattete das anwesende Römerheer im sechsten Jahr nach der Niederlage die Gebeine der drei Legionen, ohne dass jemand unterscheiden konnte, ob er fremde Reste oder die seiner Angehörigen mit Erde bedeckte. Man setzte alle wie Freunde, wie Blutsverwandte, bei, mit wachsender Erbitterung gegen die Feinde, Trauer und Hass im Herzen. Das erste Rasenstück zur Errichtung des Grabhügels legte Germanicus. So erwies er den Toten den ersehntesten Dienst und nahm Anteil an dem Schmerz der Lebenden.«*[52]

Was für ein starker Auftritt mitten in den Wäldern Germaniens! Auch seinen Triumphzug in Rom im Mai 17 n. Chr. nutzte Germanicus später, um den Römern vor Augen zu führen, was er in Germanien und am Ort der Varus-Schlacht alles geleistet hatte:[53] Unter den Beutestücken, Gefangenen und Nachbildungen der Berge, Flüsse und Schlachten, die aus diesem Anlass zum Kapitol getragen wurden, befanden sich auch Reminiszenzen an den gruseligen Ort im Teutoburger Wald. Hätte es damals schon Trauerkränze gegeben, hätte Germanicus sicher einige im Gepäck mitgeführt, und wenn Soldaten sie an ihrem Bestimmungsort niedergelegt hätten, hätte er eigenhändig noch einmal die Schleifen zurechtgezupft. Aber auch so erreichte seine Botschaft Rom: Germanicus erwies den Gefallenen der Varus-Schlacht die letzte Ehre und bestattete dabei nicht nur Römer, sondern auch Germanen. Das war ein beeindruckender Akt der Pietät. Dass Tiberius darüber weniger erfreut war, könnte man sich auch dann denken, wenn Tacitus es nicht explizit bezeugen würde.[54] »Tiberius billigte dies nicht«, sagt er lapidar, ohne zu verraten, woher er dieses Wissen bezog – der Prinzeps wird die Handlungsweise seines Neffen und Adoptivsohnes ja wohl kaum öffentlich verurteilt haben. Doch es gilt bei Tacitus hier, wie auch sonst, die Regel: Fakten hat er nicht erfunden, nur die Wertungen und Deutungen hat er seiner Darstellungsabsicht unterworfen. Und so fragt er sich an dieser Stelle, ob der Kaiser deswegen Bedenken hatte, weil er eben alles, was Germanicus tat, negativ auslegte oder weil er der Ansicht war, das Heer könne durch den Anblick, der sich am Ort des Geschehens bot, verunsichert werden. Eher wird Tiberius aber den von Tacitus auch erwähnten Standpunkt vertreten haben, dass Germanicus diese Prozedur aus kultischen Gründen nicht hätte durchführen dürfen. Denn der Feldherr bekleidete seit dem Jahr 7 n. Chr. das Auguren-Amt. Ihm oblag somit die Erkundung des göttlichen Willens, bei der Bestattung von Toten aber wurde seine rituelle Reinheit befleckt. Doch das war nur ein verbaler Nebenkriegsschauplatz. Wichtiger war, dass der Kaiser grundsätzliche Bedenken gegen die militärischen Operationen in Germanien hegte. Auch aufgrund der Empfehlungen des Augustus räumte er in der Germanienpolitik, wie überhaupt in der Außen- und Militärpolitik, der Sicherheit höhere Priorität ein als expansiven Unternehmungen. Der Verzicht auf das freie Germanien war eine der wichtigsten seiner außenpolitischen Maßnahmen: Damit hinterließ Tiberius nachhaltig seine Spuren in der Geschichte des römischen Imperiums. Bis Anfang 17 n. Chr. war Germanicus noch mit wechselndem Kriegsglück in Germanien unterwegs. Dann sprach der Kaiser ein Machtwort und erklärte die germanischen Operationen definitiv für beendet. Germanicus wurde nach Rom beordert, mit dem Anreiz eines Triumphzuges und der Aussicht auf ein weiteres Konsulat.[55] Seine Argumente legte der Prinzeps in verschiedenen Schreiben dar. Er selbst sei von Augustus neunmal nach Germanien geschickt worden und er habe dabei die Erfahrung gemacht, dass man mit Klugheit und Diplomatie mehr erreichen könne als mit Krieg und Gewalt. Man solle die Germanen, so seine weise Direktive, doch ihren inneren Streitigkeiten überlassen. Tatsächlich taten die Germanen den Römern den Gefallen und brachen die prognostizierten Zwistigkeiten vom Zaun. Einig waren sie nur in dem Bestreben gewesen, die Römer abzuwehren. Nach ihrem Abzug brachen die alten Konflikte und Divergenzen wieder auf. Der Germanienkenner Tiberius wusste um diese Verhältnisse und Befindlichkeiten, wusste, dass es klüger war, abzuwarten, wie die Germanen von sich aus den römischen Interessen dienen würden, als sich in teure militärische Abenteuer in den Wäldern Germaniens zu stürzen. So bot ein Fürst der Chatten mit Namen Adgandestrius in einem Brief an den Senat an, Arminius, den Sieger der Schlacht im Teutoburger Wald, zu vergiften. Offenbar herrschte bei den Germanen Mangel an Gift, denn der Chatte fügte hinzu, er würde die Tat veranlassen, wenn man ihm zur Ausführung des Mordes eine entsprechende Substanz schicke.[56] Die Antwort diktierte Tiberius persönlich: Das römische Volk, so erklärte er würdevoll, »nehme an seinen Feinden nicht hinterrücks und heimlich Rache, sondern nur offen und in ehrlichem Waffengang«. Bei einer solch heroischen Haltung konnte selbst ein Tacitus nicht anders, als sie zu loben – und das wollte viel heißen. Arminius fiel letztlich doch den innergermanischen Zwistigkeiten zum Opfer. Der erst viel später vom deutschen Nationalstolz zu einem Mythos und einer Lichtgestalt stilisierte Cheruskeranführer fand ein tristes Ende: Wohl im Jahr 21 n. Chr., dem siebten Jahr der Herrschaft des Tiberius und zwölf Jahre nach der glorreichen Schlacht, der er seinen ewigen Ruhm verdankt, wurde er von Verwandten ermordet. Dem vermeintlichen germanischen Freiheitskämpfer war es in Wirklichkeit vor allem darum gegangen, in den Machtkämpfen der germanischen Stämme eine dominierende Position zu gewinnen.

Nicht alle in Rom goutierten den Entschluss des Tiberius, auf weitere militärische Aktivitäten in Germanien zu verzichten. Man habe den Krieg als wirklich beendet angesehen, weil Germanicus daran gehindert worden sei, ihn zu beenden, lautete der nicht nur hinter vorgehaltener Hand artikulierte Vorwurf an den Prinzeps.[57] So machte sich Tiberius mit der zurückhaltenden Neuausrichtung der römischen Germanienpolitik keine Freunde. Die Kritiker dürften insbesondere unter den Senatoren und führenden Militärs angesiedelt gewesen sein, in Kreisen, in denen eine offensive Militärpolitik zum traditionellen, weil die zentrale Kategorie der *virtus* bedienenden, imperialen Selbstverständnis gehörte.

Bis zu seinem Tod im Jahr 19 war Germanicus, was das operative Geschäft betraf, der führende Außenpolitiker in der Administration des Tiberius. Nur ein paar Monate blieb er im Jahr 17 in Rom, dann hatte der Prinzeps eine neue Aufgabe für ihn. Statt nach Germanien schickte er ihn im Herbst in den Osten des Reiches. Hier hatte sich bald vierzig Jahre zuvor Tiberius seine ersten außenpolitischen und diplomatischen Sporen verdient, als er im Auftrag des Augustus Tigranes als König von Armenien eingesetzt und von den Parthern die Feldzeichen aus der Schlacht von Carrhae zurückerhalten hatte.

Zuvor aber durfte Germanicus in glänzender Manier seinen Triumph zelebrieren. Es war das letzte Mal in der römischen Kaiserzeit, dass der Triumphator nicht der aktuelle Kaiser war. Dass Tiberius Germanicus die Gelegenheit gab, sich im großen Scheinwerferlicht der Hauptstadt zu präsentieren und den Jubel der Massen zu genießen, ist zumindest kein Argument für die Sicht der Quellen, Missgunst, Neid und Eifersucht seien die Triebfedern seines Handelns gewesen. Der Historiker und Geograph Strabon war vermutlich Augenzeuge der Siegesfeier.[58] Es sei, wie er betont, der »glänzendste Triumph« gewesen (was wohl heißen soll: von allen, die er je gesehen hatte), wobei ihn besonders die Phalanx der Gefangenen, vom Sohn des Segestes bis zur Arminius-Gattin Thusnelda, beeindruckte. Tacitus ergänzt, Tiberius habe im Namen des Germanicus dem Volk von Rom pro Kopf 300 Sesterzen geschenkt[59] – eine solche Spendierlaune war für Tiberius ungewöhnlich; diese eher seltene Geste der Hinwendung zur *plebs urbana* sollte von der Bevölkerung durchaus als Zeichen der Anerkennung und Wertschätzung des Kaisers für den Neffen und Adoptivsohn gewertet werden.

Die gelieferte Information verbindet Tacitus jedoch gleich wieder mit einer seiner typischen moralischen Sentenzen: Auch mit dieser Anwandlung von Großzügigkeit und Freigebigkeit habe es der Kaiser nicht geschafft, »dass man an die Aufrichtigkeit seiner Liebe glaubte; und er beschloss, den jungen Mann unter einem ehrenvollen Vorwand zu entfernen«. Ohne die Berichte der grundsätzlich und gewohnheitsmäßig Tiberius-feindlich eingestellten Autoren, die vor allem Tacitus repräsentiert, könnte man leicht auf die Idee kommen, dass die Mission des Germanicus im Orient sachlich gut begründet war. Wir haben jene Berichte aber nun einmal, und so dominiert auch noch in einigen modernen Darstellungen zum Leben und Wirken des Tiberius und zur Geschichte der römischen Kaiserzeit die von jenen

Quellen indoktrinierte Auffassung, Tiberius habe Germanicus in den Orient geschickt, um sich eines Konkurrenten um die politische Bühne in der Hauptstadt zu entledigen. Man ging sogar so weit, den Kaiser dafür verantwortlich zu machen, dass Germanicus nicht mehr lebend nach Rom zurückkehrte. Tatsächlich aber sprachen aus Sicht des Tiberius viele sachliche Gründe dafür, seinen besten Mann in den Osten zu schicken. Diese Welt war einst von Alexander dem Großen erobert und hellenisiert worden, und Rom hatte, als es dann sukzessive die Macht in den hellenistischen Reichen übernommen hatte, eine sensible Herrschaftsarchitektur entwickelt, mit denen es den komplizierten politischen und dynastischen Verhältnissen Rechnung zu tragen bestrebt war. So gab es direkte römische Herrschaftsgebiete wie Griechenland und Makedonien, Syrien und Ägypten. Andere Territorien, vor allem in Kleinasien, blieben nominell autonom und wurden von einheimischen Klientelkönigen regiert, die mit Rom mehr oder weniger gut kooperierten. Und es gab außerhalb der Grenzen des Reiches, östlich des Euphrats, das bedeutende parthische Reich, dessen Existenz faktisch einen schlagenden Gegenbeweis zu der von Rom verbreiteten Ideologie darstellte, Rom würde über die ganze Welt herrschen. Dem begnadeten Propagandisten Augustus aber war es gelungen, Fakt und Fiktion miteinander in Einklang zu bringen: Die Parther, so ließ er verbreiten, lebten in einem *orbis alter*, einer »anderen Welt«, sie seien durch ihre dekadente Kultur, ihre abstruse Religion, ihre barbarische Lebensweise keine Mitglieder der von Rom angeführten zivilisierten Welt.

Probleme und Krisen gab es im Osten eigentlich immer. Im Jahr 17, als Tiberius Germanicus auf die Reise schickte, hieß das Sorgenkind Kappadokien. In diesem Königreich im Herzen Anatoliens regierte seit über fünfzig Jahren König Archelaos – von Roms Gnaden; der Triumvir Marcus Antonius hatte ihn einst eingesetzt, Augustus hatte ihn in seinem Amt bestätigt. Der König war ein alter Bekannter des Tiberius: Dieser hatte ihn zu Beginn seiner Laufbahn bei einem Prozess in Rom gegen Anschuldigungen seiner Landsleute verteidigt.[60] Das Verhältnis hatte sich später abgekühlt, laut Tacitus weil Archelaos es versäumt hatte, Tiberius während seines selbstgewählten Exils auf Rhodos seine Reverenz zu erweisen: Daraufhin sei dieser beleidigt gewesen und habe dem illoyalen König seine Gunst entzogen.[61] In Wirklichkeit war es aber ganz anders, ergänzt Tacitus und läuft im Rahmen seines Gesamtprojektes mit dem Titel »Wege und Mittel, einen Kaiser in Misskredit zu bringen« zu Hochform auf, wenn er das fiktive erste Motiv durch ein scheinbar richtiges zweites ersetzt: Archelaos habe sich mit Rücksicht auf den damals im Orient weilenden Augustus-Enkel Gaius Caesar Zurückhaltung im Umgang mit Tiberius auferlegt, der damals im Kaiserhaus nicht wohlgelitten gewesen sei. Tiberius war nicht der Typ, Persönliches wichtiger zu nehmen als die Belange des Staates. Hierin unterschied er sich von Augustus, Caligula und Nero – und glich seinem Nachnachfolger Claudius. Vielmehr veranlassten ihn die trotz oder gerade wegen der langen Regierungszeit des Archelaos labilen politischen Verhältnisse in Kappadokien, einen anderen politischen Kurs einzuschlagen. Tiberius beorderte Archelaos nach Rom, damit er sich vor dem Senat verantwortete. Doch zu einem förmlichen Prozess kam es nicht mehr, weil der König in der Stadt am Tiber starb.[62] Statt einen neuen Klientelkönig zu installieren, beschlossen Senat und Kaiser, Kappadokien nun in den Status einer Provinz, eines direkten römischen Herrschaftsgebietes, zu überführen: Diesen Schritt vor Ort zu vollziehen, war die eine konkrete Aufgabe, die Tiberius dem Adoptivsohn mit auf den Weg gab.

Das zweite Thema im Osten war die Dauerbaustelle Armenien: Dadurch dass Rom Kappadokien zu einem Teil des Imperiums machte, gewann auch das benachbarte Hochland-Königreich noch mehr an Bedeutung, der stete Zankapfel zwischen den Großmächten Rom und Partherreich. Kaiser und Senat mussten immer wieder darauf achten, dass die römischen Interessen insbesondere bei der Besetzung der monarchischen Spitzenposition Berücksichtigung fanden. Auch darum sollte sich Germanicus nach dem Wunsch des Kaisers kümmern. Damit er diese Aufgaben auch rechtlich korrekt erledigen konnte, wurde Germanicus mit einer umfassenden Kommandogewalt (*imperium proconsulare maius*) ausgestattet, die für alle römischen Provinzen im Orient gelten sollte. Er brach im Herbst 17 auf, begleitet von seiner Ehefrau Agrippina, die auch während der Unternehmungen in Germanien bereits mit ihm unterwegs gewesen war. Es war in Rom ein offenes Geheimnis, dass das Verhältnis zwischen Tiberius und Agrippina nicht das allerbeste war, und so mag es dem Prinzeps ganz lieb gewesen sein, dass die selbstbewusste Frau nun erst einmal wieder von der römischen Bildfläche und aus seinem Blickfeld verschwand.

Germanicus hatte an der Reise in den Osten deutlich mehr Freude als an den Feldzügen in Germanien. Weltgewandt, diplomatisch versiert und kulturell interessiert, wie er war, nutzte er die Gelegenheit seiner offiziellen Mission, um wie auf einer Fortbildungsreise auch andere bedeutende Städte und Stätten aufzusuchen.[63] In Illyrien traf er sich mit Drusus, dem Sohn des Kaisers. Anfang Januar war er im westgriechischen Nikopolis, das Augustus nach dem Sieg bei Aktion/Actium über Marcus Antonius und Kleopatra gegründet hatte. Natürlich durfte im Reiseprogramm auch Athen nicht fehlen. Die Stadt zehrte immer noch von ihrem einstigen Ruhm als politischer Vormacht in Griechenland und zog nach wie vor viele Kunst- und Kulturbegeisterte an. Von dort ging es per Schiff weiter in Richtung kleinasiatische Westküste. Auf der Insel Lesbos wurde Station gemacht, dort brachte Agrippina ihr neuntes Kind zur Welt. Dann erreichte die Familie mit ihren Begleitern Kleinasien. Von Byzanz führte die Reise nach Kolophon. Das dortige berühmte Orakel machte, wenn auch in verklausulierter Form, Andeutungen, dass Germanicus nicht mehr lange zu leben habe.

Vor Rhodos, der Insel, auf der sich Tiberius einst für einige Jahre seines Lebens eine Auszeit vom hektischen Politikbetrieb in Rom gegönnt hatte, begegneten sie einem anderen römischen Schiff. An Bord befand sich ein alter Bekannter: Gnaeus Calpurnius Piso. Er war auf dem Weg nach Syrien, wo er nach dem Willen des Tiberius den Posten des römischen Statthalters antreten sollte. Er war im gleichen Alter wie Tiberius und einer seiner langjährigen Weggefährten – 7 v. Chr. hatten sie zusammen das Konsulat bekleidet. Er war zudem ein erfahrener Verwaltungsfachmann und konnte in dieser Eigenschaft auf verantwortungsvolle Positionen zum Beispiel in Spanien und Nordafrika zurückblicken.

Dass sich Germanicus und Piso jetzt vor Rhodos trafen, war kein Zufall: Tiberius hatte es arrangiert, dass beide zur gleichen Zeit im Osten eintreffen sollten. Denn er wollte, dass Piso den ihm rechtlich übergeordneten Germanicus bei dessen Arbeit unterstützte. Germanicus hielt Piso eigentlich für einen Freund, doch darin täuschte er sich – ein tödlicher Irrtum, wie sich herausstellen sollte. Aber starb Germanicus wirklich auf Anweisung Pisos? Die römischen Quellen wollten, dass man dies glaubte, – Sueton und Cassius Dio ganz explizit, Tacitus war da etwas zurückhaltender, aber doch deutlich genug. Bis zum Tod des Germanicus bauen die antiken Autoren einen Spannungsbogen auf, der sich aus einer zunehmenden Gegnerschaft zwischen Germanicus und Piso entwickelt. Der gewaltsame, von Piso veranlasste Tod des Germanicus erscheint auf diese Weise als logisch und zwingend.

Auch Tiberius schreiben die Quellen in dieser Affäre eine, natürlich negative, Rolle zu. Germanicus ist der Gute, und der böse Kaiser schickt den ebenso bösen Piso aus, damit er dem Guten möglichst viele Probleme bereitet; und schließlich gibt er die Order zum Töten: Nach diesem Grundmuster gehen die antiken Autoren bei der Darstellung der Vorgänge, die zum Tod des Germanicus führten, vor. Nach dem gleichen Muster wird Tiberius als ein grausamer, verbitterter, von Neid zerfressener alter Mann porträtiert. So suggestiv, wie Tacitus die Piso-Geschichte einführt, kann man gar nicht anders, als in Gnaeus Calpurnius Piso einen durch und durch schlechten Menschen zu sehen:

»Sobald Piso in Syrien und bei den Legionen angelangt war, begünstigte er die schlechtesten Soldaten durch Schenkungen und Bestechungen, setzte die alten Centurionen und strengen Tribune ab und vergab ihre Stellen an seine Schützlinge und an das elendste Gesindel. Im Lager ließ er Müßiggang, in den Städten Zügellosigkeit, auf dem Land Herumschwärmen und Ausschreitungen zu und verwöhnte dadurch das Heer in dem Grad, dass er im Volksmund ›Vater der Legionen‹ genannt wurde. Auch (seine Frau) Plancina bewahrte nicht die Zurückhaltung, die einer Frau geziemt, sondern wohnte den Übungen der Reiterei und den Manövern der Kohorten bei. Gegen Agrippina und Germanicus stieß sie Drohungen aus. Dabei waren selbst einige der gutgesinnten Soldaten zum Gehorsam im Schlechten bereit, weil das dunkle Gerücht ging, alles dies geschehe im Einverständnis mit dem Kaiser.«[64]

Dem berühmten Historiker ist hier ein Meisterwerk der Propaganda und der Indoktrination gelungen. Es gibt keine Belege, nur Andeutungen, Gerüchte, moralische Verurteilung.

Noch aber hatte der strahlende Held Germanicus etwas Zeit, bevor er angeblich dem Mordplan des perfiden Piso zum Opfer fiel. Und nach dem eher entspannten Besichtigungsprogramm der ersten Wochen seines Aufenthaltes im Osten ging er nun auch an die Arbeit. In dem königlos gewordenen Kappadokien setzte er einen römischen Statthalter ein, den Nachbarstaat Kommagene führte er ebenfalls in den Status einer Provinz. Auf der Agenda stand zudem, wie von Tiberius gefordert, die Regelung der Herrschaftsverhältnisse in Armenien: Dort setzte Germanicus einen neuen König ein. Und mit den Parthern erneuerte er die alten, noch unter Augustus geschlossenen Verträge.

Im Frühjahr 19 startete Germanicus von Syrien aus zu einer Reise nach Ägypten. Er wandelte in griechischer Kleidung durch die pulsierende, einst von Alexander dem Großen gegründete Metropole Alexandria und unternahm eine Tour zu den Sehenswürdigkeiten des alten pharaonischen Ägypten, von den Pyramiden bis nach Syene, der Südgrenze des Römischen Reiches. Tacitus zufolge gab Germanicus vor, die Provinz, die seit Augustus römisch war, inspizieren zu wollen, doch in Wirklichkeit habe er sich die Altertümer ansehen wollen.[65] Sueton kennt die Version, dass ihn eine plötzlich auftretende Hungersnot in Alexandria zu der Reise nach Ägypten veranlasst habe.[66] Tatsächlich ließ Germanicus die staatlichen Getreidespeicher öffnen und ordnete eine Senkung des Kornpreises an. Dennoch sieht es so aus, als sei er in erster Linie als Tourist nach Ägypten gekommen und weniger in offizieller Mission. Damals berauschte sich die römische Oberschicht an allem, was nach dem alten Ägypten aussah. In Italien fanden die Aristokraten Gefallen daran, Obelisken aufzustellen, Pyramiden zu bauen und für ihre Villen Wandmalereien mit ägyptischen Motiven anfertigen zu lassen. Germanicus mit seinem Faible für Kunst und Geschichte ergriff die Gelegenheit, während seines Aufenthaltes im Osten das Wunderland am Nil mit eigenen Augen zu bestaunen, beim Schopf.

Der Kaiser aber war von dieser Reise wenig begeistert.[67] Nicht etwa weil er selbst nie in Ägypten gewesen war, sondern weil es nach einem Gebot des Augustus Senatoren und hochgestellten Persönlichkeiten nicht erlaubt war, Ägypten ohne kaiserliche Genehmigung zu betreten. Der Grund für diese – mit Blick auf die anderen Provinzen singuläre – Verfügung war die einzigartige wirtschaftliche und strategische Bedeutung des Landes am Nil. Aus Ägypten bezog Italien einen Großteil seines Getreidebedarfes. Dazu brachte der Besitz des Landes die strategische Kontrolle über den ostmediterranen Raum und den Vorderen Orient mit sich. So hatte es Augustus für richtig gehalten, ambitionierte Senatoren gar nicht erst in Versuchung zu führen, aus den Machtmitteln des Landes politisches Kapital zu schlagen – so als hätte er geahnt, dass später der General Vespasian auch und vor allem deswegen römischer Kaiser werden konnte, weil er damit drohte, die Versorgung der Stadt Rom und Italiens mit Getreide aus Ägypten zu kappen.

Germanicus hatte Tiberius nicht um Erlaubnis gebeten, sei es weil er meinte, die Reise sei durch sein übergreifendes Kommando abgedeckt, sei es weil er glaubte, mit einer Bildungstour keinen Anstoß zu erregen.

Von Ägypten aus kehrte Germanicus nach Syrien zurück. Wieder gab es Spannungen mit Piso, der mit Abreise drohte.[68] Dann wurde Germanicus krank, und bald darauf, am 10. Oktober 19 n. Chr., starb er, gerade einmal 33 Jahre alt, im syrischen Antiochia. Im Sterben hielt er eine – angesichts der Schwere der Krankheit erstaunlich ausführliche und zudem klug strukturierte – Abschiedsrede, in der er Piso und dessen Gattin Plancina vorwarf, seinen Tod herbeigeführt zu haben.[69] Die Rede war von Gift,[70] dem klassischen Tötungsmittel, wenn in der iulisch-claudischen Dynastie das Gerücht aufkam, bei einem Todesfall sei es nicht mit rechten Dingen zugegangen. Angeblich gab es sogar Beweise dafür, dass es sich um einen Kriminalfall handelte, und außerdem sollten allerlei magische Kräfte im Spiel gewesen sein:

> *»Die furchtbare Heftigkeit der Krankheit wurde bei Germanicus noch durch die Überzeugung gesteigert, er habe von Piso Gift bekommen. In der Tat fanden sich unter dem Fußboden und an den Wänden ausgegrabene Leichenteile, Verwünschungsformeln, Bleitäfelchen mit dem eingeritzten Namen des Germanicus, halbverbrannte und mit Eiter bestrichene Aschenreste, auch sonstige unheimliche Dinge, durch die man die Seelen der unterirdischen Gottheiten weihen zu können glaubt.«*[71]

## Eine (teilweise) problematische Beziehung: Tiberius und Germanicus

Eifersucht, Neid, Furcht vor Konkurrenz – damit charakterisieren die Quellen, allen voran der meinungsbildende (bzw. der vorherrschenden Meinung folgende) Tacitus, die Haltung des Kaisers zu seinem Neffen und Adoptivsohn Germanicus. Jedoch handelt es sich bei dieser Beurteilung mehr um ein Konstrukt als um die Realität. Diese Quellen bewerten die Beziehung nicht so, wie sie war, sondern so, wie sie sie gerne haben wollten. Nachdem Germanicus 4 n. Chr. auf Anweisung des Augustus von Tiberius adoptiert worden war, hielt sich Tiberius, gewissenhaft und pflichtbewusst, wie er war, an die Regeln, die für einen Adoptivvater eben galten. Tiberius wusste: Germanicus war sein potentieller Nachfolger, und so setzte er, als er im September 14 n. Chr. Kaiser geworden war, das von seinem Vorgänger Augustus begonnene »Förderprogramm Germanicus« fort. Germanicus erhielt gleich das *imperium proconsulare*, dazu weitere wichtige Posten im politischen und kultischen Bereich. Der Kaiser betraute ihn mit anspruchsvollen militärischen Aufgaben in Germanien, ganz genau so, wie es Augustus mit ihm selbst getan hatte. Tiberius ging mit der von Augustus geschaffenen Konstellation routiniert und professionell um, auch wenn es ihm zugesetzt haben mag, dass er seinen leiblichen Sohn Drusus zugunsten des Germanicus in die zweite Reihe verbannen musste.

Es gab zwischen Tiberius und Germanicus keine ernsthaften Konflikte, Zerwürfnisse, Streitigkeiten. Doch auf einem Gebiet lief es nicht sonderlich gut. Tiberius konnte mit dem Politikstil und dem Auftreten des Germanicus wenig anfangen. Er musste ihn als personifizierten Gegenentwurf zu seiner eigenen Herrschaftsauffassung und zu seinem Regierungsstil ansehen. Germanicus hatte jene Fähigkeiten und Eigenschaften im Übermaß, die Tiberius komplett fehlten: Charisma, Ausstrahlung, Umgänglichkeit, Freundlichkeit, und er lebte diese Eigenschaften – wenn es sein musste, auch zum Preis der Selbstverleugnung. Das Prinzipat war ein Akzeptanzsystem, der Kaiser und die Mitglieder seiner Familie lebten nicht von der Autorität eines Amtes, sondern von dem eigenen Talent, auf die Menschen zuzugehen und ihnen das Gefühl zu geben, immer für sie da zu sein. Germanicus war so, wie Tiberius hätte sein müssen, es aber nicht konnte. Germanicus flogen die Sympathien zu, sei es in Rom, Griechenland oder Ägypten. Er lebte vor, was Tiberius fehlte. Und das mag diesem schmerzlich vor Augen geführt haben, wo seine Defizite lagen – und warum er am Ende sein Volk verlor. Die Menschen wollten Germanicus, aber sie hatten Tiberius. Der frühe Tod des Hoffnungsträgers trug nicht zur Verbesserung der Reputation des Tiberius bei. Das Gegenteil war der Fall. Zumal sich auch hartnäckig Gerüchte hielten, Livia und Tiberius wären die treibenden Kräfte beim Tod des Germanicus gewesen.

Teil eines bronzenen Standbilds des Germanicus

Auf den Tod des populären Germanicus reagierten die Menschen mit großer Trauer.[72] Im Osten fühlten sie sich an Alexander den Großen erinnert, der fast im gleichen jugendlichen Alter wie Germanicus gestorben war. Im Westen beklagten sie den Verlust eines Sympathieträgers und fragten sich wohl auch, wer denn nun den inzwischen bereits sechzigjährigen Prinzeps ersetzen sollte. Auf den, der ihm dann tatsächlich nachfolgte, – Gaius, den Sohn des Germanicus, der unter dem Namen Caligula bekannt wurde – wäre zu diesem Zeitpunkt niemand gekommen. Und ebensowenig ahnte jemand, dass das Prinzipat des Tiberius noch achtzehn Jahre dauern würde. Der Senat schüttete ein ganzes Füllhorn von posthumen Ehrungen über Germanicus aus, die fast schon jenen glichen, die man fünf Jahre zuvor Augustus hatte zukommen lassen. Im ganzen Römischen Reich herrschte eine Germancius-Manie – sie war nicht vollkommen inszeniert, sondern auch spontan und von weiten Teilen der Bevölkerung getragen.

Germanicus starb zwar im syrischen Antiochia, doch bestattet wurde er im Mauseoleum des Augustus auf dem Marsfeld in Rom. Dazwischen gab es die prunkvollste Bestattungszeremonie seit dem Tod des Kaisers Augustus. Federführend war der Senat. Doch ohne die Zustimmung des Tiberius hätte die Feier so nicht stattfinden können. Zunächst wurde der tote Germanicus auf dem Marktplatz von Antiochia öffentlich aufgebahrt. Nach Tacitus[73] könnte man den Eindruck haben, dies sei aus Gründen einer kriminaltechnischen Obduktion des Verstorbenen geschehen: »Ob sich dabei wirklich Merkmale einer Vergiftung gezeigt haben, ist nicht sicher festgestellt. Denn je nachdem man sich von Mitleid mit Germanicus und von einem vorgefassten Argwohn oder von einer Vorliebe für Piso leiten ließ, lauteten die Ansichten verschieden.«

Danach wurde der Tote verbrannt, die Asche in einer Urne deponiert. Dieses Gefäß wurde dann der Witwe Agrippina übergeben – die nicht müde wurde, bei jeder passenden und mehr noch unpassenden Gelegenheit den Statthalter Piso, seine Frau Plancina, dazu auch gleich noch Livia und Tiberius für den Tod ihres Gatten verantwortlich zu machen. Piso hatte sich, als das Klima zwischen ihm und Germanicus immer schlechter geworden war, zusammen mit Plancina auf die Insel Kos begeben, um den weiteren Verlauf der Dinge abzuwarten.

Den Boden Italiens erreichten die sterblichen Überreste des Germanicus im Hafen von Brundisium. Von dort wurde die Urne von lokalen Honoratioren und Offizieren von Station zu Station Richtung Rom gebracht. Die einem postmortalen Triumphzug gleichende Zeremonie entlang der Via Appia war von den zurückgelegten Distanzen her deutlich länger als der Leichenzug des Augustus, der nur von Nola bis nach Rom geführt hatte. In Terracina wurde die Urne von Drusus, dem Sohn des Tiberius, in Empfang genommen, der aus Illyrien herbeigeeilt war. In dem illustren Empfangskomitee befanden sich zudem Germanicus' Kinder und sein Bruder Claudius, der spätere Kaiser. Vor der Stadt warteten die Mitglieder des Senats und eine große Volksmenge.

Tiberius und auch Livia zeigten sich nicht. Wie immer, wenn er nicht weiß, was hinter dem Verhalten des Kaisers steckt, ergeht sich Tacitus in munterem Spekulieren: »Sie erachteten es unter ihrer kaiserlichen Würde, öffentlich zu klagen, oder wollten nicht, dass ihre Heuchelei erkannt werde, wenn die Augen aller ihre Mienen zu erforschen suchten.«[74] Nimmt man das historisch wertlose Lieblingsmotiv des Tacitus, die »Heuchelei«, weg, bleibt der wohl zutreffende Vorwurf, Tiberius habe öffentliche Trauer nicht mit der Würde seiner kaiserlichen Position vereinbaren wollen. Später, als sein Sohn Drusus starb, hielt sich die öffentlich inszenierte Trauer des Prinzeps ebenfalls in Grenzen. So etwas passte nicht zu seiner Vorstellung von Professionalität und gewissenhafter Arbeit. Aber in einer offenen, transparenten Gesellschaft wie der römischen, die von Kontakt, Ritualen, symbolhaften Handlungen lebte, kam eine diesbezügliche Abstinenz, wie von Tiberius praktiziert, nicht gut an.

Überhaupt war der Kaiser im Laufe der Feiern eher ein Spielverderber. Zwar war die Feier am Mausoleum, bei der die Aschenurne beigesetzt wurde, durchaus würdig und angemessen. Doch gab es Stimmen, die monierten, das Begräbnis falle doch etwas schlicht aus.[75] Sie vermissten die Wachsmaske vor der Bahre, die Gesänge zur Erinnerung an seine Taten, die Lobreden, die Tränen, überhaupt allen Pomp.

Daraufhin sah sich Tiberius zu einem Statement veranlasst.[76] Viele vornehme Römer seien, so belehrte er seine Mitrömer, für das Vaterland gestorben. Keiner aber sei mit so großer Leidenschaft betrauert worden. Das gereiche ihm und allen zur Ehre, wenn man dabei nur Maß halte. Trauer in adligen Familien und bei einem Volk, das die Welt beherrscht, sei etwas anderes als Trauer bei unbedeutenden Familien oder kleinen Gemeinden. Frischer Schmerz verlange nach Trauer und dem Trost, den die Trauer biete.

Aber jetzt, so Tiberius, müsse man dem Geist wieder eine feste Haltung geben, und er nennt beispielhaft einige Personen, die mit Todesfällen in ihrem nahen Umfeld so pflichtbewusst, schlicht, emotionsfrei umgegangen seien, wie er es erwartete: Iulius Caesar, als er seine einzige Tochter verlor, Augustus, als er seine beiden Enkel verlor. Dazu gebe es viele weitere Beispiele aus der früheren Zeit, als das römische Volk Niederlagen seiner Heere, den Tod seiner Feldherren, den Untergang vornehmer Familien ertragen habe. Dann der Schlüsselsatz: *principes mortales, rem publicam aeternam esse* – »Fürsten sind sterblich, der Staat ist ewig!« Die Worte des Prinzeps hatten den gewünschten Effekt: »So ging man denn nach Beendigung der Trauerzeit wieder an die Geschäfte.«

Was Tacitus hier wiedergibt, ist Tiberius pur – und nicht etwa, wie an anderen Stellen, eine mit kommentierenden Negativismen besetzte freie Gestaltung des Historikers. Tiberius präsentiert sich Senat und Volk von Rom als gewissenhafter, verantwortungsbewusster, strebsamer Prinzeps. Wir verschwenden, so lautet seine Botschaft, keine Zeit und Energien mit Trauerfällen, wir gehen an die Arbeit und tun unsere Pflicht. Jedoch zeigt sich hier abermals das grundlegende Dilemma des Kaisers Tiberius. Er tat, was er seiner Ansicht nach von Staats wegen tun musste, aber das war nicht das, was die Menschen wollten, und auch nicht das, was sie immer wieder hören wollten. Da waren sie von Augustus, der es verstanden hatte, das politisch Notwendige mit dem gesellschaftlich Erwünschten in Einklang zu bringen, ganz anderes gewöhnt. Gerne hätten die Römer im Herbst 19 noch intensiver, pompöser, luxuriöser und vor allem auch länger des Germanicus gedacht. Aber Tiberius verfügte, sie müssten wieder zur Arbeit gehen. In einer Gesellschaft, in der sich die Angehörigen der führenden Familien selbst sehr wichtig nahmen, sich für das Maß aller Dinge hielten, kam es noch dazu nicht gut an, wenn der Prinzeps den Staat als ewig und die Häupter der Adelsdynastien als sterblich bezeichnete. Das war zwar unbestreitbar richtig, doch die machtbewussten Eliten wollten nicht ständig daran erinnert werden.

Während dies in Rom geschah, kehrte Piso nach Syrien zurück, um seine Amtsgeschäfte wiederaufzunehmen. Doch hatten die Freunde und Begleiter des Germanicus mit Sentius Saturninus, der zur Entourage des Germanicus gehört hatte, inzwischen den Posten des Statthalters neu besetzt – ein Affront gegen Piso und eine Kampfansage. Abermals wurde die

Giftmord-These angeheizt. Man machte eine Frau namens Martina ausfindig, die mit Pisos Frau Plancina eng befreundet gewesen sein und das Gift für die Ermordung des Germanicus gebraut haben sollte.[77] Saturninus schickte sie nach Rom, doch starb sie bei der Ankunft in Brundisium.[78] Piso unternahm unterdessen den Versuch, den neuen Statthalter zu stürzen. Der Plan misslang. Piso wurde nach Rom geschickt, und im Dezember 20 wurde ihm dort der Prozess gemacht. Der Prinzeps übertrug die Angelegenheit dem Senat und beschränkte seine eigene Rolle darauf, dem Gremium einige Empfehlungen zur Durchführung des Verfahrens zu geben. Den senatorischen Richtern gab er den Appell mit auf den Weg, auf seine eigene Befindlichkeit keine Rücksicht zu nehmen: »Niemand achte auf die Tränen des Drusus, niemand auf meinen Gram noch auf das, was vielleicht an falschen Verdächtigungen gegen uns erfunden wird.«[79]

Das Senatsgericht verurteilte Piso zum Tode, jedoch nicht wegen Giftmordes, sondern wegen der unrechtmäßigen Aufstellung eines Heeres und des Versuchs, sich die Provinz Syrien mit Gewalt wiederanzueignen, also wegen Hochverrats. Dass der angebliche Giftmord bei dem Prozess keine Rolle spielte, beweist, als willkommenes Korrelat zu den einseitig ausgerichteten literarischen Quellen, das auf einer Bronzetafel inschriftlich erhaltene Senatsurteil – *Senatus consultum de Gnaeo Pisone patre* –, gefunden in der spanischen Baetica (in Andalusien).[80] Piso war verzweifelt und nahm sich noch vor Vollstreckung des Urteils das Leben. Am Morgen des 9. Dezember 20 fand man ihn mit durchschnittener Kehle am Boden liegend, mit einem Abschiedsbrief und einem Schwert.[81]

Skandale dieser Art werden dem gewissenhaften Arbeiter Tiberius nicht gefallen haben, zumal die Angelegenheit mit dem Urteilsspruch und dem Selbstmord Pisos noch nicht durchgestanden war. Eine Mehrzahl der Senatoren forderte noch mehr Sanktionen: keine öffentlichen Trauerbekundungen, Beseitigung aller Bilder und Statuen des Verurteilten, Einziehung des Vermögens der Familie zugunsten der Staatskasse.

Parallel zum Prozess gegen Piso wurde ein Prozess gegen dessen Frau Plancina und den Sohn Marcus geführt. Auf Bitten seiner Mutter Livia, die mit Plancina befreundet war, schaltete sich Tiberius nun in die Verhandlungen ein und bewirkte für Pisos Frau einen Freispruch. Tacitus will in diesem Verhalten einen weiteren Beweis für den perfiden Charakter des Kaisers erkennen – er habe das Bitten der Mutter nur vorgeschützt, aus

Scham und Schuldbewusstsein heraus (wegen, so darf man ergänzen, des Mordes an Germanicus).[82] Der epigraphisch erhaltene Text des Senatsbeschlusses liefert auch hier die richtige Version: Der Senat folgte – mit bemerkenswert devoten Worten, die zeigen, dass die Distanz zwischen Prinzeps und Senatoren inzwischen größer war als zu Beginn der Herrschaft des Tiberius – den Wünschen und Bitten der Kaisermutter Livia und des Kaisers selbst. Der Mutter folgte der Senat nach eigenen Worten wegen ihres großen Einflusses, von dem sie aber nur sehr selten Gebrauch mache. Der Wunsch des Tiberius war den Senatoren wegen der überaus großen Loyalität des Sohnes gegenüber seiner Mutter Befehl. Und so erfolgte der Beschluss, Plancina eine Strafe zu erlassen.[83]

Starb Germanicus nun durch Gift? Und welche Rolle spielte Tiberius bei der ganzen Affäre um Piso und um Germanicus, der doch als sein Nachfolger vorgesehen war, nun aber so plötzlich und so jung verstorben war? Eine Mittäterschaft des Kaisers und seiner Mutter kann ausgeschlossen werden. Dafür gab es, wie Gegenstand und Verlauf des Prozesses zeigen, keinen Beweis. Immerhin aber wurde eine solche Konstellation von den Zeitgenossen diskutiert, das heißt auch für möglich gehalten. Das kann nicht allein an der Kampagne der Agrippina, der Witwe des Germanicus, gelegen haben, die vehement die Version von der Mitschuld der höchsten kaiserlichen Kreise verbreitete. Dass sie den Kaiser schlicht hasste,[84] reicht als Information nicht aus, um historisch verwertbar zu sein, sondern ist ein Reflex der Moralvorstellungen der Quellen. Agrippina wurde später, im Jahr 29 n. Chr., auf Veranlassung des Tiberius in die Verbannung geschickt. Die Ressentiments zwischen dem Kaiser und der Witwe seines Adoptivsohnes, so, wie sie bei dem Tod des Germanicus und der Piso-Affäre zum Ausdruck gekommen sein sollen, mögen vor diesem Hintergrund auch eine Rückprojektion der Verstimmungen von 29 n. Chr. auf die Jahre 19 und 20 gewesen sein. Davon abgesehen sagt die Diskussion um den angeblichen Giftmord an Germanicus einiges über Befindlichkeiten und Stimmungen im Rom dieser Zeit aus. Der Kaiser arbeitete, und die Gerüchteküche brodelte. Tiberius fehlte das Talent, sich in einer solchen Situation richtig in Szene zu setzen, sich den Menschen zuzuwenden, sich mit ihnen zu freuen und mit ihnen zu leiden. Zunehmend erlebten die Menschen in Rom und in Italien ihren Prinzeps als einen entrückten, ihnen wesensfremden Monarchen.

Die Orientmission des Germanicus war sowohl Teil der Außen- als auch, von ihrem Ende her gesehen, Teil der römischen Innenpolitik gewesen. Andere Gegenden des großen Imperiums aber waren in der ersten Phase der Herrschaft des Tiberius Schauplätze klassischer Außenpolitik. Dazu gehörte ein ernster Krisenherd in Nordafrika, verbunden mit dem Numider Tacfarinas. Die römische Präsenz in Nordafrika währte zu dieser Zeit bereits über zweihundert Jahre und war eine Folge des Sieges der Römer über Karthago in den Punischen Kriegen im 3. und 2. Jahrhundert v. Chr. Danach hatte Rom einen Teil der Territorien im heutigen Tunesien und Algerien als direkte Herrschaftsgebiete übernommen und andere Teile einheimischen Klientelfürsten überlassen. Theodor Mommsen dekorierte Tacfarinas einst mit dem Ehrentitel »römischer Arminius« – wie der Cherusker hatte der Numider als Angehöriger einer Auxiliareinheit im römischen Militär gedient. Im Jahr 17 n. Chr. mobilisierte er mehrere numidische und maurische Stämme zu einem Aufstand.[85] Den Auftakt bildeten militärische Aktionen am Mons Aurasius, dem heutigen Dschebel Aures im Süden Algeriens. Sie waren von einigem Erfolg gekrönt, weil Tacfarinas seine in der römischen Armee erworbenen Kenntnisse mit hoher Effizienz einzusetzen verstand. Bald gelang es ihm, die Häupter aller Stämme im heutigen Tunesien und Algerien bis zur Sahara unter seinem Kommando zu vereinen. In den folgenden Jahren verwickelte er die römischen Truppen, auch wenn diese zwischenzeitlich Erfolge erringen konnten, in einen langwierigen Guerillakrieg, der sieben Jahre dauerte, bis 24 n. Chr., als Tacfarinas in einem Gefecht ums Leben kam. »Damit«, bilanziert Tacitus lakonisch und völlig zutreffend, »war der Krieg zu Ende.«[86]

Afrika war indes nicht der einzige Schauplatz, der, außerhalb der Dauerkrisenherde in Germanien und im Orient, der Regierung militärisches Engagement abverlangte. Auch das unwegsame Thrakien, eine alte Kulturlandschaft auf dem Balkan, war ein dauerhaftes Krisengebiet. Die Bereitschaft der Bevölkerung, sich der militärischen Gewalt zu beugen und in das Römische Reich integrieren zu lassen, war nicht besonders ausgeprägt. So hatte Augustus auf eine Okkupation verzichtet und zum alten Mittel der Errichtung eines Klientelkönigtums gegriffen. Doch kam es gleich zu Beginn der Herrschaft des Tiberius zu heftigen internen Auseinandersetzungen, und eine römische Intervention wurde notwendig.[87] Der Kaiser mahnte zum Frieden, jedoch vergeblich. Die Unruhen überdauerten die gesamte restliche

Regierungszeit des Tiberius und auch die seines Nachfolgers Caligula, erst unter Claudius fanden sie ein Ende. Der vierte Prinzeps aus der iulisch-claudischen Dynastie unterstellte Thrakien der unmittelbaren römischen Herrschaft.

Im Jahr 21 n. Chr., als Tiberius seine erste Romkrise als Kaiser hatte und sich nach Kampanien absetzte, brach in Gallien ein nicht ungefährlicher Aufstand aus. Seit der Eroberung durch Caesar über siebzig Jahre zuvor war die Provinz an sich rasch romanisiert worden, die Unruhen waren nun durch hohe finanzielle Belastungen motiviert.[88] An der Spitze standen der Häduer Iulius Sacrovir und der Treverer Iulius Florus – ihre Namen zeigen, dass sie aus Familien stammten, denen das römische Bürgerrecht verliehen worden war. Relativ rasch konnten römische Legionen die rebellierenden Gallier besiegen, allerdings nur unter Einsatz massiver Kräfte. Tiberius lenkte die Aktionen von seinem Refugium in Kampanien aus, mit demonstrativer Gelassenheit, wie Tacitus betont.[89] Nach dem erfolgreichen Abschluss der Kämpfe erstattete er dem Senat Bericht und vergaß nicht zu erwähnen, dass er mit Entscheidungen zum erfolgreichen Abschluss beigetragen habe. Offenbar gab es auch Kritik daran, dass weder der Kaiser noch sein Sohn den Kriegsschauplatz aufgesucht hatten. Denn Tiberius ging in dem Schreiben auf die Gründe dafür ein, weshalb beide in Italien geblieben waren. Nachhilfeunterricht im Kriegführen brauchte er angesichts seiner militärischer Erfahrungen als »Feuerwehrmann« des Augustus nicht. Und so ging er auf diesen Punkt nicht ein und gab sich vielmehr staatsmännisch.[90] Bei der Größe des Imperiums, so teilte er mit, könne er nicht einfach die Regierungszentrale verlassen, nur weil es in ein oder zwei Gebieten Schwierigkeiten gebe. Er kündigte aber an, er werde noch nach Gallien reisen, um die dortigen Verhältnisse zu ordnen. Willfährige Senatoren stellten nun den Antrag, der Kaiser möge von Kampanien aus im Triumph nach Rom ziehen. Doch dann besann Tiberius sich anders und teilte dem Senat mit, er werde in Italien bleiben. Die Begründung, die er laut Tacitus gab, passt zu Tiberius und darf für authentisch gehalten werden: Er sei nicht so wild auf Ruhm, dass er »nach all seinen Siegen über die wildesten Völkerschaften, nach all den Triumphen, die er in jungen Jahren gefeiert oder abgelehnt habe, es jetzt als älterer Mann noch nötig hätte, für einen Landaufenthalt in der Nähe Roms eine nichtssagende Belohnung in Anspruch zu nehmen.« Das mag sachlich berechtigt gewesen sein, doch Freunde machte sich Tiberius mit dieser eigensinnigen, an Überheblichkeit grenzenden Haltung nicht. Neu war den Römern eine solche Haltung im Übrigen nicht. Als es direkt nach Antritt seiner Herrschaft sieben Jahre zuvor zu Meutereien und Aufständen in Illyrien und Pannonien gekommen war, hatte der frischgebackene Prinzeps es auch vorgezogen, nicht an den Schauplatz des Geschehens zu eilen, sondern in Rom zu bleiben.[91] Das war auch ein Teil der Tragik des Kaisers Tiberius: Er war oft am falschen Ort. Sollte er an den Grenzen des Reiches sein, war er in Rom. Sollte er in Rom sein, war er auf Rhodos, in Kampanien oder auf Capri.

Verglichen mit anderen Phasen der römischen Geschichte war es in der Regierung des Kaisers Tiberius innerhalb und außerhalb des Imperium Romanum insgesamt ruhig. Unter seinem Vorgänger Augustus war es außen- und militärpolitisch deutlich turbulenter zugegangen. Bis auf die Unternehmungen in Germanien waren die kriegerischen Aktionen nicht von Rom ausgegangen. Unauffällig, wie es seine Art war, sorgte Tiberius in den Provinzen auch im administrativen Bereich für Sicherheit und Kontinuität. Zwar kannten ihn die meisten Bewohner des Reiches nur von Statuen und seinem Porträt auf den Münzen – im Gegensatz zu den ersten 55 nichtkaiserlichen Jahren seines Lebens war Tiberius in den 23 Jahren als Kaiser nicht viel unterwegs –, doch er verstand es, von Italien aus vor allem dadurch für Ruhe und Berechenbarkeit zu sorgen, dass er die Spitzenpositionen in der zivilen und militärischen Administration personell nur selten auswechselte. Einmal berufene Statthalter konnten sicher sein, nicht schon bald wieder – zuvor war in der Regel jährlich gewechselt worden – in einen anderen Teil des Reiches umziehen zu müssen. Anlässlich der Einsetzung des Poppaeus Sabinus als Legat von Moesien, Achaia und Makedonien, der 24 Jahre im Amt blieb,[92] betont Tacitus diese Praxis, »Verwaltungsstellen zu dauernden Ämtern zu machen und die meisten Männer bis zum Lebensende bei den gleichen Heeren oder Gerichtsbezirken zu belassen«.[93] Das waren sinnvolle Maßnahmen, und sie hatten einen Anteil daran, dass sich das Römische Reich in der Zeit des Tiberius in einem stabilen, soliden Zustand befand. Wenig spektakulär, aber effizient – so lässt sich die Außenpolitik des Tiberius bilanzierend charakterisieren.

## Der Kaiser als Katastrophenhelfer

Das Jahr 17 n. Chr. war eines der ereignisreichsten Jahre in der Regierungszeit des Tiberius. Germanicus wurde in den Orient geschickt. In Afrika begann der Aufstand des Tacfarinas. Der Markomannenkönig Marbod verlor in seinem Reich die Macht. Und in Kleinasien, der römischen Provinz Asia, gab es ein verheerendes Erdbeben, bei dem viele Städte zerstört wurden – es ging als »Zwölf-Städte-Beben« in die Geschichte der frühen römischen Kaiserzeit wie auch der Seismologie ein.

Darüber berichtet Tacitus, von dem die ausführlichste Darstellung der Vorgänge stammt, Folgendes:

> *»In demselben Jahr wurden zwölf bekannte Städte Kleinasiens von einem Erdbeben heimgesucht. Da es zur Nachtzeit eintrat, war das Unheil noch überraschender und furchtbarer. Auch half das bei solchen Unglücksfällen gewöhnliche Rettungsmittel der Flucht ins Freie nicht viel, da die Bewohner von klaffenden Erdrissen verschlungen wurden. Man erzählt, es hätten sich hohe Berge gesenkt, in steiler Höhe sei das erschienen, was zuvor Ebene gewesen war, und unter den Trümmern seien Flammen hervorgeschossen.«*[94]

War ein Erdbeben in Kleinasien ein Thema für Rom? Tiberius, sonst nicht immer der Schnellste in seinen Entscheidungen, leistete rasch und unbürokratisch Hilfe:

> *»Da die Zerstörungen die Bewohner von Sardes am schwersten getroffen hatten, wandte sich ihnen auch das größte Mitleid zu. Der Kaiser versprach zehn Millionen Sesterzen und erließ ihnen auf fünf Jahre alle Zahlungen, die sie sonst an die kaiserliche oder an die Staatskasse leisteten.«*

Die Stadt Sardes, einst Hauptstadt des Königreiches Lydien und Residenz des legendär reichen Königs Kroisos, nun aber durch das Wüten der Erde in große Schwierigkeiten geraten, durfte sich also dank der Großzügigkeit über ein ansehnliches Hilfspaket freuen. Zehn Millionen Sesterzen Wiederaufbauhilfe wie auch die Befreiung von den Steuern waren geeignete und höchst willkommene Maßnahmen, um das Leben in der Stadt zu reaktivieren.

Aber auch den anderen elf Städten, die von dem Erdbeben betroffen waren, schenkte die römische Administration Aufmerksamkeit. Auch sie gehörten zu den Profiteuren kaiserlicher Großzügigkeit, und sie erhielten kompetente Unterstützung bei der schwierigen Aufgabe des Neubeginns. Denn man beschloss in Rom, »einen Senator hinzuschicken, der die gegenwärtige Lage prüfen und erleichtern sollte«. Mit dieser verantwortungsvollen Aufgabe wurde Marcus Ateius betraut, der über reiche politische und administrative Erfahrung verfügte, und zum Zeichen seiner Bedeutung und seiner Autorität wurden ihm fünf Liktoren als ständige Begleiter mitgegeben[95] – wie sicher auch einige Spezialisten und Experten aus Rom.

Offenbar hatten die Maßnahmen Erfolg, denn die Empfänger der Wohltaten zeigten sich über alle Maßen dankbar. Vertreter der Städte kamen zu-

Der Retter: Auf Münzen lässt sich Tiberius für seine Hilfsmaßnahmen in den kleinasiatischen Erdbebengebieten feiern.

sammen, um zu beraten, wie sie sich erkenntlich zeigen konnten. Das Ergebnis konnte man wenig später in der Reichshauptstadt Rom und in einer Kopie auch in der Hafenstadt Puteoli, dem damaligen römischen Tor zur Welt, bewundern: eine stattliche Statue des Kaisers und darum herum Personifikationen der Städte, denen er nach dem Erdbeben geholfen hatte[96] – ein steinerner Dank und zugleich eine Bezeugung der Ergebenheit. Der Kaiser wiederum ließ Münzen in Umlauf bringen, auf denen er selbst auf dem Amtsstuhl der obersten Magistrate von Rom sitzend dargestellt war. Die Legende darauf, *Civitatibus Asiae restitutis*, bedeutete soviel wie »aufgrund der Wiederherstellung der Städte in Asien.«[97]

Tiberius hatte sich vorbildlich verhalten. Die Menschen wussten: Im Notfall war der Kaiser für sie da. Und sie kannten auch die Spielregeln. Wer half, hatte Dank verdient, und zwar einen Dank, den man auch sehen konnte. Dazu diente die Stiftung der Statuen und Skulpturen in Rom. Der helfende Kaiser wiederum hatte das Recht, in gebührender Weise auf seine segensreiche Tätigkeit aufmerksam zu machen. Diesem Zweck dienten die in Umlauf gebrachten Münzen. Dass ihm die Betroffenen aufgrund der geleisteten Hilfe so überbordend dankten und ihn ehrten, dürfte Tiberius persönlich eher unangenehm gewesen sein. Doch mag er es mit Blick auf die Mentalität der Griechen akzeptiert haben. Für sie war Dank für geleistete Hilfe ein Teil des interaktiven Systems, das Herrscher und Beherrschte verband. So hatten sie es auch bereits bei den hellenistischen Königen gehandhabt. Und so wird Tiberius auch seine Zustimmung dazu gegeben haben, dass seine Leistung auf Münzen dokumentiert wurde.

Im Jahr 23 bebte die Erde erneut, wiederum in Kleinasien und dazu in Griechenland, und jetzt gewährte Tiberius den Betroffenen einen Erlass von Abgaben für die Zeit von drei Jahren.[98] Im kaiserlichen Katastrophenmanagement setzte Tiberius Maßstäbe für die Zukunft. Dazu gehörte die Trias Aufbauhilfe, Entsendung von Experten und Befreiung von Steuern. So machte es auch Kaiser Titus im Jahr 79 n. Chr. bei dem verheerenden Ausbruch des Vesuv, bei dem unter anderem die Städte Pompeji und Herculaneum zerstört wurden.[99]

Der Kaiser hatte die Pflicht, zu helfen. Das war Teil des patronalen Systems, das auch bereits in den Zeiten der Republik die sozialen Beziehungen in Rom geregelt hatte. Die Aristokraten waren die Patrone, das Volk bildete die Klientel. Jeder Adlige hatte einen Kreis von Menschen, für deren Wohlergehen er zuständig war. Im Gegenzug erwartete er Anerkennung und demonstrative Zustimmung zu seiner Führungsrolle, was wiederum seinen sozialen Status festigte. In der Kaiserzeit übernahm der Prinzeps die Rolle des obersten Patrons.

Katastrophenmanagement war bereits für Augustus ein willkommenes Mittel gewesen, sich als fürsorglicher Patron zu zeigen. Bei Bränden, Erdbeben oder anderen Unglücksfällen war er zur Stelle gewesen. Tiberius trat also, wie es aussieht, würdig in Augustus' Fußstapfen. Diese Möglichkeit der herrscherlichen Profilierung ließ er nicht ungenutzt.

Von Caligula, dem Nachfolger des Tiberius, überliefert Sueton ein bemerkenswertes Zitat, das in diesem Kontext passt (früher hat man es gerne als Beweis dafür interpretiert, dass die Vorwürfe, er, der dritte Prinzeps, habe gewisse Schwierigkeiten gehabt, die »mentale Balance« zu finden, nicht ganz unberechtigt gewesen seien):

> *»Caligula pflegte sich öffentlich darüber zu beklagen, in welchen Zeiten man doch leben müsse. Sie seien durch keine Katastrophen für die Allgemeinheit geprägt. Das Prinzipat des Augustus sei durch die Niederlage des Varus, das des Tiberius durch den Einsturz der Zuschauertribüne bei Fidenae berühmt geworden. Seiner eigenen Regierungszeit drohe das Vergessen, weil alles zu glatt gehe. Und so wünschte er sich immer wieder Niederlagen der Heere, eine Hungerkatastrophe, eine Pest, Feuersbrünste und ein Erdbeben.«*[100]

Das war nicht die Aussage eines verrückten Kaisers, sondern die Klage eines Patrons, der sich um die Chance gebracht sah, als Katastrophenmanager bei seiner Klientel Achtung, Respekt und Sympathie zu gewinnen.

Das in dem Caligula-Zitat erwähnte Theaterunglück in Fidenae, einer Rom unmittelbar benachbarten Stadt, ereignete sich im Jahr 27 n. Chr., als Tiberius sich bereits nach Capri zurückgezogen hatte. Wegen Konstruktionsfehlern und mangelnder Sicherheitsvorkehrungen stürzte das anlässlich eines Gladiatorenkampfes vollbesetzte hölzerne Amphitheater ein. So voll war es laut Tacitus, weil sich solche Vergnügungen unter der Herrschaft des Tiberius nur noch selten geboten hätten[101] – eine Aussage, die in die Abteilung Polemik eingeordnet werden darf, denn von einem generellen kaiserlichen Verbot für die Durchführung solcher Spiele kann keine Rede sein. Tausende von Menschen verloren bei dem Unglück ihr Leben. Bei

Tacitus fehlt jeglicher Hinweis darauf, dass Tiberius sich für die Rettungs- und Aufräumarbeiten engagiert hätte. Vielmehr war es der Senat, der mit Blick auf die Vermeidung weiterer Unglücksfälle harte Auflagen für die Durchführung solcher Veranstaltungen festlegte.[102] Sueton liefert eine alternative Version. Als er von dem Unglück hörte, habe sich Tiberius sofort auf das Festland begeben und war dort »für jeden zu sprechen«.[103] Diese Angabe passt allerdings nicht zu einem Kaiser Tiberius, der kurz zuvor nach Capri geflohen war, weil ihm der Kontakt mit den Menschen Qualen bereitete. Es scheint, als habe er sich angesichts der Katastrophe noch einmal an die Erfüllung seiner patronalen Verpflichtungen erinnert.

Überhaupt kam es Tiberius, wenn er Katastrophenhilfe leistete, jedenfalls nicht in erster Linie darauf an, sich persönlich zu profilieren. So war der zweite Prinzeps nicht gestrickt. Wenn er half, tat er dies, weil es zu seinen Aufgaben als Prinzeps gehörte. Freigebige Aktionen, wie es das Volk aus den Zeiten der späten Republik und auch von Augustus gewöhnt war, gehörten nicht zu seinem Repertoire. Sueton weiß nur zwei Aktionen von *munificentia* zu benennen, also von Fällen, in denen sich der Prinzeps gegenüber der Öffentlichkeit großzügig zeigte.[104] So gewährte er einmal ein zinsloses Darlehen in Höhe von 100 Millionen Sesterzen mit einer Laufzeit von drei Jahren, und ein anderes Mal half er nach einem Brand Eigentümern von Mietshäusern auf dem Caelius in Rom finanziell.

Ganz zu Anfang seiner Herrschaft, im Jahr 15 n. Chr., sah sich Tiberius einer besonderen Herausforderung ausgesetzt, und dies nicht in den Provinzen des Imperiums, sondern im Herzen der Hauptstadt Rom. Damals trat, was häufig vorkam, aufgrund heftiger Regenfälle der Tiber über seine Ufer. Nicht nur Gebäude wurden beschädigt, es waren auch Todesopfer zu beklagen.[105] Viele Menschen sahen in dem Ereignis ein göttliches Vorzeichen – eine nicht unübliche Interpretation von Naturkatastrophen. Bei den Beratungen im Senat wurde daher auch der Vorschlag unterbreitet, die Sibyllinischen Bücher um Rat zu fragen. Dabei handelte es sich um eine Sammlung von Orakelsprüchen mit Handlungsanweisungen für jede Gelegenheit. In der Regel wurden dann Bittgänge, Gebete, Sühnezeremonien und Opfer als Rezepturen empfohlen und in die Tat umgesetzt.

Tiberius aber erwies sich als Pragmatiker. Das Hochwasser, so argumentierte er, habe nichts mit den Göttern zu tun, sondern mit der Überfüllung von Quellwasser. Also müsse man darüber nachdenken, wie man den Fluss eindämmen könne. Tacitus warf ihm wegen dieser Haltung vor, er stehe Göttern und Menschen gleichermaßen reserviert gegenüber. Eine Kommission von Senatoren wurde beauftragt, konkrete Vorschläge zur Lösung des Problems der ständigen Überschwemmungen auszuarbeiten.

Man kam zu dem Ergebnis, dass das Hochwasser des Tiber vor allem von den Seen und Flüssen verursacht wurde, die mit ihm in Verbindung standen. Wenn man die Flüsse und Seen durch ein System von Kanälen ableite, wäre das Problem gelöst.

Der Kaiser war zufrieden und ermunterte die Senatoren, sofort ans Werk zu gehen. Jedoch konnte man solch wichtige Eingriffe in die Natur nicht ohne die Zustimmung der Städte und Gemeinden in den betroffenen Landschaften vornehmen. Man lud zu einer Anhörung im römischen Senat, bei dem die kommunalen Vertreter ihre Ansichten vortragen durften. Fast alle waren von dem Plan nicht eben begeistert. Sie fürchteten, dass sie die Leidtragenden sein würden, weil dann vielleicht nicht mehr der Tiber über die Ufer trete, wohl aber die Flüsse und Seen vor ihrer Haustür. Die Stadtväter von Reate hatten als ihre Vertretung jemanden nach Rom geschickt, der Kenntnisse in Philosophie, Ökologie und Theologie besaß. Seine Worte vor den ehrwürdigen Senatoren gibt Tacitus in indirekter Rede so wieder: »Für das Wohl der Menschen habe doch wohl die Natur selbst am besten gesorgt, die den Flüssen ihre Mündungen, ihren Lauf, ihren Ursprung und ihr Ziel zugewiesen habe. Berücksichtigen müsse man doch auch die religiösen Vorstellungen der Bundesgenossen, die den heimatlichen Flüssen Heiligtümer, Haine und Altäre gestiftet hätten. Ja sogar der Tiber selbst wolle gewiss nicht, dass er, seiner Nebenflüsse beraubt, in geringerer Herrlichkeit dahinströme.«[106] Was der Tiber nicht wollte, wollten Senatoren und Kaiser auch nicht, der Plan einer Katastrophen-Prävention wurde zu den Akten gelegt – und Tiberius verpasste somit die Gelegenheit, auf diesem Gebiet als Pionier in die Geschichte einzugehen.

# 6. Capri – Die letzten elf Jahre

Ab dem Jahr 26 lebte Tiberius bis zu seinem Tod auf der Insel Capri. Es war ein ganzes Bündel von Motiven, die ihn dazu veranlasst hatten, diesen Schritt zu vollziehen. Die ständigen Konflikte mit seiner Mutter spielten eine wichtige Rolle. Auch der Umstand, dass er in der Person des Prätorianerpräfekten Seian einen kompetenten und loyalen Sachwalter seiner Interessen zu haben glaubte. Dazu kam das Unbehagen, mit einem Senat zusammenwirken zu müssen, dessen Mitglieder immer mehr und unverhohlener zeigten, dass sie ihn nicht für einen fähigen Prinzeps hielten. Und schließlich fehlte ihm, je länger, desto mehr, das Talent, den Wünschen und Erwartungen der Plebs, der Masse der stadtrömischen Bevölkerung zu entsprechen.

## Inselherrscher

Kaum auf Capri angekommen, soll sich der alternde Kaiser in einen üblen Lüstling verwandelt haben. Seine Villa sei zu einem Sündenpfuhl geworden, in dem Tag und Nacht nichts als Orgien stattfanden. Tiberius' Schamgefühl, das ohnehin nicht sehr ausgeprägt gewesen sei, habe sich zu einem Totalausfall entwickelt. Verständlich und nachvollziehbar ist die Fassungslosigkeit, ja die Abscheu der antiken Autoren, die diese Dinge für bare Münze nahmen und kommentierten. Früher habe er sich voller Anspannung um die Staatsangelegenheit gekümmert, sagt Tacitus.[1] Nun aber wandte er sich geheimen und nicht geheimen Ausschweifungen zu. Einzelheiten nennt der Historiker nicht. Umso ausführlicher spricht der Biograph Sueton in schonungsloser, schockierender Offenheit Klartext:[2]

*»In seiner Abgeschiedenheit auf Capri kam ihm der Gedanke, ein Sesselzimmer als Ort für geheime Ausschweifungen einzurichten. Von überall her hat man ihm ganze Scharen von Mädchen und Lustknaben sowie Erfinder widernatürlicher Beischlaf-*

*methoden ... dorthin geschafft. Diese sollten, in Dreierreihen miteinander verbunden, so, dass er es genau sehen konnte, miteinander Unzucht treiben, damit durch das Zusehen seine nachlassenden sexuellen Gelüste wieder angestachelt würden. Die Schlafzimmer, die über viele Orte verteilt waren, stattete er mit Gemälden und Standbildern mit Szenen voller Wollust aus und legte zur Information die Bücher der Elephantis aus, damit niemandem bei den sexuellen Praktiken ein Muster für die befohlene Stellung fehle.«*

Den Namen Elephantis brauchte Sueton seiner Leserschaft nicht zu erläutern. Die unter diesem Namen überlieferten bebilderten Konvolute eindeutig sexuellen Inhalts, die auf die Zeit des Hellenismus zurückgingen, erfreuten sich auch in der römischen Kaiserzeit und da insbesondere in den höheren Kreisen der Gesellschaft großer Popularität.

*»Auch in Wäldern und Hainen«, fährt der Biograph mit seiner Darstellung der angeblichen skandalösen Zustände in der Tiberius-Villa auf Capri fort, »hatte er sich überall solche »Plätze für die Liebe« ausgedacht, und in Grotten und Felsenhöhlen boten sich dort junge Leute beiderlei Geschlechts, verkleidet als Pane und Nymphen, zur Liebe feil.«*

Eigentlich wäre damit bereits genug gesagt. Aber solche Geschichten über Kaiser breitete Sueton gern in allen Einzelheiten aus – nicht ohne mit einer rhetorischen Figur am Anfang zum Ausdruck zu bringen, wie die Darstellung dieser Eskapaden sein moralisches Gewissen beunruhigte:

*»Er musste sich noch viel Schlimmeres und Schändlicheres nachsagen lassen. Davon mag man gar nicht berichten oder hören, geschweige denn, dass man es glaubt, so sehr verstößt es gegen das moralische Empfinden.«*

Solchermaßen abgesichert, weidet sich Sueton in der Schilderung weiterer Details:

*»Er soll nämlich Jungen in ganz zartem Alter, die er seine Fischlein nannte, angelernt haben, ihm im Bad zwischen den Schenkeln zu sein und herumzuspielen, indem sie ihn mit der Zunge leckten und kaum merklich bissen. So habe er auch kleine Kinder, die schon etwas kräftiger, der Muttermilch aber noch nicht entwöhnt waren, an sein*

*Glied wie an eine Brust gelegt. Von seiner Veranlagung her und aufgrund seines Alters war er freilich sexuellen Freizügigkeiten solcher Art mehr zugetan. So hatte man ihm denn auch ein Gemälde des Parrhasios, auf dem Atalante den Melagros mit dem Mund befriedigt, unter der Bedingung vermacht, dass er statt des Bildes eine Million Sesterzen erhalten solle, wenn er an der dargestellten Szene Anstoß nehme. Er hat nicht nur dem Bild den Vorzug gegeben, sondern es sogar in seinem Schlafzimmer aufgehängt.«*

Von Parrhasios, einem Maler aus dem Athen des 5. Jahrhunderts v. Chr., sind keine Bilder mehr erhalten oder bekannt. Doch dank Sueton wissen wir, dass er auch mythische Szenen mit sexuellem Hintergrund im Repertoire hatte. Atalante war eine berühmte Jägerin, die als Kind ausgesetzt und schließlich von einer Bärin aufgezogen worden war. Wer sie zur Frau nehmen wollte, musste in einem Wettlauf gegen sie antreten. Sie gewann immer, die Verlierer wurden getötet. Meleagros, ein großer Krieger und genialer Speerwerfer, hatte mehr Glück, weil er ihr erlaubte, an der Jagd auf ein Ungeheuer, den Kalydonischen Eber, teilzunehmen. Atalante war es dann auch, die dem Tier die erste Wunde zufügte und damit dessen tödlichen Aktionsradius minimierte. Wie das Bild des Parrhasios beweist, waren die Beziehungen zwischen Atalante und Meleagros durchaus von intimerer Natur. Geheiratet hat sie ihren Förderer dennoch nicht.

Sueton fährt fort:

*»Beim Opfern soll er auch einmal vom Aussehen eines Dieners, der die Räucherpfanne vorantrug, so in den Bann gezogen worden sein, dass er sich nicht beherrschen konnte, ihn, kaum dass die Opferhandlung beendet war, an Ort und Stelle – er hatte ihn sofort etwas abseits geführt – zu missbrauchen, ebenso wie seinen Bruder, einen Flötenspieler. Später ließ er beiden die Beine brechen, weil sie sich gegenseitig ihren Fehltritt zum Vorwurf gemacht hätten.«*

Zum Abschluss der Rubrik »Tiberius, der Lüstling« erzählt Sueton die traurige Geschichte einer Frau namens Mallonia:

*»Wie sehr es für ihn selbstverständlich war, sich auch an Frauen, und zwar aus vornehmen Familien, zu vergehen, zeigt am deutlichsten der Tod einer gewissen Mallonia, die man ihm zugeführt hatte, die sich ihm aber beherzt und entschieden ver-*

*weigerte und ihm so klar machte, dass sie ihm nicht länger zu Willen sei. Diese überantwortete er den Anklägern und hörte nicht einmal auf, sie zu fragen, ob es ihr nicht leid tue, als sie bereits angeklagt war, bis sie sich nach dem Verlassen des Gerichts nach Hause auf und davon machte und sich einen Dolch in die Brust stieß. Zuvor hatte sie dem ›alten, stinkenden Bock‹ klar und deutlich seine sexuelle Verkommenheit vorgeworfen. Daher stammt auch die Wendung, die sich, als danach wieder Stücke aufgeführt wurden, in einem Nachspiel zu einer Atellane [derbe Volksposse] fand und mit tosendem Applaus aufgenommen wurde und bald in aller Munde war: ›Der alte Bock leckt den Ziegen ihre Schamteile.‹«*

Doch nicht nur einen ungezügelten Sexualtrieb soll Tiberius in der Einsamkeit von Capri ausgelebt haben. Auch an grausamen Spielen habe er sich geweidet. Er habe Verurteilte zu sich nach Capri kommen lassen und ihnen einen schockierenden Tod bereitet:

*»Sein Richtplatz wird auch heute noch auf Capri gezeigt, von wo er die Verurteilten nach langen und ausgesuchten Folterungen vor seinen Augen ins Meer stürzen ließ. Unten fing dann ein Trupp Matrosen die Leichname auf und schlug mit Stangen und Rudern auf sie ein, damit in ihnen nicht mehr ein Funken von Leben war.«*[3]

Noch heute wird neben der Villa Iovis auf Capri, dem mutmaßlichen Domizil des Kaisers Tiberius, die Stelle gezeigt, wo diese unmenschlichen Handlungen stattgefunden haben sollen: eine steile Klippe, 297 Meter über dem Meer. Die Italiener haben für diesen beliebten Fotospot die an sportlich-akrobatische Übungen erinnernde Bezeichnung »Salto di Tiberio« gefunden. Gern erzählt man Touristen hier die Geschichte vom grausamen Kaiser Tiberius, um sie in wohligen Schauder zu versetzen.

Nun ist es aber an der Zeit, das Spiel zu beenden. Dass Tiberius auf Capri zu einem lüsternen Unhold wurde, ist schlicht falsch. Die entsprechenden Berichte sind keine Quellen für das, was auf Capri wirklich passierte, sondern für die Phantasie der Leute. Tiberius verließ die Hauptstadt und riegelte sich auf Capri ab – zusammen mit seinen engsten Mitarbeitern und einigen Familienangehörigen wie seinem Enkel Gaius (besser bekannt als Caligula). »Normalsterbliche« hatten keinen Zugang zum kaiserlichen Anwesen, auch nicht Berichterstatter wie Historiker und Biographen. In Rom sah man den Kaiser nicht mehr – und schon begann die

Der »Salto di Tiberio« auf Capri: angeblich Schauplatz grausamer Spiele

Gerüchteküche zu brodeln. Was trieb Tiberius auf Capri? Wie verbrachte er dort seine Tage – und seine Nächte? Man wusste es nicht genau, und weil man keine Informationen hatte, dachte man sich die wüstesten Geschichten aus, charakterisierte Tiberius als einen alternden Wüstling, der, was Unmoral und Perversitäten anging, keine Scham und keine Grenzen mehr kannte. Es war die Abrechnung mit einem Kaiser, der allerdings gegen ein fundamentales Prinzip des Prinzipats verstoßen und der mit seinem Abgang, seiner Flucht vor den Menschen, seine fürsorglichen Verpflichtungen auf das Gröbste verletzt hatte.

Anlass zu diesen üblen Verdächtigungen hatte auch die aus Sicht konservativer Kreise großzügige Haltung des Kaisers zu einem von diesen Eliten öffentlich beklagten, privat aber durchaus goutierten Hang der Oberschichten zu Luxus und Ausschweifungen jeglicher Art gegeben. Einige Jahre vorher, 22 n. Chr., als Tiberius noch dort lebte und regierte, wo man es von ihm erwartete, in der Hauptstadt Rom, stand auf der Tagesordnung des

Senats wieder einmal das leidige Thema »Umgang mit Luxus und Verfall der Sitten«. Man müsse, so wurde argumentiert, gegen die Auswüchse vorgehen, und zwar mit härteren Gesetzen – gegen, wie es hieß, »Gefräßigkeit, Schlemmerei, Genusssucht«.[4] Reiche und Neureiche demonstrierten gerne ihre finanziellen Möglichkeiten, konkurrierten im Wettstreit um die schönsten Häuser, die Pracht der Ausstattung von Kleidern bei Männern und Frauen, die Exotik der Tafelfreuden, die bei Gelagen bereitet wurden, die Zahl ihrer Sklaven. Und man wies auf die »guten alten Zeiten« hin, als Römer von altem Schrot und Korn noch nach dem obersten Gebot der Disziplin und der Sparsamkeit gelebt hätten. Wo sollte das alles noch hinführen?

Der Kaiser musste ein Machtwort sprechen. Das fiel jedoch anders aus, als es sich die Hardliner erhofft hatten. In einem Schreiben an den Senat legte Tiberius seine Haltung dar. Es wird von Tacitus[5] zitiert, klugerweise mit dem Zusatz, dass dies in etwa die Gedankengänge des Kaisers gewesen seien. Authentisch ist dieser von Tacitus präsentierte Text also nicht. Doch hat der Historiker die grundsätzliche Auffassung des Tiberius wohl zuverlässig wiedergegeben: Was sollen Gesetze bringen?, fragt der Kaiser. Keiner wäre dann mehr vor einer Anklage sicher. Viele solcher Gesetze habe es in der Vergangenheit gegeben, auch von Kaiser Augustus. Doch sie seien entweder in Vergessenheit geraten oder nicht beachtet worden. Italien sei von Importen aus dem großen Römischen Reich abhängig: »Erst durch die Siege über auswärtige Völker haben wir fremdes, durch die Bürgerkriege sogar unser eigenes Gut zu verprassen gelernt«, lässt Tacitus den Prinzeps schreiben. »Niemand bringt den Umstand zur Sprache, dass Italien auswärtiger Hilfe bedarf, dass das Leben des römischen Volkes täglich ein Spielball für die unsteten Kräfte des Meeres und der Stürme ist. Und wenn die Provinzen mit ihren Vorräten einmal für den Bedarf der Herren wie der Sklaven und den Ertrag der Äcker nicht hilfreich aufkommen, dann werden natürlich unsere Parkanlagen und unsere Landgüter die Ernährung sicherstellen.« Natürlich ist so etwas, will Tacitus' Tiberius suggerieren, reines Wunschdenken. Italien kommt ohne die Reichtümer der Provinzen nicht aus, und so müsse man auch den sich daraus ergebenden Luxus hinnehmen. Es folgt ein moralischer Appell: »Möge uns das Ehrgefühl, die Armen ihre Notlage, die Reichen die Übersättigung zum Besseren bekehren.« Er selber habe nicht die Absicht, sich weiter in diese Diskussionen einzumischen, und schon gar nicht das Ziel, ein neues Gesetz auf den Weg zu bringen.

Die Freunde von Gelagen waren erleichtert, die Sittenwächter und Moralapostel enttäuscht. Sie sahen in der kaiserlichen Entscheidung, nichts zu tun, einen Freibrief für alle, die Ausschweifungen, Orgien und Luxus liebten. Als sich Tiberius nach Capri zurückzog, nutzten sie die Gelegenheit, in den Chor derjenigen einzustimmen, die in ihrer Gedankenwelt ihr ganz eigenes Bild von einem Tiberius auf Capri malten.

Das alles muss nicht heißen, dass es sich exakt gegenteilig verhielt, dass Tiberius auf Capri ein asketisches Leben führte. Nur kann keiner wissen, was hinter den Mauern der Villa passierte. Dass jedoch das, was man sich in Rom zuflüsterte, dort wirklich passiert ist, ist auszuschließen, denn man kann rekonstruieren, woher diese Stimme kamen und wodurch sie motiviert waren. Dahinter stand das dezidierte Ziel, dem Kaiser, der seine Klientel verlassen hatte, zu schaden.

Es begannen die letzten elf Jahre der Herrschaft des Tiberius. Von diesen Jahren bis zu seinem Tod 37 n. Chr. könnte man auch eine falsche Vorstellung gewinnen, würde man sich ohne Vergewisserung hinsichtlich der jeweiligen sachlichen Berechtigung Aussagen anschließen, wonach Tiberius als einsamer Inselherrscher praktisch keinen Einfluss mehr auf die Politik hatte. Allerdings fallen seine Einträge im Buch der großen Geschichte ab dem Jahr 26 n. Chr. deutlich schmaler aus als in der ersten Hälfte seiner Regierungszeit. Weltbewegendes passierte nicht mehr, es gab keine großen Erschütterungen, keine neuen, zukunftsweisenden Weichenstellungen, keine schweren Kriege. Dass sieben Jahre vor seinem Tod im fernen Palästina einem jüdischen Wanderprediger der Prozess gemacht wurde, der später zum Protagonisten einer Weltreligion werden sollte, war ein Vorgang, der von Tiberius weder beeinflusst noch gefördert worden ist – wenn die christliche Geschichtsschreibung dies später auch anders sehen wollte.

Das Leben ging weiter, auch wenn der oberste Regierende beschlossen hatte, der Hauptstadt auf Dauer den Rücken zu kehren. Tiberius blieb auf dem Laufenden, empfing Besucher aus der Hauptstadt und aus den Provinzen des Reiches, und er gab seinerseits schriftliche Direktiven, die von Boten nach Rom oder in die Provinzen gebracht wurden. So konnte er zum Beispiel weiterhin Einfluss auf die Sitzungen des Senats nehmen.[6] Auf dem höchsten Punkt der Insel war ein Signalturm errichtet worden. Von hier konnten auch bei schlechtem Wetter Nachrichten ans Festland gegenüber übermittelt bzw. von dort empfangen werden.[7] Vermutlich geschah dies durch eine Kombination aus Rauch- und Lichtzeichen. Manchmal verließ Tiberius auch die Insel, fuhr mit einem Schiff entlang der Küste Kampaniens, ging auch an Land, wagte sich sogar bis vor die Tore Roms, allerdings ohne die Stadt zu betreten.

Aber von diesen Aktivitäten bekamen die normalen Menschen nichts mit, und wenn doch, so interessierte es sie nicht. Der Kaiser arbeitete emsig, ohne dass es jemand merkte oder wertschätzte. In der Hauptstadt lief das Leben weiter, nur ohne den Prinzeps. Der Patron ließ seine Klientel im Stich. Umgänglich war Tiberius eigentlich nie gewesen, aber nun war er praktisch unsichtbar. Zu Gesicht bekamen ihn die Römer nur mittels der Münzen, die sein Konterfei schmückte, oder der Statuen, die überall in der Stadt standen.

Im Jahr 1812 bei Veji entdeckte Sitzstatue mit nachträglich installiertem Kopf des Tiberius

## Zwei Verbannungen und ein Todesfall

Drei Jahre nachdem Tiberius Rom verlassen hatte, starb seine Mutter Livia, mit 86 Jahren – ein für antike Verhältnisse sehr hohes Alter. Tiberius war damals, im Jahr 29, siebzig Jahre alt. Livia war sechzehn gewesen, als sie ihn zur Welt brachte. Damals war sie noch mit Tiberius Claudius Nero verheiratet gewesen, der kurze Zeit später von dem aufstrebenden Bürgerkrieger Octavian, dem nachmaligen Augustus, davon überzeugt worden war, dass es für alle besser sei, wenn er ihm seine Frau überließe. An der Seite des Prinzeps Augustus hatte Livia dann auch politisch eine so aktive Rolle, dass sie in konservativen Adelskreisen zur Zielscheibe massiver Kritik wurde. Augustus indes wusste sie als Partnerin und Beraterin zu schätzen, und häufig begleitete sie ihn auf seinen Dienstreisen.

Cassius Dio, der – er schrieb zur Zeit der severischen Kaiser am Ende des 2. und am Anfang des 3. Jahrhunderts – schon an starke Frauen im Kaiserhaus gewöhnt war, zitiert eine Antwort Livias auf die Frage, wie sie es geschafft habe, einen derart starken Einfluss auf Augustus zu gewinnen: »Sie habe dies dadurch erreicht, dass sie selbst peinlich auf ein sittlich einwandfreies Benehmen geachtet, gerne alle seine Wünsche erfüllt, sich nicht in seine Angelegenheiten eingemischt und vor allem den Anschein erweckt habe, als höre und merke sie nichts von seinen Liebesgeschichten.«[8] Man fragt sich, wann und bei welcher Gelegenheit Livia solche Sätze gesagt haben soll. In der Öffentlichkeit kaum, auch in privaten Unterhaltungen wird sie ihr »Betriebsgeheimnis« wohl nicht in so klarer Weise verraten haben. Es liegt also der dringende Verdacht nahe, dass Livia diese Sätze überhaupt nicht gesagt hat, sondern dass es sich um ein Konstrukt handelt, dessen Urheber sich an dem orientierte, was man in Rom über Livia so sagte. Dass sie sich nicht in Augustus' Angelegenheiten eingemischt habe, trifft indes nur auf das Privatleben zu. Hier zeigte sie sich tatsächlich sehr liberal (oder, je nach Auslegung: tolerant – großzügig – blauäugig), was die vielen amourösen Eskapaden des Augustus anging. In politischen Dingen hielt sie sich gerade nicht zurück.

Tacitus zeichnet ein ähnliches Bild von Livia, und seine Ausführungen bestätigen, dass sie es bestens verstanden hat, sich nach außen hin als sittenstrenge römische Matrone zu präsentieren. Doch zugleich lässt er auch die Kritik der römischen Konservativen an einer Frau erkennen, die sich nicht mit der traditionellen Rolle im Hintergrund begnügen wollte: »Durch ihren keuschen Lebenswandel näherte sie sich der alten, strengen Sitte, war aber umgänglicher, als es die Frauen der alten Zeit gutgeheißen hätten.«[9]

Das prominent-dominante Auftreten Livias war denn auch die Quelle für viele unhaltbare Gerüchte. So soll sie bei diversen Todesfällen in der kaiserlichen Familie ihre Hände im Spiel gehabt haben. Die Vorwürfe, sie habe Lucius Caesar, Gaius Caesar, Agrippa Postumus oder sogar Augustus ermordet, sind aber eher als Hinweise darauf zu werten, was man ihr zutraute oder womit man sie schädigen wollte, als dass sie die Realität getroffen hätten. Wäre Tiberius vor ihr gestorben, wäre sicher mitunter behauptet worden, sie hätte ihren Sohn ermordet.

Vordergründig betrachtet, hätte Tiberius auf seine aktive, engagierte, erfolgreiche Mutter stolz sein müssen. Und er hätte eigentlich auch glücklich und dankbar sein müssen, dass er seine Mutter siebzig Jahre erleben durfte. Doch Tiberius sah darin kein Glück oder Privileg, vielmehr – je länger, desto mehr – eine Belastung. Nach Augustus' Tod war Livia fünfzehn Jahre lang Witwe. Jedoch zog sie sich nicht etwa aus Politik, Gesellschaft und Öffentlichkeit zurück. Im Gegenteil: Als ihr Sohn Tiberius Kaiser wurde, mischte sie erst recht mit. Formal war sie dazu auch absolut berechtigt. Denn der verstorbene, vergöttlichte Augustus hatte ihr per Testament eine gute Ausgangsposition für die Zeit nach ihm verschafft: Livia wurde Priesterin im Kult des Divus Augustus, und sie, eine Angehörige der Familie der Claudier, wurde ganz offiziell in die Familie der Iulier aufgenommen. Der Höhepunkt war die Übertragung des Titels *Augusta*. Mit diesem femininen Pendant zu *Augustus* trat sie auch offiziell aus dem Schatten des kaiserlichen Gatten heraus. Sie war dadurch als eigenständige Führungspersönlichkeit anerkannt und nicht mehr die treusorgende Ehefrau, die einem starken Ehemann den Rücken freihielt, damit der seine Großtaten vollbringen konnte.

## Problematische Beziehungen: Tiberius und Livia

Nach dem Tod des Augustus wandelte sich Livia von der Kaisergattin zur Kaisermutter. Sie hatte nicht die Absicht, sich auf das politische Altenteil zurückzuziehen. Im Gegenteil: Den Sohn glaubte sie bemuttern – aus der Sicht des Tiberius: bevormunden – zu müssen, anders als zuvor den Ehemann. Das Recht der politischen Einmischung nahm sie sich nicht nur deshalb heraus, weil sie die Mutter des Kaisers war. Vielmehr machte sie diesem auch immer wieder und sicher auch zu oft klar, dass er ihr die Herrschaft zu verdanken habe.[10] Tatsächlich hatte sie sich in dem für die Nachfolgeregelung entscheidenden Jahr 4 n. Chr. vehement für ihren Sohn Tiberius eingesetzt. So forderte sie bei Tiberius immer wieder Dankbarkeit ein. Als Tiberius Kaiser wurde, war er 55 Jahre, Livia 71 Jahre alt. Als 55-Jähriger von der 71-jährigen Mutter immer wieder vorgehalten zu bekommen, nicht aufgrund eigener Qualitäten, sondern allein aufgrund ihrer Fürsprache an die Spitze des Reiches gelangt zu sein, sorgte nicht dafür, dass Tiberius viele positive Emotionen in das Verhältnis zu Livia investierte. Sueton spricht sogar von einer »offenen Feindschaft«.[11]

Latent war diese Aversion schon immer dagewesen, der Auslöser für eine weitere Verschlechterung war ein an sich nicht besonders aufregender Fall: Jemandem war das römische Bürgerrecht verliehen worden. Livia forderte Tiberius daraufhin wiederholt auf, den Neubürger in die Listen der Richter aufzunehmen. Tiberius erklärte, er werde dies nur unter der Bedingung tun, dass er einen Vermerk hinzusetzen dürfe, wonach ihm dieses Zugeständnis von seiner Mutter abgerungen worden sei. Wenn eine solche Bagatelle ausreichte, das Tischtuch endgültig zu zerschneiden, muss der Zorn des Tiberius auf seine Mutter sehr groß gewesen sein. Livia riskierte eine weitere Eskalation der Gegensätze, als sie, aufgebracht wegen der Reaktion des Tiberius in der Richter-Affäre, einige Briefe des Augustus in die Öffentlichkeit trug, die sie bis dahin unter Verschluss gehalten hatte.[12] Darin soll sich der selige Augustus darüber beklagt haben, wie Tiberius einem Menschen alles verleiden könne und wie unausstehlich er sei. Darüber sei Tiberius nun wiederum extrem verärgert gewesen, und so sei seine Flucht nach Capri auch ein Ergebnis des schlechten Verhältnisses zu seiner Mutter gewesen. In der Realität darf man diesen Punkt jedoch nicht überschätzen: Das schlechte Verhältnis zu Livia spielte bei den vielen Gründen, die Tiberius dazu bewegten, die Hauptstadt zu verlassen, eine wichtige, jedoch nicht die entscheidende Rolle.

Energisch trat Tiberius Initiativen entgegen, Livia mit weiteren Ehrungen zu überhäufen: In Rom und Italien, mehr aber noch in den östlichen Provinzen des Römischen Reiches genoss Livia hohe Anerkennung – und diese fand ihren Ausdruck eben in zahlreichen Ehrungen, die ihr nicht nur in ihrer »Funktion« als Frau des Prinzeps Augustus und nach dessen Tod als Mutter des aktuellen Kaisers galten, sondern auch ihrer Persönlichkeit insgesamt und ihren Verdiensten für das Reich.[13] So sollte sie zur »Mutter des Vaterlandes« ernannt werden, analog zu der Bezeichnung »Vater des Vaterlandes«, die Augustus als Krönung seiner Laufbahn akzeptiert, Tiberius hingegen abgelehnt hatte.[14] Andere beantragten für sie sogar eben jenen Titel »*Vater* des Vaterlandes«. Diese Ehrungen zeigen an, dass es sich bei dem, was Livias Kritiker als »Herrschsucht« bezeichneten, durchaus auch um ein Bewusstsein der Verantwortung für das Gemeinwesen gehandelt haben kann. Positiv wird ihr Einsatz denn auch von dem Zeitgenossen Velleius Paterculus bewertet, der kurz nach ihrem Tod im Zusammenhang mit einem Rückblick auf weitere Todesfälle im kaiserlichen Haus notierte: »Der Jammer dieser Zeit wurde noch gemehrt, indem Tiberius seine Mutter verlor, diese einzigartige Frau, die in allem mehr Göttern als Menschen glich – spürte man doch ihren Einfluss nur, wenn man vor einer Gefahr bewahrt blieb oder eine Rangerhöhung erhielt.«[15]

Eine Zeitlang wurden Briefe, die Tiberius diktiert hatte, in ihrem Namen verschickt. In den Vorzimmern ihres Hauses standen die Menschen Schlange. Und als in Rom ein Brand tobte, feuerte Livia, wie sie es von Augustus gelernt hatte, die Soldaten und die Menge an, sich energischer der Bekämpfung der Flammen zu widmen.[16] Dann zog Tiberius die Notbremse, und die alte Livia wurde rasch und konsequent entmachtet. Zunächst nicht direkt – Tiberius mied einfach jeden Kontakt mit ihr. Als Livia im Jahr 22 n. Chr., nun knapp achtzig Jahre alt, schwer erkrankt war, war er noch von Kampanien nach Rom geeilt.[17] Zum endgültigen Bruch war es gekommen, als Livia in eben jenem Jahr 22 – aus der Sicht des Tiberius – die Dreistigkeit besaß, bei der Einweihung eines Standbildes des Augustus beim Marcellus-Theater in Rom in der Inschrift ihren eigenen Namen vor den ihres Sohnes, des Kaisers, setzen zu lassen. Jetzt nahm Tiberius »seiner Mutter jeden Einfluss auf die öffentlichen Angelegenheiten, überließ ihr jedoch die Leitung der häuslichen Geschäfte«.[18] Von einer exponierten öffentlichen Frau wurde Livia auf den Status einer normalen römischen Hausfrau zurückgestuft.

Nachdem Tiberius 26 n. Chr. nach Capri gegangen war, bekam Livia ihren Sohn nur noch ein einziges Mal zu Gesicht, und das nur für wenige Stunden.[19] Als sie 29 n. Chr. schwer erkrankte, besuchte er sie nicht. Als sie starb, war er nicht anwesend. Brieflich entschuldigte er sich von Capri aus, dass er wegen dringender Geschäfte seiner Mutter nicht die letzte Ehre erweisen könne.[20] In demselben Brief erging er sich in Andeutungen auf ein Verhältnis Livias mit dem Konsul Gaius Fufius Geminus, der, wie Tacitus vermerkt, eine spezielle Begabung hatte, »Frauenherzen zu gewinnen«; er soll es auch gewagt haben, den Kaiser mit bitteren Späßen zu verärgern. Machthaber haben für so etwas ein langes Gedächtnis, meint Tacitus zu wissen. Jedenfalls wurde Gaius Fufius Geminus kurze Zeit später, wohl im Zusammenhang mit dem Vorgehen gegen Seian, der Majestätsbeleidigung beschuldigt und hingerichtet.[21]

Auch bei Livias Bestattung glänzte Tiberius weiterhin mit Abwesenheit. Besondere Anstrengungen, die Begräbnisfeierlichkeiten würdig zu gestalten, unternahm er nicht. Was er zuließ, war nicht einmal Totendienst nach Vorschrift. Die Leichenrede hielt – sein erster großer öffentlicher Auftritt – Gaius, der junge Urenkel der Verstorbenen, der spätere Kaiser Caligula. Immerhin wurde Livia im Mausoleum des Augustus, der Grabstätte der iulisch-claudischen Familie, beigesetzt.[22] Doch die testamentarischen Verfügungen der Verstorbenen erklärte Tiberius für ungültig,[23] und allen Ehrungen, die vom Senat beantragt wurden, schob er einen Riegel vor – so untersagte er auch die Apotheose, die Erhebung zu den Göttern. Sie wurde erst dreizehn Jahre später von Kaiser Claudius durchgeführt,[24] der damit seiner Großmutter (er war der Sohn des älteren Drusus, des Tiberius-Bruders) eine späte Reverenz erwies.

Wegen der Art und Weise, wie Tiberius mit seiner toten Mutter umging, bekam das Lager seiner Gegner weiteren Zulauf. Die Stimmung gegenüber dem dauerhaft auf Capri weilenden, sich seiner Klientel entziehenden Kaiser war ohnehin nicht besonders positiv. Nun aber hatte er zusätzlich noch gegen ein zentrales moralisches und ethisches Gebot im Wertekanon der Römer verstoßen. Tiberius hatte die *pietas* missachtet, den Respekt vor den Göttern und die Achtung vor den Eltern. Diese Achtung verlangte die Gesellschaft auch von einem siebzigjährigen Kaiser, selbst wenn dessen Verhältnis zu seiner Mutter getrübt gewesen war. Auch nach dem Tod seines Sohnes Drusus war Tiberius bald wieder zur Tagesordnung übergegangen, was viel Kritik hervorgerufen hatte. Vielleicht war es so, dass er Trauerfeiern nicht mochte. Doch bei der Bestattung des Drusus war er wenigstens noch persönlich anwesend gewesen.

Die Negativspirale, die mit seinem Rückzug nach Capri begonnen hatte, nahm weiter an Fahrt auf.

In numerischer Hinsicht wurde es nach dem Tod der Livia in der kaiserlichen Familie allmählich übersichtlicher. Wenn Tiberius einen Blick in die jüngere Familiengeschichte warf, musste er registrieren, dass viele Angehörige der Dynastie inzwischen verstorben waren. Getrauert hat er um sie nicht. Vielmehr hat es den Anschein, als habe ihn die große Familie mit all den leiblichen oder adoptierten Mitgliedern nur gestört, weil sie so viel Aufmerksamkeit und Energie verlangte und ihn vom Regieren abhielt.

Besonders störte ihn Agrippina, die Witwe des strahlenden Helden Germanicus. Sie zeigte jenes Maß an Selbstbewusstsein, das ihn auch bei seiner Mutter irritiert hatte – konservative Kreise, die sich nicht daran gewöhnen wollten, dass Frauen, auch wenn sie aus der Oberschicht stammten, in der Öffentlichkeit eine prominente Rolle spielten, pflegten es als Intrigantentum und Aufsässigkeit zu desavouieren. Auf der anderen Seite agierte Agrippina nicht immer glücklich. Den Kaiser ständig herauszufordern und zu provozieren, war auf die Dauer keine gute Strategie. Das Jahr 29 sollte auch für Agrippina eine entscheidende Zäsur werden – genauso wie für Nero Iulius Caesar, ihren ältesten Sohn, der zu diesem Zeitpunkt 23 Jahre alt war und schon eine Reihe wichtiger Ämter bekleidet hatte.

21 n. Chr. hatte Nero Iulius Caesar die Tochter des Tiberius-Sohnes Drusus, Iulia Livia, geheiratet. Damit war er dynastisch nahe an den Prinzeps herangerückt. Auch sein jüngerer Bruder Drusus durfte sich der kaiserlichen Gunst erfreuen. Nach dem Tod seines Sohnes Drusus 23 n. Chr. hatte Tiberius eine pathetische Rede an die Senatoren gerichtet. Er hatte sie aufgefordert, sich der »Urenkel des Augustus, der Sprösslinge so hoher Ahnen, anzunehmen«. Und an die beiden jungen Männer gewandt hatte er mit Blick auf die Senatoren gerufen: »Nero und Drusus, diese Männer vertreten jetzt die Stelle eurer Eltern. Ihr seid so hoher Abkunft, dass euer Glück oder Unglück auch den Staat angeht.«[25]

Damit waren nach außen hin wichtige Weichenstellungen für die Nachfolge im Prinzipat vorgenommen worden. Iulius Nero durfte sich als erster Kandidat für die kaiserliche Nachfolge fühlen, so wie Tiberius nach der

Adoption durch Augustus neunzehn Jahre vorher. Warum aber setzte Tiberius so vehement und exponiert auf die Söhne seines verstorbenen Neffen Germanicus? Sein eigener Sohn Drusus war die erste Wahl gewesen, doch mit dessen frühem Tod war diese Lösung hinfällig geworden. Viel mehr engere Verwandte gab es in der Familie nicht mehr. Noch viel zu jung war zu diesem Zeitpunkt der 19 oder 20 n. Chr. geborene Tiberius Gemellus, der Enkel des Tiberius, Sohn seines Sohnes Drusus mit Livilla. So blieb eigentlich nur die Familie des Germanicus übrig, der zum Glück eine große Kinderschar hinterlassen hatte. Dass Tiberius von Iulius Nero und Drusus wirklich überzeugt gewesen ist, mag bezweifelt werden. Indes trieb ihn auch hier die Verantwortung für den Staat, die er stets sehr ernst nahm. Und es mögen sich bei ihm zunehmende Zweifel eingestellt haben, ob er die Bürde der Herrschaft noch länger würde tragen können. Wenn Tacitus[26] berichtet, in derselben Sitzung des Senats, in der er den Senatoren seine beiden Großneffen ans Herz gelegt hatte, habe Tiberius durchblicken lassen, er wolle die Regierungsgeschäfte niederlegen und die Konsuln mit der Leitung des Staates beauftragen, so mag das erstens zutreffend wiedergegeben sein und zweitens mehr als ein Spiel nach dem Muster der legendären Senatssitzung vom 17. September 14 n. Chr. gewesen sein, als beide Seiten – Prinzeps und Senat – ihre künftigen Rollen ausgelotet hatten.

Das Glück und die Harmonie mit den beiden Großneffen währte indes nicht lange. Gleich nach Livias Tod kam es zu Konflikten, in deren Folge Tiberius das Vertrauen in seine Schützlinge verlor. Drahtzieher soll einmal mehr der Prätorianerpräfekt Seian gewesen sein, in den Quellen neben Tiberius selbst für alles Üble verantwortlich, was in dessen Staat passierte. Die Rede war von Intrigen und Verschwörungsplänen, in die auch Agrippina, die Mutter der bis dahin privilegierten jungen Männer, involviert gewesen sein soll. Die Version des Tacitus lautet: Nach dem Tod der Livia brachen sowohl bei Tiberius als auch bei Seian alle Dämme, sie nahmen keine Rücksicht mehr, Tiberius ließ seiner grausamen Natur freien Lauf. Und so taten sie alles, um diejenigen, die ihnen lästig geworden waren, zu beseitigen.[27]

Tiberius war nicht der Tiberius, wie Tacitus ihn gezeichnet hat. Jedoch war er auch kein Herrscher ohne Defizite und Makel. Er wurde nicht, je länger er regierte, desto grausamer, sondern eigenwilliger, in dem Sinne, dass er den von ihm favorisierten und praktizierten Herrschaftsstil – seriös, pflichtbewusst, strebsam, geräuschlos – steigerte, verabsolutierte, fast zu einem Kult erhob, bei dessen Ausübung er niemandem gestattete, ihn zu behindern oder zu stören. Dieser Regierungsstil war der Hintergrund des in den Quellen und in Teilen der modernen Darstellungen mit gewissermaßen genetisch implantierter »Menschenscheu« verwechselten Frustes darüber, dass er zunehmend die Bindung zu Senat und Volk verlor.

Es mag Seian gewesen sein, der ihm einredete, Agrippina und ihre beiden Söhne seien eine Gefahr für Staat und Herrschaft. Gleichwohl hätte Tiberius darauf nicht ohne weitere Prüfung reagieren müssen. Im Senat brachte er den Fall Agrippina auf die Tagesordnung. Das Ergebnis war ihre Verbannung auf die Insel Pandateria, auf die einst Augustus schon seine Tochter Iulia verbannt hatte, die zweite Frau des Tiberius. Sueton schildert weitere Einzelheiten. Als Agrippina gegen die Verbannung protestierte, habe Tiberius sie von einem Soldaten auspeitschen lassen, wobei sie ein Auge verloren habe.[28] 33 n. Chr. starb sie auf der Insel einen freiwilligen Hungertod.[29]

Nicht viel besser erging es ihrem Sohn Nero Iulius Caesar. Auch er geriet in den Strudel der Beschuldigungen gegen seine Mutter und wurde 29 n. Chr. ebenfalls mit der Verbannung bestraft. 31 n. Chr. starb er in seinem Zwangsexil auf der Insel Pontia. Sein jüngerer Bruder Drusus wurde in ebendiesem Jahr zum Staatsfeind erklärt. Er wurde auf dem Palatin unter Arrest gehalten. Zwei Jahre später ging auch er in den freiwilligen Hungertod.

Von den neun Kindern der Agrippina und des Germanicus waren jetzt nur noch drei Töchter und ein Sohn am Leben. Von den Töchtern sollte die nach ihrer Mutter benannte Agrippina die größte, wenn auch traurige Berühmtheit erlangen: als Mutter des späteren Kaisers Nero. Der eine übrig gebliebene Sohn war Gaius, besser bekannt als Caligula, der Nachfolger des Tiberius im Amt des Prinzeps: Als er an die Macht kam, sorgte er dafür, dass Agrippina, Nero Iulius Caesar und Drusus im Mausoleum des Augustus bestattet wurden. Er bewies damit mehr *pietas* gegenüber der Mutter und den Brüdern, als einst Tiberius gegenüber Livia.

## Seian: Höhepunkt und Sturz

Statt Tiberius regierte Seian. So musste es den Menschen in Rom und in den Städten Italiens jedenfalls vorkommen. Schon vor dem Rückzug des Tiberius war der Präfekt der Prätorianer ein mächtiger Mann gewesen. Jetzt aber passierte alles so, wie er es wollte. Der Zorn und der Hass der Stadtbevölkerung auf Tiberius nahmen zu. Wie hatte er sie nur diesem Seian ausliefern können? Und wegen Seian, so die allgemeine Überzeugung, war Tiberius überhaupt nach Capri gegangen, er hatte dem Präfekten das Regierungsfeld in Rom überlassen. Oder, wie Sueton es ausdrückt: Tiberius kümmerte sich nicht mehr um die *res publica* – das heißt, um den Staat und um die Regierungsgeschäfte.[30] Doch er wollte lieber ein Arbeitskaiser im Verborgenen als ein Schaukaiser auf der Bühne Rom sein. Das verstand keiner.

Seian war nach dem Abgang des Tiberius zwar eine sehr einflussreiche Persönlichkeit, doch er war kein Ersatzherrscher. Und er wollte es auch nicht sein. Profitiert hatte er von einem Unglück, das sich ereignet hatte, kurz bevor Tiberius Rom verließ und sein neues Domizil auf Capri bezog. Der Herrscher hatte zu einem Bankett in eine Villa mit dem Namen *Spelunca* (»Höhle«) geladen. Archäologische Überreste beim heutigen Ort Sperlonga im südlichen Latium identifiziert man gemeinhin mit dieser Villenlage. Plötzlich, als die Gesellschaft bei Speis und Trank versammelt war, lösten sich Felsbrocken von der Decke und begruben einige der Teilnehmer unter sich. Es herrschte große Panik, alles stürzte zum Ausgang – außer Seian: Er warf sich über den Kaiser, fing mit seinem Körper die Steine ab

Die Höhle von Sperlonga

und rettete ihm so das Leben.[31] »Seitdem«, so kommentiert Tacitus den Vorgang, »stand Seian noch größer da.«

Erstaunlich eigentlich, dass die Quellen nicht ein Szenario konstruierten, wonach Seian den Einsturz der Höhle durch Manipulation herbeigeführt habe, damit er sich Tiberius zu ewiger Dankbarkeit verpflichten konnte. So etwas hätte jedenfalls gepasst zu einem vor allem bei Tacitus zu erkennenden Deutungsmuster, der hinter allem, was – natürlich notorisch – schlechte Menschen taten, finstere Absichten vermutete. Jedoch trat nun tatsächlich der Effekt ein, dass Seian sein ohnehin schon hohes Ansehen beim Kaiser noch steigern konnte. Die Rettungsszene in der Villa war für Kaiser Tiberius der letzte Beweis dafür, dass er sich auf Seian verlassen konnte – anders als auf diejenigen, die bei dem Unglück in der Höhle nur an ihre eigene Rettung gedacht hatten, und anders auch als auf die Mehrheit der Senatoren in Rom, die immer mehr Politik auf eigene Rechnung machten, weil sie die anfängliche Bereitschaft des Prinzeps zu einer partnerschaftlichen Zusammenarbeit als Schwäche gedeutet hatten.

In den Quellen jedenfalls heißt es, der Vorfall von Sperlonga habe den Kaiser von der unerschütterlichen Freundschaft Seians überzeugt. Und so stieg dessen Einfluss auf die Politik ab dem Jahr 26 n. Chr. weiter an, auch deswegen, weil der inzwischen 67-jährige Tiberius nicht mehr den Impetus hatte, sich mit den Senatoren und dem Volk, das stets seine Aufmerksamkeit einforderte, herumzuplagen.

Seian aber begnügte sich, wie es in den Quellen weiter heißt, bald nicht mehr mit der Rolle der rechten Hand des Kaisers, mit der Rolle desjenigen, der nur das operative Geschäft erledigte. Der Präfekt habe die Gunst der Stunde genutzt, habe die Chance gesehen, seinen Einfluss zu vergrößern, wenn er den Kaiser aus Rom hinauskomplimentierte und ihn so vom Rest der Welt abschirmte. Tacitus glaubt, seine genauen Gedankengänge zu kennen: »Er verfiel auf den Gedanken, Tiberius dazu zu bewegen, sein Leben fern von Rom in anmutigen Gegenden zu verbringen. Davon versprach er sich mancherlei: Der Zutritt zum Kaiser werde dann von ihm abhängen und der Schriftverkehr großenteils unter seiner Aufsicht stehen, da er durch die Hände seiner Soldaten ginge.«[32] Seian wurde, so die Quellen, kaum dass Tiberius nach Capri verschwunden war, zu einem skrupellosen Drahtzieher, der die Gunst des Kaisers ausnutzte, um ihn ins Abseits zu manövrieren und selbst nach der Herrschaft zu greifen. Seitdem steht der Name Seian in jeder

Rangliste antiker Bösewichter und Intriganten auf einem Spitzenplatz. Insbesondere repräsentiert er einen Politikstil, der so ganz dem entspricht, wie man sich in Filmen der 1950er-Jahre das alte Rom vorstellte – mit Mord, Totschlag, Korruption, Ehebruch und vielen weiteren pikanten Zutaten.

Am intensivsten hat, wie auch in anderen Fällen, Tacitus an dem negativen Seian-Bild gearbeitet. Der gerne moralisierende Historiker diagnostiziert einen chronisch schlechten Charakter und wittert in jeder seiner Handlungen ein Verbrechen oder eine andere Übeltat. Gute Taten waren keine wirklich guten Taten, sondern bloß vorgetäuscht und finsteren Ziele geschuldet – ein Argumentationsmuster, das sehr an seine Charakterisierung des Tiberius erinnert. »Nach außen hin«, gibt der Autor also vor zu wissen, »zeigte er gestellte Bescheidenheit, innerlich beherrschte ihn die Gier, höchste Ziele zu erreichen, und aus diesem Grund sah man bei ihm zuweilen Großzügigkeit und Verschwendungssucht, meist aber wache Betriebsamkeit, die nicht weniger verhängnisvoll ist, sobald sie, um den Griff nach der Macht zu ermöglichen, vorgetäuscht wird.«[33] Es erstaunt immer wieder, wie Tacitus beziehungsweise seine Vorlagen in der Lage gewesen sind, die innersten Beweggründe eines Menschen zu erraten.

Sueton und Cassius Dio stoßen ins selbe Horn, was nicht weiter erstaunlich ist. Die einzige noch direkt erhaltene zeitgenössische Quelle aber stimmt nicht in den Chor der Seian-Kritiker ein. Im Jahr 30, ein Jahr vor Seians Tod, notierte der Historiker Velleius Paterculus: »Bei aller Strenge ist er sehr umgänglich, von heiterem, aber würdigem Wesen, ... nimmt nichts für sich in Anspruch und erreicht gerade dadurch alles, beurteilt sich stets bescheidener, als andere es tun.« Für Tiberius sei Seian »ein einzigartiger Helfer bei allen Lasten seiner Staatsgeschäfte«.[34] Seit den Jahren unter der Regierung des Augustus, als Velleius unter Tiberius Militärdienst in Germanien geleistet hatte, war er sein glühender Anhänger. Und so stand er auch dessen wichtigstem Mitarbeiter Seian positiv gegenüber. Zugleich aber schreibt er nicht apologetisch, so, als müsse er die Reputation Seians retten. Im Jahr 30 n. Chr. konnte man sich als zeitgenössischer Beobachter so positiv über Seian äußern.

Seian wollte zu keinem Zeitpunkt Tiberius als Kaiser ablösen. Wenn er so etwas je erwogen haben sollte, so wusste er genau, dass ein solches Vorhaben in höchstem Maße unrealistisch war. Er hatte, nachdem der Versuch, mit Livilla, der Witwe des Tiberius-Sohnes Drusus, die Ehe zu schließen, gescheitert war, keinerlei dynastische Anbindung an die kaiserliche Familie und hätte, wenn überhaupt, nur mit einem Gewalt- und Terrorregime herrschen können. Solange Tiberius auf Capri weilte – und Seian wusste, dass der Kaiser nicht die Absicht hatte, in die Hauptstadt zurückzukehren – war Rom seine Spielwiese, wo er auch so fast alles unternehmen konnte, was ihm als Alleinherrscher möglich gewesen wäre. Die Rolle des Geschäftsführers des Kaisers war für ihn die optimale Funktion. Er hielt Tiberius den Rücken frei, und dieser hielt seine schützende Hand über ihn. Fünf Jahre lang lautete daher die Arbeitsteilung: Seian agierte auf der Bühne der stadtrömischen Politik, Tiberius regierte das Reich von Capri aus. Dieses Schema trifft die Verhältnisse besser als ein viel zitiertes Wort des Cassius Dio, der meinte, Seian sei der Kaiser und Tiberius nur ein Inselherrscher gewesen.[35] Dass Tiberius in seinem Refugium auf Capri praktisch unsichtbar blieb, sollte nicht dazu verleiten, seinen Einfluss auf die praktische römische Politik in dieser Zeit zu unterschätzen. Durch Briefe, Boten und Besucher war er stets auf dem Laufenden. Auch Seian war häufig auf Capri, und dies nicht, um Tiberius Instruktionen zu geben, sondern um umgekehrt die Anordnungen des Kaisers in Empfang zu nehmen.

Im kaiserfreien Rom sonnte sich Seian indes im Glanz des Ruhmes und der Macht. Wohl mehr aus Furcht als aus Bewunderung schlug ihm eine Welle demonstrativer Willfährigkeit entgegen. Man errichtete ihm Statuen, sein Geburtstag war offizieller Feiertag, wie auf die Person des Kaisers wurden auf seine Person Gelübde abgelegt. Wer etwas werden wollte, musste sich mit ihm gut stellen. Als er zu Neujahr bei sich zu Hause zu einem Empfang bat, wollte kein Senator fehlen. Es war so voll, dass, wie Cassius Dio erzählt, eine Liege unter der Last der darauf Sitzenden zusammenbrach.[36]

Der Höhenflug des scheinbar allmächtigen Prätorianerpräfekten währte bis zum Jahr 31 n. Chr. Dann kam es plötzlich zum spektakulären Sturz. Am Anfang des Jahres hatte nichts auf das nahende Ende seiner steilen Karriere im Dienste des Kaisers Tiberius hingedeutet. Im Gegenteil: Tiberius hatte ihn von Capri aus mit weiteren Kompetenzen und Privilegien dekoriert. Dass Seian zusammen mit dem Kaiser das Konsulat bekleidete, durfte er als Zeichen der Wertschätzung ansehen. Dann das erste Alarmzeichen: Nach ein paar Monaten, genauer: am 9. Mai, zog sich Tiberius aus dem gemeinsamen Amt zurück. Und nur wenig später der nächste Paukenschlag: Tiberius ernannte Macro, den bisherigen Kommandanten der städtischen

Feuerwehr, zum neuen Präfekten der Prätorianer. Als Motivationshilfe, sich den neuen Verhältnissen anzupassen und dem Kaiser Loyalität zu erweisen, erhielt jedes Mitglied der Garde eine Prämie von 1000 Denaren.

Tiberius zeigte, dass er entgegen allen anderslautenden Gerüchten nach wie vor handlungsfähig war. Am 18. Oktober wurde Seian in den Senat bestellt. Dort wurde ein Schreiben des Kaisers verlesen, mit der Anordnung, Seian zu verhaften. Das Volk jubelte befreit, als er ins Gefängnis gebracht wurde. Die eben noch dekorierten Standbilder wurden umgestürzt. Unter dem Eindruck der öffentlichen Aufregung beschloss der Senat die Todesstrafe – und sie wurde sofort vollzogen. Drei Tage lang, heißt es, schändete das aufgebrachte Volk den Leichnam des gestürzten Präfekten, bevor es ihn in den Tiber warf. Auch seine drei Kinder wurden hingerichtet.[37] Die Tochter wurde zuvor vom Henker vergewaltigt, weil es einen alten Rechtsspruch gab, wonach Jungfrauen im Gefängnis nicht getötet werden durften. Apicata, Seians Ex-Frau, beging, nachdem sie ihre Aussagen über den Tod des Drusus zu Protokoll gegeben hatte, Selbstmord. Viele seiner Freunde und Anhänger wurden getötet, andere vor Gericht gestellt. Auch Livilla, der ehemaligen Schwiegertochter des Tiberius, wurde wegen Verstrickung in die Affäre der Prozess gemacht, und an dessen Ende stand das Todesurteil.[38]

Zog Tiberius die Notbremse, weil er meinte, dass der scheinbar unentbehrliche Helfer zu einem Konkurrenten um die Macht geworden war? In den Quellen ist die Rede von einem Schreiben, in dem Antonia, die Mutter der Livilla, den Kaiser über eine von Seian geplante Verschwörung informierte.[39] Jedenfalls scheint Tiberius, der sonst immer seine schützende Hand über den Präfekten gehalten hatte, angesichts der Massivität der Vorwürfe seine Meinung geändert zu haben. Dass Seian einen solchen Plan nicht wirklich verfolgte, spielte bei den Nachforschungen keine Rolle. Erst aus der retrospektiven Distanz betrachtet kristallisiert sich in ihm der Typus eines bestimmten Politikers und Funktionsträgers heraus: Seian war das typische Produkt eines noch nicht gefestigten monarchischen Systems; er schöpfte die Möglichkeiten von Stützpfeilern der Monarchie aus – und bekam die Risiken im Beziehungsgeflecht zwischen Herrscher, kaiserlicher Familie, Soldaten, Senat und Volk schmerzlich zu spüren. Auch wenn Seian letztlich scheiterte: Mit der Aufwertung und der Förderung der Prätorianergarde hatte Tiberius einen entscheidenden Anteil daran, dass die Prätorianer und ihre Präfekten zu einem wichtigen Machtfaktor im römischen Staat wurden und es auch unter den nachfolgenden Kaisern verstanden, eine herausragende Rolle zu spielen. In dieser Hinsicht hat die Herrschaft des Tiberius deutliche Spuren in der Geschichte hinterlassen.

## Tiberius und die Christen

Das Bild des Tiberius leidet bis heute unter der schlechten Presse bei der überwiegenden Zahl der antiken Quellenautoren. Eine Ausnahme ist sein Bewunderer, der zeitgenössische Historiker Velleius Paterculus. Und es gibt eine weitere Ausnahme: die christliche Überlieferung – was nicht selbstverständlich ist, denn es war Tiberius, der an der Spitze des Römischen Reiches stand, als fern von Rom Jesus Christus, der Heiland, der Erlöser, der Protagonist der heute immer noch größten Weltreligion, verurteilt und hingerichtet wurde. Verkürzt könnte man sagen: Unter Tiberius wurde Jesus getötet, und von dieser Aussage ist es nicht mehr weit zu der Formulierung: Tiberius tötete Jesus. Das wäre für die Christen, wie man meinen könnte, eigentlich Grund genug gewesen, ihn in die gut gefüllte Abteilung der als Antichristen etikettierten römischen Kaiser einzuordnen, wo er sich dann in schlechter Gesellschaft mit Herrschern wie Nero, Domitian, Decius, Valerian oder Diocletian, den berüchtigtsten Christenverfolgern also, befunden hätte. Doch ist die christliche Überlieferung mit Tiberius sehr milde verfahren, ja sie reservierte ihm in dem göttlichen Plan, mit dem sie die Welt und die Geschichte betrachteten, einen Platz mit einer wichtigen Funktion.

Auch Augustus darf sich posthum über die Wertschätzung der Christen freuen, weil er Kaiser war, als Jesus geboren wurde. Das ist für immer in der Weihnachtsgeschichte, dem Evangelium nach Lukas, dokumentiert. Als Jesus geboren wurde, war Tiberius nicht weit entfernt, in Rhodos im selbstgewählten Exil. Hier war die Geburt kein Thema, wie auch sonst nirgends im Römischen Reich. Auch nicht in Judäa.

Die Römer hatten siebzig Jahre zuvor, in Gestalt des großen Pompeius, die Herrschaft über den Staat der Juden übernommen, dieses Land aber, weil die Lage als unsicher galt und die Menschen als stets zum Aufruhr neigend eingestuft wurden, an lokale Klientelkönige delegiert. So war die Familie des Herodes ans Ruder gekommen – erst der Vater, dann nach dessen Tod 4 v. Chr. seine Söhne. Im Jahr 30 n. Chr., als Jesus am Kreuz starb, herrschte in Galiläa, der Heimat Jesu, der Herodes-Sohn Herodes Antipas (er erwarb zweifelhaften Ruhm mit der Hinrichtung Johannes des Täufers als Preis für einen Tanz der Salome). Er herrschte jedoch nur von Roms Gnaden, denn verwaltungsmäßig war Judäa, wie die Römer das biblische Land, das heutige Israel und Palästina, nannten, Teil der römischen Provinz Syria, und insofern war der Statthalter von Syria, nach dem Kaiser, dort die oberste politische Instanz. Immerhin schickte Herodes Antipas um 20 n. Chr. eine urbane Ergebenheitsadresse nach Rom: Seine neue Hauptstadt, die er am Westufer des Sees Genezareth bauen ließ, nannte er dem Kaiser zu Ehren Tiberias.

Als Jesus im Jahr 30 starb, befand sich Tiberius auf Capri, das seit 26 n. Chr. seine Residenz und sein dauerhaftes Domizil war. Von dem, was während des jüdischen Passahfestes in Jerusalem passierte, wusste er nichts. So etwas fiel in den Verantwortungsbereich der zuständigen Amtsträger vor Ort. Tiberius hatte seine Administration gut im Griff, und so verließ er sich darauf, dass Probleme dieser Art von seinen Funktionären geregelt wurden. Einer dieser Funktionäre trug den Namen Pontius Pilatus. Vermutlich kennen heute mehr Menschen seinen Namen als den des Tiberius: Das christliche Glaubensbekenntnis hat ihm ein Denkmal für die Ewigkeit errichtet – »… gelitten unter Pontius Pilatus, gekreuzigt, gestorben und begraben, hinabgestiegen in das Reich des Todes, am dritten Tage auferstanden von den Toten, aufgefahren in den Himmel …«. Pontius Pilatus wird auch sonst im Neuen Testament genannt, nicht nur im Kontext des Prozesses und der Kreuzigung Christi, wo er der Mann ist, der seine Hände in Unschuld gewaschen hat.[40] Damit wollte er deutlich machen, dass sein Anteil an den Geschehnissen, die zur Kreuzigung Jesu führten, eher gering gewesen sei. Tatsächlich fielen Prozesse dieser Art in den Zuständigkeitsbereich des Präfekten von Judäa, auch wenn die frühe christliche Tradition nichts unversucht gelassen hat, die Verantwortung für die dramatischen Vorgänge in Jerusalem allein den jüdischen Autoritäten aufzubürden.

Pontius Pilatus war seit 26 n. Chr. Roms Interessenvertreter in der Problemzone Judäa. Als ihm der Kaiser die Beförderung zum *praefectus Iudaeae* mitgeteilt hatte, hielt sich seine Freude sicher in Grenzen. Judäa war ein heißes Pflaster, immer wieder hatte es Konflikte gegeben. Auch Pilatus zeigte im Umgang mit den Juden wenig Sensibilität und sah sich daher mit vielen Schwierigkeiten konfrontiert. Der Prozess gegen den bei ihm als Unruhestifter angezeigten Jesus dürfte ihn in der Einschätzung bestätigt haben, dass Judäa nicht gerade den Höhepunkt seiner Laufbahn als kaiserlicher Verwaltungsbeamter sein würde. Immerhin fand er auf diese Weise auch Eingang in die römischen Annalen: Wo Tacitus die Verfolgung der stadtrömischen Christen durch Kaiser Nero im Jahr 64 n. Chr. schildert, erklärt er seiner Leserschaft, wer diese Christen überhaupt gewesen sind – »Es waren jene Leute, die das Volk wegen ihrer Schandtaten hasste und mit dem Namen ›Christen‹ belegte. Dieser Name stammt von Christus, der unter Tiberius vom Prokurator Pontius Pilatus hingerichtet worden war.«[41] Aus dem auch in den Evangelien erwähnten Titel »Prokurator«[42] machte Luther in seiner Bibelübersetzung den bis heute geläufigen »Landpfleger«. Seit dem Fund einer Inschrift in Caesarea Maritima[43] ist der richtige Titel *praefectus* bekannt, der Pilatus als einen Beamten ausweist, der dem Statthalter von Syrien unterstellt war. In der Inschrift wird er im Zusammenhang mit einem Bauwerk genannt, das – evidenterweise nach dem regierenden Kaiser Tiberius – als Tiberieum bezeichnet wird (es gibt verschiedene Deutungsvorschläge: wahrscheinlich handelte es sich um eine Stätte des Kaiserkultes). Zu den Obliegenheiten des Pontius Pilatus gehörte auch die Wahrnehmung von Prozessen in Judäa, und zu diesem Zweck war er in Jerusalem erschienen, um auch das Urteil über Jesus zu fällen.

Nach dem Todesurteil von Jerusalem verlief die Karriere des Pontius Pilatus nicht sehr glücklich. Er blieb noch einige Jahre auf seinem Posten in Judäa. Als er bei einer religiösen Zeremonie der Samaritaner Gewalt anwandte, wurde gegen ihn Anklage erhoben, und so schickte ihn der Statthalter von Syrien nach Rom. Dort traf Pilatus im Verlauf des Jahres 37 n. Chr. ein – Tiberius war da bereits verstorben.[44] Weitere Nachrichten liegen nicht vor über den Mann, der das Todesurteil über Jesus Christus gesprochen hat. Die Christen verziehen ihm später zumindest teilweise, denn sie ordneten ihn in ihr heilsgeschichtliches Schema ein, sahen in ihm einen notwendigen Teil des göttlichen Plans und als Voraussetzung für die durch Tod und Auferstehung herbeigeführte Erlöserfunktion Christi. Nicht auszudenken, was wäre, wenn Pontius Pilatus Jesus begnadigt hätte ...

Eine ähnliche christliche Aufwertung widerfuhr Kaiser Tiberius. Im Neuen Testament wird er nur an einer Stelle namentlich erwähnt, und dies lediglich in einer datierenden Angabe. Lukas berichtet, die Tätigkeit Johannes des Täufers habe »im fünfzehnten Jahr der Herrschaft des Kaisers Tiberius begonnen«.[45] Ansonsten gibt es einige Stellen, bei denen allgemein von

»dem Kaiser« die Rede ist:[46] Gemeint war zwar Tiberius, allerdings nur abstrakt in seiner Eigenschaft als Herrscher und nicht als Person.

Anders verhält es sich in der außerbiblischen christlichen Überlieferung. Nach einer von Tertullian und Eusebius repräsentierten christlichen Tradition war Tiberius über die Vorgänge in Jerusalem informiert.[47] Er habe dem Senat über Tod und Auferstehung Jesu Bericht erstattet und sich für die neue Religion ausgesprochen. Der Senat aber blieb skeptisch, weil er keine Gelegenheit gehabt habe, die Angelegenheit selbst zu überprüfen. Daraufhin habe Tiberius all jenen gedroht, die es wagen würden, gegen die Anhänger des Christengottes vorzugehen. Wäre dies tatsächlich so passiert, dann hätte Tiberius zweifellos die Anwartschaft auf kirchliche Heiligsprechung verdient. So früh schon für die Christen gewesen zu sein, damals noch eine kleine Gruppe in einem entfernten Winkel des Römisches Reiches, wäre eine besondere Leistung gewesen. Doch Tiberius wurde nicht heiliggesprochen, jedenfalls nicht *unser* Tiberius. Das Verzeichnis der christlichen Heiligen führt einen Tiberius auf, der während der Christenverfolgungen unter Kaiser Diocletian zu Beginn des 4. Jahrhunderts den Märtyrertod starb. Bekannt ist er heute als »Tiberius von Obermarchtal«, nachdem im 17. Jahrhundert eine Kopfreliquie des Heiligen als bischöfliches Geschenk in die Gemeinde am Fuß der Schwäbischen Alb gelangte (bis heute findet dort alljährlich eine Wallfahrt statt).

»Tiberius von Rom« gehört nicht zu den Heiligen, und das völlig zu Recht. Denn Kaiser Tiberius war kein früher Konstantin, der dem Christentum den Weg zu einer Weltreligion bereitete. Tiberius war kein Christ, er kannte die Christen überhaupt nicht, und wenn er vom Prozess gegen Jesus jemals erfahren hat, dann allenfalls durch eine Aktennotiz, die man ihm nach Capri geschickt hat. Und selbst wenn dies der Fall gewesen sein sollte, wird er der Nachricht keine besondere Bedeutung beigemessen haben. Informationen dieser Art, von Predigern, die von den römischen Instanzen als Rebellen und Aufwiegler eingestuft wurden, gab es in dieser Zeit besonders im Osten viele.

Tiberius wurde von den späteren Christen, den emsigen Publizisten des 3. und 4. Jahrhunderts, genauso wie Augustus und Pontius Pilatus instrumentalisiert. Man wollte ihnen einen Platz im heilsgeschichtlichen Plan Gottes sichern: Augustus brauchte man in dem Kontext, dass Jesus von Nazareth aufgrund der von ihm initiierten Volkszählung in der Davidstadt Bethlehem geboren wurde, Pontius Pilatus, damit Jesus den Kreuzestod sterben konnte, und Tiberius, weil er das Römische Reich regierte, als Jesus starb und wiederauferstand. Indem man ihn zu einem Christenfreund stilisierte, wollte man ihn späteren Kaisern, die keine christenfreundliche Tendenzen zeigten, als positives Beispiel gegenüberstellen.

Selbst im Jahr 37, als Tiberius starb, waren die Christen noch nicht als eine eigene religiöse Gemeinschaft identifizierbar. Sie waren aus dem Judentum hervorgegangen und galten demzufolge in der allgemeinen Wahrnehmung als Juden. Überdies war der Selbstfindungsprozess der Christen in dieser Zeit noch in vollem Gange. Die Trennung von Judenchristen und Heidenchristen vollzog sich erst in der Regierungszeit des Kaisers Claudius, am Ende der Vierzigerjahre des 1. Jahrhunderts, als sich Paulus mit der Forderung einer auch universal ausgerichteten Mission gegen Petrus, der nur bei den Juden missionieren wollte, durchsetzte.

In Rom hatte Jesus, als er im Jahr 30 starb, demnach noch keine Anhänger. Als Nero 34 Jahre später die Christen in Rom verfolgen ließ, weil er ihnen die Schuld am Brand der Stadt zuschieben wollte (weil er selbst – fälschlicherweise – in den Verdacht geraten war, ein Brandstifter zu sein), gab es dort mutmaßlich nicht mehr als ein paar Hundert Christen, Zugewanderte aus dem Osten, insbesondere den jüdischen Diasporagemeinden, die die neue Lehre in den Westen brachten.

Dafür gab es im Rom des Kaisers Tiberius eine bunte Mischung aus vielerlei Ethnien, Kulturen, Religionen und Traditionen. Die prosperierende Metropole am Tiber lockte Menschen aus aller Herren Länder an, auch und vor allem aus Griechenland, Kleinasien, Syrien. Sie waren nicht nur zu Besuch da, sie kamen, um sich dauerhaft niederzulassen. Im Gepäck hatten sie auch ihre eigenen Götter. Grundsätzlich war der römische Staat in religiösen Angelegenheiten tolerant. Jeder durfte glauben, woran er wollte. Respekt vor den römischen Göttern war allerdings erwünscht. Und es galt ein weiteres Prinzip: Niemand durfte mit seinen religiösen Vorstellungen und kultischen Eigenarten die allgemeine Ordnung stören. Schon in den Zeiten der Republik hatte man da empfindlich reagiert. Alles, was nicht transparent war und geeignet schien, die gesellschaftlichen Verhältnisse in Unordnung zu bringen, war verdächtig.

Vor diesem Hintergrund sind Maßnahmen des Tiberius zu sehen, die auf den ersten Blick, ohne weitere Analyse, pauschal als »fremdenfeindlich« und »religionsfeindlich« klassifiziert werden könnten. Im Jahr 16 n. Chr.

sanktionierte er einen Senatsbeschluss, wonach »Magier und Astrologen« aus Italien ausgewiesen werden sollten.[48] Zwei Vertreter dieser Kategorie wurden sogar hingerichtet. Zwar hatte Tiberius seit seinem Aufenthalt auf Rhodos in der Person des Thrasyllos seinen persönlichen Astrologen, und er hatte auch an sich ein Faible für die Astrologie, doch er teilte das Misstrauen von Senat und Volk gegenüber allen Weissagern und Zukunftsdeutern zumal griechischer Provenienz, die zu dieser Zeit in den Häusern vieler Reicher ein gutes Auskommen fanden.

Als »Magier« wurden Vertreter östlicher Weissagekunst und Wahrsagerei bezeichnet. Die meisten von ihnen stammten aus Persien und Kleinasien. Anders als die Astrologen bezogen sie ihr Wissen nicht aus den Sternen, sondern aus alten Büchern wie denen der Chaldäer. Auch hier zeigt sich in der offiziellen Haltung der Römer eine bezeichnende Ambivalenz. Man schätzte einerseits ihre prognostischen Fähigkeiten, besonders wenn sie Gutes verhießen wie im Fall des römischen Aristokraten Sulla, der sich 96 v. Chr. bei einem diplomatischen Treffen mit Parthern von chaldäischen Magiern seine Zukunft weissagen ließ und dabei die erfreuliche Mitteilung eines glücklichen Lebens und eines Todes auf der Höhe seines Ruhmes erhielt.[49] Andererseits fürchtete man einen Kontrollverlust hinsichtlich dessen, was in der Gesellschaft geschah. Diese Furcht artikulierte sich immer wieder in Sanktionen, und auch Tiberius griff also im Jahr 16 zu einem harten Mittel, um den Einfluss der Magier einzudämmen. Konkreter Anlass dürfte gewesen sein, dass man eine Verschwörung vermutete, in die in prominenter Funktion der mit dem Kaiserhaus weitläufig verwandte Senator Scribonius Libo verwickelt war.[50] Dieser war, wie es Tacitus darstellt, unter schlechten Einfluss geraten, und dazu gehörte auch, dass er den Versprechungen von Astrologen, den Zauberkünsten von Magiern und den Visionen von Traumdeutern Gehör schenkte. Die Verschwörung wurde aufgedeckt. Der anschließende Prozess fand in der Öffentlichkeit eine große Resonanz. Während des zweiten Prozesstages beging Libo Selbstmord. Danach erklärte Tiberius, er hätte für Freispruch gestimmt[51] – eine seiner ungeschickten und wenig einfühlsamen Äußerungen, mit denen er sich immer wieder die ohnehin nicht besonders großen Sympathien verscherzte. Und anschließend startete er die erwähnte Aktion gegen die Astrologen und Magier.

Drei Jahre später gingen Tiberius und der Senat gegen die Anhänger der ägyptischen Göttin Isis und gegen die Juden in Rom vor. Auch hier handelte es sich nicht um eine völlig neue Maßnahme. Aus der Zeit der späten Republik sind fünf Fälle von zum Teil gewaltsamen Aktionen gegen ägyptische Götter bekannt.[52] Die jüdische Gemeinde in Rom stand immer wieder im Visier der römischen Behörden, erstmals bereits lange vor Tiberius im Jahr 139 v. Chr. Und auch in diesen Fällen spielten religiöse Gründe allenfalls eine untergeordnete Rolle, und zwar insofern, als die den Römern fremden kultischen Praktiken der Ägypter und der Juden politisch und gesellschaftlich suspekt erschienen. Wer wie die Freunde der ägyptischen Religion und die Juden religiös »exklusiv agierte« und bei kultischen Veranstaltungen keine Außenstehenden zuließ, geriet leicht in den Verdacht, sich konspirativ zu betätigen. Objektiv mag dies nicht der Fall gewesen sein, es wurde aber subjektiv so empfunden.

Und Tiberius griff, 19 n. Chr., zu drastischen Maßnahmen, um Ägypter und Juden zu sanktionieren.[53] Sie wurden gezwungen, alle ihre religiösen Gewänder und Opfergeräte zu verbrennen. Viertausend Juden, die, wie es bei Tacitus heißt, vom Aberglauben angesteckt waren und das taugliche Alter hatten, wurden nach Sardinien deportiert und dort fortan im Kampf gegen Straßenräuber eingesetzt. »Wenn sie das ungesunde Klima dahinraffte, sei dies ja ein geringer Schaden.« Alle anderen mussten Italien verlassen, es sei denn, sie schworen ihrem Glauben ab. Außerdem drohte man ihnen »ewige Knechtschaft« an.

Wären damals bereits Christen in Rom gewesen, sie wären wohl ebenfalls ausgewiesen worden, und dies eben vom später posthum zum Christenfreund stilisierten Kaiser Tiberius. So sollte es bis zum erwähnten Jahr 64 n. Chr. dauern, bis ein Kaiser die zu diesem Zeitpunkt als religiöse Gruppierung eigener Prägung wahrnehmbare Christengemeinde von Rom ins Visier nahm. Tiberius wie Nero bestätigten ein Paradoxon des römischen Verhältnisses zu fremden Völkern, Kulten und Lebensformen: In ihrem großen Imperium, das sich von Spanien bis nach Syrien, von Nordafrika bis nach Germanien erstreckte, verstanden die Römer es, durch eine gezielte Politik der Romanisierung die vielen Kulturen und Ethnien zu integrieren, ihnen das Gefühl zu geben, nicht Unterworfene, sondern Partner zu sein. Zu Hause aber, in Rom und in Italien, herrschte eine Tendenz zur Ausgrenzung, dort sah man die Fremden und deren Kultur als Gefahr für Sicherheit, Transparenz und römische Identität an. Tiberius war in dieser Hinsicht keine Ausnahme.

## Dem Ende entgegen

Die Informationen, die die Quellen über die letzten Jahre des Kaisers Tiberius liefern, ergeben ein ambivalentes Bild. Einerseits zeichnen sie das Porträt eines verbitterten, grausamen, perversen Kaisers, der sich auf Capri einem ungezügelten, orgiastischen Leben hingab. Andererseits liefern sie genügend Material, um den Schluss zuzulassen, dass Tiberius seine Aufgaben als Herrscher nicht nur nicht vernachlässigte, sondern dass er das Heft des Handelns weiterhin in Händen hielt.

Die Nachrichten über den Lüstling Tiberius kann man, auch was seine letzten Jahre angeht, getrost in die Abteilung »haltlose Hauptstadtgerüchte« verweisen. Hier wurde ein Publikumsgeschmack bedient, der sich den kaiserlichen Mikrokosmos auf Capri eben in dieser Weise vorstellen wollte.

Der Vorwurf der Grausamkeit beruht auf einer Reihe von Majestätsprozessen und weiteren Maßnahmen gegen Anhänger des gestürzten Prätorianerpräfekten Seian sowie gegen tatsächliche oder vermeintliche Oppositionelle. Die Quellen erwecken den Eindruck, als habe in Rom praktisch Chaos geherrscht, ein Klima der Angst, des Misstrauens, der Gewalt.[54] Auch wenn dies übertrieben erscheinen mag und zumindest partiell auf das Bestreben der Quellen zurückzuführen ist, die These von dem im Laufe der Jahre immer brutaler werdenden Kaiser zu stützen, so besteht doch kein Zweifel daran, dass in der letzten Phase der Herrschaft des Tiberius die Zustände in Rom labiler wurden. Jedoch war der Kaiser dabei nicht die treibende Kraft. Die Akteure waren der Senat und vor allem Macro, der Seian auf dem Posten des Prätorianerpräfekten beerbt hatte und der seine neue Rolle mehr als offensiv interpretierte, der die Freiräume nutzte, die ihm allein durch die Absenz des Prinzeps gegeben waren.

Auch in den letzten Jahren war es zu keinem Zeitpunkt so, dass der Prinzeps die Kontrolle gänzlich verlor. Briefe und Boten hielten ihn über das, was in Rom passierte, weiterhin auf dem Laufenden. Noch einige Male durchbrach Tiberius seine selbstverordnete Rom-Abstinenz, das erste Mal im Jahr 32. Da segelte er von Capri aus über Sorrent an der Küste Kampaniens entlang. Er wagte sich sogar bis in die Nähe Roms, suchte auch die Parkanlagen am Tiber auf, kehrte dann aber wieder nach Capri zurück.[55] Beim zweiten Mal kam er auf der Via Appia bis zum siebten Meilenstein an die Stadt heran.[56] Was er mit diesen Beinahe-Besuchen bezweckte, lässt sich seriös nicht beantworten. Während Tacitus einige, seiner mentalen Struktur entsprechende, gewundene Erklärungen zu geben versucht, ist Sueton jedenfalls in Bezug auf den ersten Besuch ehrlicher, wenn er bekennt, dass man nicht weiß, warum Tiberius dies tat. Beim zweiten Besuch soll den Kaiser ein negatives Vorzeichen abgeschreckt haben. Ameisen hätten eine Schlange, die seine treue Reisebegleiterin war und die er immer eigenhändig zu füttern pflegte, aufgegessen. Solche Geschichten erzählte man sich über die Kaiser gerne. Tiberius hatte zwar ein Faible für Astrologie und damit vielleicht einen gewissen Hang, an Vorzeichen zu glauben, doch ist kaum anzunehmen, dass er wegen eines solchen Vorfalls einen geplanten Rom-Besuch aufgegeben hätte. Was aber wollte Tiberius in Rom? Romantische oder nostalgische Anwandlungen lagen ihm völlig fern, sodass das Motiv »Sehnsucht« oder »Heimweh« ausgeklammert werden kann. Möglicherweise ging es ihm darum, den für seine Reputation fatalen Eindruck zu korrigieren, er interessiere sich nicht mehr für die Stadt und für die Bevölkerung von Rom, die seine Klientel darstellte. Dagegen spricht allerdings, dass er bei seinem ersten Besuch an den Ufern des Tibers Soldaten postierte, die Leute wegschicken sollten, die ihnen aus der Stadt entgegenkamen.[57] Das Staatsschiff schlingerte in diesen Jahren jedenfalls nicht führerlos vor sich hin, auch wenn sich die Tiberius-kritischen Quellen viel Mühe geben, diesen Eindruck zu erwecken.[58] So war der Kaiser aktiv beteiligt an der Regelung innen- und außenpolitischer Angelegenheiten.

Eher ferner Zuschauer aber war er bei einem Aufstand der germanischen Friesen im Jahr 28, der sich an den hohen Steuern entzündete, die sie an den römischen Fiskus zu entrichten hatten.[59] Im Jahr 32 dann war er nicht nur Zuschauer, als es in Rom als Folge von Versorgungsengpässen zu einer rapiden Verteuerung des Brotpreises kam.[60] Die davon besonders betroffene Plebs, die Masse der stadtrömischen Bevölkerung, verschaffte ihrem Unmut über mehrere Tage hinweg im Theater Luft, »mit einer Dreistigkeit«, wie Tacitus betont, »wie man sie dem Kaiser gegenüber nicht gewohnt war«. Nun war der Kaiser gar nicht da, was den Zorn der Menge noch weiter angefeuert haben dürfte. Von Capri aus machte Tiberius den Senatoren und den Beamten Vorwürfe, dass sie das Volk nicht in die Schranken verwiesen hätten. Zugleich machte er darauf aufmerksam, dass unter seiner Regie mehr Getreide nach Rom gelange als unter der des Augustus. Daraufhin ließ der Prinzeps Senat und Konsuln entsprechende restriktive

Edikte publizieren. Seine Popularitätswerte, die sich ohnehin in kaum noch wahrnehmbaren Tiefen befanden, sanken durch diese Affäre erneut. Denn seine kategorische Ablehnung ihrer Forderungen aus der insularen Abgeschiedenheit Capris empfanden die Menschen in Rom, die unter der Teuerung zu leiden hatten, als arrogant und überheblich.[61] Wieder verlor Tiberius das Volk ein Stück mehr.

Großes Engagement hingegen zeigte der Kaiser bei einer Finanzkrise im Jahr 33.[62] Sie hatte sich daraus ergeben, dass Spekulanten zu Wucherpreisen Geld verliehen und gesetzliche Beschränkungen des Zinssatzes konsequent ignoriert hatten. Der Senat hatte zögerlich reagiert, weil viele Senatoren selbst in unsaubere Geldgeschäfte verwickelt waren. Als allen Schuldnern die Darlehen gekündigt worden waren, war es zu einer Geldknappheit gekommen. Nun griff Tiberius persönlich ein und ließ ungeahnte Fähigkeiten als Finanzmanager erkennen: Er verteilte 100 Millionen Sesterzen an die öffentlichen Wechselbanken und ließ sie zinslose Darlehen für drei Jahre ausgeben, wenn der Schuldner dafür dem Volksvermögen Grundstücke von doppeltem Wert verpfändete. Eine solche Lösung hätte Tiberius sicher nicht gefunden, wenn er sich, wie von den Quellen suggeriert, in dieser Zeit nur noch mit Morden und Orgien beschäftigt hätte.[63]

Zwei Jahre vor seinem Tod bewies Tiberius, dass er auch die außenpolitischen Interessen des Imperiums weiter im Auge hatte. Wieder einmal ging es um die leidigen und altbekannten Auseinandersetzungen mit den Parthern, um Thronstreitigkeiten und die Armenien-Frage, mit der Tiberius schon ganz am Anfang seiner Karriere, damals als Kurier des Augustus, Bekanntschaft gemacht hatte. In souveräner Weise dirigierte der Kaiser von Italien aus eine Lösung, indem er den Prätendenten Tiridates III. zum König von Armenien machte und außerdem Lucius Vitellius als Statthalter in Syrien einsetzte; dieser brachte den Partherkönig Artabanos zu der Einsicht, dass es sinnvoll sei, dieser Regelung zuzustimmen.[64]

Im Jahr 36 brach in Rom ein schweres Feuer aus.[65] Ein Teil des Circus Maximus brannte ab, und auch der Aventin wurde in Mitleidenschaft gezogen. Wie bei früheren Gelegenheiten, etwa beim Zwölf-Städte-Beben in Kleinasien im Jahr 17 n. Chr., bewährte sich der Prinzeps als Krisenmanager. Bereitwillig öffnete Tiberius die kaiserliche Kasse, entnahm ihr 100 Millionen Sesterzen und kompensierte damit den Schaden an den Palästen und Mietshäusern. Dadurch konnte er sein trauriges Sympathie-Konto beim

Volk noch einmal etwas aufbessern: »Dies rechnete ihm das Volk umso höher an, je sparsamer er bei seinen eigenen Bauten war.« Jedoch brachte diese Episode keinen völligen Stimmungsumschwung bei der Bevölkerung. Seinen Ruf konnte Tiberius nicht mehr retten. Eher wird es so gewesen sein, dass das Volk nach dem Brand von 36 n. Chr. überrascht war, dass Tiberius zu solchen freigebigen Leistungen überhaupt noch fähig war. Und man wird sich gefragt haben, warum er nicht schon immer so agiert habe.

# 7. Tiberium in Tiberim! – Der Tod des Kaisers Tiberius

Am 16. März des Jahres 37 starb Tiberius, im Alter von 77 Jahren. Damit hatte er seinen Vorgänger Augustus, aus dessen großem Schatten er nie hatte heraustreten können, wenigstens in einer Hinsicht übertrumpft, denn dieser wurde nur 76 Jahre alt.

Als Augustus 23 Jahre vorher gestorben war, hatte es eine große Begräbniszeremonie gegeben, an die sich viele noch erinnern konnten. Von Nola in Kampanien, dem Sterbeort des Kaisers, hatte sich ein langer Zug, begleitet von Soldaten und Honoratioren, feierlich in Richtung Rom bewegt. Dann war der Kaiser mit allem Pomp in seinem Mausoleum auf dem Marsfeld bestattet worden, und kurz darauf hatte ihn der Senat zum vergöttlichten Augustus, zum *divus Augustus*, erklärt.

Hatte Tiberius von einem ähnlichen Aufwand geträumt? Die Realität sah, wie sich zeigen sollte, etwas anders aus. Nun bekam er posthum die Quittung dafür, dass er die letzten elf Jahre fern der Hauptstadt verbracht hatte, und dafür, dass er in dieser Zeit den Kontakt zu seinem Volk verloren hatte.

Tiberius starb nicht in Rom, auch nicht auf Capri, sondern in Misenum, einer beschaulichen Stadt am Golf von Neapel. Kurz vor seinem Tod hatte er noch einmal den Plan gefasst, der Umgebung von Rom einen Besuch abzustatten, ohne das Stadtgebiet selbst zu betreten. Dann war er wieder zurück nach Kampanien gefahren, mit dem Ziel Capri – das er allerdings nicht mehr erreichen sollte.

Die Ereignisse bis zum Tod des Tiberius hat der Biograph Sueton in aller Ausführlichkeit beschrieben.[1] Tiberius kam mit seinen Begleitern in eine kleine Küstenstadt namens Astura, wo einst auch Augustus, zusammen mit Tiberius, auf seiner letzten Reise Station gemacht hatte. Hier zeigte der Kaiser plötzlich Symptome einer Krankheit, begleitet von einem depressiven Anfall. Doch die Gesellschaft setzte ihre Reise fort. Bald wurde Circeii erreicht, das einst nach der Zauberin Kirke benannt worden war, die im Mythos den griechischen Helden Odysseus bezirzt. Wie viele andere vornehme Römer besaß Tiberius hier eine Villa. In der kleinen, zur Villa gehörigen Arena fanden gerade Spiele statt – eine Form der Unterhaltung, die der strenge Tiberius eigentlich nicht besonders schätzte. Doch zum Erstaunen seiner Begleiter begab er sich in die Arena, nahm in der Loge Platz, ließ sich einen Spieß geben und versuchte damit, einen Eber zu treffen – offenbar eine Demonstration, mit der er beweisen wollte, dass er sich bester Gesundheit erfreute. Tiberius beim Spielen: für die Zuschauer eine kleine Sensation. Doch diese Anwandlung von Leichtigkeit musste der Kaiser sofort büßen. Er spürte einen stechenden Schmerz in der Seite, bekam, verschwitzt, wie er war, Zugluft und wurde von den Ärzten sofort ins Bett geschickt. Nach ein paar Tagen setzte er die Reise fort: Die Gesellschaft segelte weiter an der Küste entlang und erreichte Misenum. Dort ging Tiberius, als sei alles in bester Ordnung, seinen täglichen Beschäftigungen nach, zu denen nach Sueton auch »Gelage und andere Vergnügungen« gehörten. Der alte, kranke Kaiser im Vergnügungsmodus? Hier scheint sich bei Sueton das Capri-Syndrom bemerkbar zu machen: In den letzten Jahren, so der Tenor, und weit weg von Rom habe sich der Kaiser nur noch Lustbarkeiten hingegeben. Weil er es nicht genau weiß, versucht sich Sueton an dieser Stelle, nach taciteischem Muster, an einer rein hypothetischen Erklärung: Tiberius verhielt sich so ausgelassen, »teils weil er ohne Maß und Ziel war, teils weil er sich etwas vormachte«.

Manches von dem, was in dem kaiserlichen Domizil in Misenum passierte, wurde nach außen kolportiert und kann als glaubwürdig gelten. So gab es mit seinem griechischen Leibarzt Charikles eine bezeichnende missverständliche Situation. Dieser wollte Urlaub machen, woraus zu schließen ist, dass er sich um den Gesundheitszustand des prominenten Patienten keine großen Sorgen machte. Als er von der gemeinsamen Tafel aufstand, um sich auf die Reise zu begeben und gleichzeitig protokollarisch korrekt die Hand des Prinzeps zum Abschiedskuss ergriff, glaubte dieser, der Mediziner habe die Absicht, ihm seinen Puls zu fühlen. Und da er anscheinend die Sorge hatte, Charikles könne dabei ein Problem feststellen, forderte er ihn auf, wieder Platz zu nehmen. Da ihm sein Hofastrologe Thrasyllos prophezeit hatte, er werde trotz seiner vielen Alters-Krankheiten weiter am Leben bleiben, gab er sich der Zuversicht hin, dass er schon alles gut überstehen werde.[2]

Seine Pflichten als Prinzeps vernachlässigte Tiberius auch in dieser »finalen Phase« nicht. So studierte er regelmäßig die Protokolle der Senatssitzungen. Offenbar war er mit dem, was er in Misenum zu lesen bekam, alles andere als einverstanden. In einem an sich nicht sehr bedeutenden Fall, der im Senat diskutiert wurde – es ging um die Entlassung von Angeklagten –, fühlte er sich hintergangen, was ihn so sehr in Rage brachte, dass er den Beschluss fasste, nach Capri zurückzukehren. Nur dort meinte er die Ruhe zu haben, um sich diesen Fall, quasi aus sicherer Entfernung, noch einmal reiflich zu überlegen.

Es sollte dies die letzte politische Angelegenheit bleiben, mit der sich Tiberius in seinem Leben befasste. Und Capri sah er auch nicht wieder. Denn Wind und Wetter verhinderten die geplante Überfahrt von Misenum aus. Zudem verschlimmerte sich die Krankheit, die ihn seit dem Aufenthalt in Circeii akut plagte. Diesmal erholte er sich nicht mehr. So starb er, wie Sueton exakt notiert, »wenig später in der Villa Lucullana im 78. Lebensjahr, im 23. Jahr seiner Regierung, am 16. März, im Konsulatsjahr des Gaius Acerronius Proculus und des Gaius Pontius Nigrinus.«[3]

Wie nimmt Tacitus Abschied von seinem ungeliebten Tiberius? Der Bericht des Historikers[4] bestätigt in den Fakten Teile der Version des Biographen Sueton, in einigen Punkten aber liefert er abweichende oder ergänzende Informationen. Deutlich wird bei seiner Darstellung, dass er auch bei der Schilderung des Todes nicht davon lassen konnte, dem Prinzeps Heuchelei und Verstellung vorzuwerfen. So gesehen bleibt sich der taciteische Tiberius bis zum Ende treu: »Schon verließen ihn die Kräfte, aber noch immer nicht die Verstellungskunst. Er behielt die Frische des Geistes, seine Lebhaftigkeit in Wort und Blick und suchte bisweilen den offensichtlichen Kräfteverfall durch eine erheuchelte Heiterkeit zu verbergen.« Häufig wechselte der Kaiser bei Tacitus in den letzten Wochen seines Lebens den Aufenthaltsort, bis er schließlich eine Villa am Kap Misenum bezog, die einst, wie der Historiker vermerkt, Sulla gehört hatte, dem konservativen Senator und zeitweiligen Dictator der späten Republik. Tacitus bestätigt die Geschichte mit dem Leibarzt Charikles, gibt ihr jedoch eine andere Deutung. Demnach hatte Tiberius die Geste mit der gereichten Hand nicht falsch verstanden. Vielmehr habe der schlaue Mediziner tatsächlich den Versuch unternommen, den resistenten Patienten zu überlisten, indem er vorgab, sich in den Urlaub zu verabschieden. In Wirklichkeit aber habe er dessen Puls fühlen wollen. Aber Tiberius ließ sich nicht täuschen. Er durchschaute die Absicht des Arztes und gab Anweisung, das Mahl zu verlängern.

Charikles aber hatte für sich aus der Beobachtung des Kaisers heraus eine Diagnose gestellt: Für ihn war der Prinzeps ein Todeskandidat, der nicht mehr länger als zwei Tage zu leben haben würde. Diese Einschätzung teilte er Macro mit, dem Nachfolger Seians im Amt des Kommandanten der Prätorianergarde. Wie Seian hatte Macro die Möglichkeiten genutzt, die diese einflussreiche Position bot. Nach Tiberius war er die Nummer Zwei im Staat. Bei den Verfolgungen der Gegner des Regimes, die nach 31 n. Chr. zu vielen Prozessen und Verurteilungen führten, hatte Macro mit seiner Truppe das operative Geschäft übernommen. Der nahende Tod des Tiberius bedeutete für ihn, dass er bereits über den Nachfolger nachdenken sollte. Viele kamen, wenn er die Reihen der Familie durchging, nicht mehr infrage. Tiberius selbst hatte – anders als seinerzeit Augustus – seine Nachfolge, trotz einer testamentarischen Verfügung, nicht klar und eindeutig geregelt, favorisierte aber den jungen Gaius, den Sohn des Germanicus. Allerdings war auch der noch jüngere Tiberius Gemellus im Spiel, Tiberius' mittlerweile 17-jähriger Enkel, der Sohn seines verstorbenen Sohnes Drusus. Offizielle Weihungen wie die prokonsularische Gewalt oder die Kompetenzen eines Volkstribuns, mit denen Augustus einst Tiberius als seinen Nachfolger designiert hatte, waren in beiden Fällen nicht erfolgt.

So musste Macro strategisch denken, und seine Wahl fiel auf den jungen Gaius. Tiberius Gemellus war noch nicht volljährig, und außerdem haftete ihm das Odium an, als Enkel direkter Nachkomme eines schwierigen Kaisers zu sein. Gaius hingegen, jung, energisch und leidenschaftlich wie sein höchst populärer, viel zu früh verstorbener Vater Germanicus, schien der Garant eines neuen, frischen Kurses zu sein.

Als Charikles Macro informiert hatte, dass der Tod des Kaisers nahe und die Frage der Nachfolge nun akut werde, kam Hektik auf. Boten wurden ausgesandt, um die Legionen zu informieren. Das Militär, so wussten alle, bildete eine wichtige Grundlage der kaiserlichen Macht. Die Kommandanten der Armee mussten rechtzeitig auf Gaius eingeschworen werden. Auch Gaius selbst, nicht einmal 25 Jahre alt und auch insofern ein frappantes Kontrastprogramm zum alten Kaiser, war zur Stelle. Er hatte die letzten Jahre über zur Gesellschaft des Tiberius auf Capri gehört.

Als Tiberius dann am 16. März aufhörte zu atmen, habe sich, so Tacitus, die Betroffenheit in Grenzen gehalten, Gaius habe von den Umstehenden bereits Glückwünsche zum Antritt der Herrschaft entgegengenommen. Doch die Freude über das Ableben des Kaisers sei verfrüht gewesen. Tiberius sei noch einmal ins Leben zurückgekehrt, Stimme und Atem seien plötzlich wieder dagewesen. Die Diener seien gegangen, um stärkende Speisen zu holen. Macro und Gaius hätten wie versteinert dagestanden. Jetzt habe der Prätorianerpräfekt die Initiative ergriffen und seinen Leuten befohlen, »den Greis durch eine Menge von Decken, die man auf ihn warf, zu ersticken und dann das Gemach zu verlassen«.

Macro tötete Tiberius. Diese Version bietet Tacitus im Gegensatz zu Sueton, dessen Darstellung in der Tiberius-Vita einen natürlichen Tod nahelegt. Ganz anders beschreibt der Biograph den Tod des Tiberius in der Caligula-Vita.[5] Dort ist die Rede von einem von Gaius und Macro geschmiedeten Komplott, einem geplanten Mord: Treibende Kraft sei Gaius gewesen. Er habe Tiberius schon lange vergiften wollen. Als dieser in der entscheidenden Szene am 16. März noch atmete, habe Gaius die Anordnung gegeben, ihm den Ring vom Finger zu ziehen. Tiberius aber habe noch Widerstand geleistet. Da habe Gaius befohlen, ein Kissen auf ihn zu werfen, und er habe dem Sterbenden sogar eigenhändig die Kehle zugedrückt. Ein Bediensteter, der bei der Tat laut aufgeschrien habe, sei als lästiger Zeuge auf der Stelle ans Kreuz geschlagen worden.

Cassius Dio bestätigt die Mordversion.[6] Tiberius war nach seinen Worten schon lange kränklich gewesen, machte aber keine Anstalten zu sterben. Zwar habe es manchmal so ausgesehen, als wäre es soweit, dann sei er aber wieder zu Kräften gekommen »und versetzte durch diese Schwankungen Caligula und die Übrigen in helle Freude, wenn sie mit seinem Tod rechnen durften, hingegen in große Angst, wenn sie an sein Weiterleben denken mussten«. Aus Furcht, der Kaiser würde am Ende wieder genesen, sei der junge Gaius, assistiert von Macro, zur Tat geschritten. Erst habe er dafür gesorgt, dass Tiberius nichts mehr zu essen bekam. Dann habe er sich fürsorglich gegeben, ihm einige warme Kleidungsstücke gebracht, weil er nicht frieren solle, und ihn damit erstickt.

Später, als Kaiser, habe sich Caligula, wie Sueton wissen will, damit gebrüstet, er habe mehrfach erwogen, Tiberius umzubringen.[7] Öfter sei er mit einem Messer bewaffnet in dessen Schlafzimmer gegangen. Das Motiv sei die

Rache für den Tod seiner Mutter Agrippina und seiner Brüder gewesen. Doch dann habe er die Tat aus Mitleid nicht vollbringen können. Tiberius habe alles mitbekommen, jedoch davon abgesehen, ihn zu bestrafen.

Wie also starb Tiberius? Die Optionen lauten: natürlicher Tod – spontane Tötung – geplanter Mord. Krank war Tiberius auf jeden Fall, das bestätigt neben den literarischen Quellen auch ein wichtiges epigraphisches Dokument. Demnach ordneten die Konsuln und der Senat bereits am 23. Januar, also knapp zwei Monate vor dem Tod des Tiberius, Gelübde und Opfer für das Wohlergehen und die Sicherheit des Kaisers an (*securitatem et salutem Tiberii Caesaris Augusti*).[8] Das waren sehr konkrete und nicht etwa allgemein gehaltene Segenswünsche, wie sie den Kaisern oder anderen prominenten Persönlichkeiten häufiger offeriert wurden. Es war also in der Öffentlichkeit bekannt, dass Tiberius schwer krank war und dass mit seinem baldigen Tod zu rechnen war. Der ernste Zustand des Kaisers kann auch Gaius und Macro nicht verborgen geblieben sein, und so hätte es aus ihrer Sicht wenig Sinn gemacht, sich noch der Mühe und dem Risiko zu unterziehen, Tiberius zu töten. Dass solche Gerüchte aufkamen, ist leicht zu erklären. Todesfälle im Kaiserhaus wurden in den Quellen gerne zu Mordfällen stilisiert. Auch in der Folgezeit starb kaum ein Kaiser, ohne dass nicht wenigstens einer behauptete, dabei sei es nicht mit rechten Dingen zugegangen. Und Gaius, den die Menschen nur Caligula nannten, galt, nachdem er Kaiser geworden war, als ein Despot, ein Tyrann, ein Scheusal, dem man alles und damit auch den Mord an seinem Vorgänger zutraute.

Gerne hätte man gewusst, was Velleius Paterculus, die vierte der Hauptquellen, über den Tod des Tiberius geschrieben hätte. Doch sein Werk reicht nur bis zum Jahr 29 n. Chr., und es ist nicht bekannt, ob er überhaupt noch lebte, als Tiberius starb. Sicher hätte er ihm eine hymnische Abschiedsrede mit auf den Weg ins Jenseits gegeben. So überwiegt, was die Reaktionen auf den Tod des Kaisers Tiberius angeht, ein Kanon von freudigen Stimmen. Immerhin konzediert Tacitus in einer Art Nachruf, dass es einen Tiberius vor dem Kaiser und einen Tiberius als Kaiser gegeben habe.[9] Als Augustus noch lebte und Tiberius als kaiserlicher Feldherr unterwegs war, seien sein Lebenswandel und sein Ruf ausgezeichnet gewesen. Als Kaiser habe er sich erfolgreich verstellt, erst im Alter habe er seinen negativen Eigenschaften freien Lauf gelassen. Cassius Dio meint salomonisch, der Kaiser habe neben zahllosen guten auch zahllose schlechte Eigenschaften gehabt.[10]

Letzte Worte des Tiberius sind nicht überliefert. Anscheinend sagte er vor seinem Tod überhaupt nichts mehr, anders als sein Vorgänger Augustus, der die Frage gestellt hatte, ob er die Komödie des Lebens gut gespielt habe. So fand er auch keine Aufnahme in den ewigen Zitatenschatz der Geschichte, jedenfalls nicht mit einem finalen Satz. Was hätte er sagen können? Welcher Ausspruch hätte zu ihm gepasst? Vielleicht: »Ich habe mich stets bemüht ...«?

Als das Volk von Rom, das Tiberius so arg vernachlässigt hatte, von seinem Tod erfuhr, verlangte es, seinen Leichnam in den Tiber zu werfen. *Tiberium in Tiberim!*, skandierten die Massen, die durch die Straßen zogen: »Tiberius in den Tiber!«[11] Wer sich in der römischen Geschichte auskannte, fühlte sich an einen 170 Jahre zurückliegenden Vorfall erinnert. Damals, im Jahr 133 v. Chr., war es in Rom zu gewalttätigen Auseinandersetzungen gekommen wegen der Reformpolitik des Volkstribuns Tiberius Gracchus, der am Ende erschlagen und in den Tiber geworfen wurde. Die Ähnlichkeit seines Namens mit dem Fluss wurde ihm zum Verhängnis: Tiberius zu heißen, konnte in Rom riskant sein.

Tiberius hatte die Massen sehr enttäuscht. Nicht nur, dass er mit dem Rückzug nach Capri die Primärpflicht eines Prinzeps, immer für die Bevölkerung da zu sein, grob verletzt hatte. Er hatte keine Lust auf die so beliebten Gladiatorenspiele, die Theateraufführungen, große Spendenaktionen. Augustus hatte es verstanden, mit großzügigen, repräsentativen Bauten zu beeindrucken. Tiberius war als Bauherr kaum in Erscheinung getreten. Sparsamkeit, die seinen persönlichen Lebenswandel auszeichnete, war auch hier das oberste Gebot. Nur zwei von ihm in Rom initiierte Bauwerke vermochte Tacitus zu benennen: einen Tempel für Augustus und ein neues Bühnenhaus für das Theater des Pompeius.[12] Bei der Einweihung glänzte er durch Abwesenheit, entweder, wie Tacitus meint, »weil er eitles Gepränge hasste oder weil er sich zu alt fühlte«. Auch weil er kein Selbstdarsteller, sondern ein langweiliger harter Arbeiter gewesen war, wollte ihn die Masse in den Tiber werfen. Und nicht nur das: Manche wünschten ihm sogar einen Platz dort, wo in der Unterwelt die Gottlosen vor sich hin vegetierten.

Das Schicksal, als Toter in den Tiber geworfen und bei Ostia ins Meer getrieben zu werden, blieb Tiberius ebenso erspart wie der Transport in die gottlose Unterwelt. Es gab sogar einen Leichenzug von seinem Sterbeort Misenum nach Rom, wo er dieses Mal auch ankam. Der Weg dorthin gestaltete sich weniger feierlich als der Heimgang des Augustus. Soldaten mussten Einzelne fernhalten, die den Leichnam beschimpften.[13] Zugleich geriet der Zug zu einer Willkommens-Zeremonie für den neuen Hoffnungsträger Gaius.[14] In Trauerkleidung gab er dem verstorbenen Tiberius das letzte Geleit. Leute, die ihm entgegenkamen, sprachen ihn mit diversen Kosenamen an. In der Stadt selbst bereiteten ihm Senat und Volk einen großen Empfang. In den folgenden Monaten sollen 160 000 Tiere zu Ehren des neuen Prinzeps geopfert worden sein.

Der verstorbene Prinzeps erhielt, wie es ihm von seiner Position her auch gebührte, ein Staatsbegräbnis, bei dem Gaius die Leichenrede hielt, und am 4. April 37 n. Chr. wurde er neben seinem großen Vorgänger Augustus im Mausoleum der iulisch-claudischen Familie beigesetzt. Eine Erhebung zu den Göttern, wie sie bei Augustus vorgenommen wurde, fand

Porträt des Nachfolgers: Gaius Iulius Caesar Augustus Germanicus, genannt Caligula

nicht statt. Es gab aber auch keine *damnatio memoriae*, eine offizielle Tilgung der Erinnerung, was zu den schärfsten Sanktionen des Senats gehörte und die Entfernung des Namens des Betroffenen von Bauwerken und aus öffentlichen Inschriften zur Folge hatte.

Die Erhebung des neuen Prinzeps Caligula verlief reibungslos. Die Prätorianer standen fest hinter ihm, auch der Senat gab seine Zustimmung. Die Bevölkerung freute sich, nun einen Prinzeps zu haben, der so viel jünger und auch so viel umgänglicher war als sein Vorgänger. Der junge Kaiser hatte einen guten Start. Doch bald spielte er die Macht, die er hatte, voll und ganz aus. Tiberius Gemellus, der Enkel seines Vorgängers Tiberius, den er zuvor noch adoptiert hatte, wurde auf seine Anordnung hin noch Ende 37 n. Chr. getötet. Caligula ging als der erste Tyrann auf dem römischen Kaiserthron in die Geschichte ein – und starb schon nach vier Amtsjahren durch ein Attentat.

In diesen vier Jahren mögen viele Tiberius nachgetrauert haben und rückblickend froh gewesen sein, dass man ihn nicht in den Tiber geworfen hatte.

Auf Caligula folgte sein Onkel Claudius, der Bruder seines Vaters Germanicus. Er führte das Römische Reich bis 54 n. Chr. ruhig, bedächtig und effizient – was viele an Tiberius erinnert haben dürfte.

Letzter Vertreter der iulisch-claudischen Dynastie war Kaiser Nero, der Sohn der Agrippina, der Tochter des Germanicus. Er regierte bis 68 n. Chr. ähnlich wie Caligula, mit dem Unterschied, dass er es zumindest eine Zeitlang verstand, das Volk auf seine Seite zu bringen.

Und wieder mögen manche Tiberius nachgetrauert haben. Nicht das Volk, das Tiberius verloren hatte. Aber ganz sicher die Senatoren und die Militärs, die erst jetzt, nach den Erfahrungen mit Caligula und Nero, zu schätzen wussten, was man an einem Tiberius gehabt hatte.

# 8. Wer war Tiberius?

Tiberius – ein unbekanntes Wesen? Über sein Wirken und seine Bedeutung als Prinzeps, als Politiker und als Militär kann man viel sagen. Hier verfügen heutige Historiker und Biographen über ein genügend großes, differenziertes Instrumentarium an kritischen Verfahrensweisen und Methoden, um verlässliche, belastbare und aussagekräftige Ergebnisse zu erzielen. Als Politiker nahm er seine Aufgaben ernst, erfüllte sie mit großem Pflichtbewusstsein, doch er hatte Probleme mit der für das System unabdingbaren Kommunikation mit den relevanten gesellschaftlichen Gruppen, sodass er am Ende sein Volk verlor. Und er hatte manchmal auch nicht das nötige Glück.

Aber wie steht es mit Tiberius als Mensch? Natürlich gehört auch diese Facette zur Biographie einer Person, zumal einer Person, die 23 Jahre lang an der Spitze des Römischen Weltreiches stand. Tiberius war Teil eines politischen und gesellschaftlichen Systems, er eignet sich als Gegenstand moderner Betrachtungen zur Herrschaftssoziologie, und sein Handeln muss in den Kontext der komplexen Strukturen der frühen römischen Kaiserzeit gesetzt werden. Aber dass auch Charakter, Temperament, persönliche Einstellungen und Defizite das Denken und Handeln prominenter Politiker, die an den Schalthebeln der Macht sitzen, sowohl lenken als auch erklären können – dafür gibt es aus allen Zeiten der Geschichte und auch heute Beispiele genug.

Können wir uns aus der heutigen Perspektive, mit einem zeitlichen Abstand von gut zweitausend Jahren, der Persönlichkeit des Tiberius nähern? Können wir wissen, wie er als Mensch war?

Ernst Kornemann, Autor einer bekannten und wichtigen Tiberius-Biographie, scheint es gewusst zu haben:

»In dem Hause des Stiefvaters, in das er durch die Liebe der Mutter zu Octavian gebracht worden war, wurde er die starre und kalte Natur von später. Über seine Lippen kam selten ein Scherzwort. Kein Wunder, dass früh der leicht degenerierte, verschlossene und hinterhältige Mensch dem aufgeschlossenen, geschmeidigeren ersten Prinzeps durch seine ganz andere, im Grunde nur allzu oft negativistische Art unsympathisch wurde … Sein Erscheinen wirkte früh erkältend auf die übrigen … Als Jüngling im Sturm und Drang hat er manchmal im Alkohol Vergessen gesucht.«[1]

Kornemann wusste auch: »Früh hat ihn die Angst vor dem eigenen Ich befallen. Dies war die tiefste Ursache dafür, daß er immer wieder die Einsamkeit gesucht und gefunden hat, je lärmender ihn die Welt mit ihrem Wunsch nach Bestätigung seiner reichen Gaben umrauschte.«[2] Und gegen Ende seiner Herrschaft »ist dann der schon innerlich zerbrochene Greis völlig irre an der Welt geworden, weil jetzt alles in ihm zerschlagen war, woran er noch geglaubt hatte«.[3]

War das Tiberius? War Tiberius wirklich so? Kann man so etwas über ihn behaupten? Kornemann hat sich bei seinem Urteil, Tiberius sei ein schwieriger Charakter gewesen, an dem orientiert, was die antiken Quellen – allen voran Tacitus und Sueton – über ihn mitgeteilt haben.[4] Immer habe er sich verstellt, getäuscht, etwas anderes gemeint, als er sagte. Je älter er wurde, desto mehr zeigten sich die negativen Züge – ein grausamer, verbitterter alter Tyrann sei er am Ende seines Lebens gewesen.

Auch der israelische Historiker Zvi Yavetz, ein exzellenter Kenner der frühen Kaiserzeit, schrieb ein Buch über Tiberius – in der deutschen Übersetzung lautet der Titel »Der traurige Kaiser«. War Tiberius immer traurig? Oder bot er den Zeitgenossen ein trauriges Bild? Manche nannten ihn *tristissimus hominum*, den »Traurigsten unter den Menschen«.[5] Zvi Yavetz hat gezeigt, was nach römischem Verständnis »Traurigkeit« (*tristitia*) bedeuten konnte:[6] nicht etwa nur eine emotional-psychische Disposition zu Pessimismus oder auch Misanthropie, sondern eine generelle Unfähigkeit zu sozialer Kompetenz, wie sie sich bei Tiberius etwa in der Meidung großer Volksmassen oder bei der misslungenen Kommunikation mit den relevanten Gruppen der Bevölkerung ausdrückte. Mit dieser Haltung, die durch vielerlei Faktoren während seines Lebens verstärkt wurde, verstieß Tiberius eklatant gegen eine eherne Grundregel des römischen Klientelwesens, was letztlich zu seinem Scheitern führte. So hat es auch Karl Christ gesehen. Der renommierte Kaiserzeit-Historiker attestiert dem zweiten Prinzeps Korrektheit und Pflichtbewusstsein bei der Ausübung seiner kaiserlichen Arbeit, spricht aber auch von Menschenverachtung, Verbitterung und Resignation.[7]

Aber das ist bereits wieder die gesellschaftspolitische Ebene. Wie war der Mensch Tiberius? Sind die antiken Urteile glaubhaft? Oder hat sich jeder Autor seinen eigenen Tiberius konstruiert? Schwere Jugend, Leiden unter einem Übervater, kein familiäres Glück, überhaupt viel Pech, Probleme mit einer Mutter, die ihn als Kaiser noch behandelte wie ein unmündiges Kind, keine eigenen Kinder, die ihn überlebten – derlei faktisch belegte Zutaten wären sicher geeignet, auch den stärksten Charakter aus der Bahn zu werfen und in die Nähe der Depression zu rücken. Wahrscheinlich ist: Tiberius war kein Mensch, der offen und herzlich auf die anderen Menschen zuging, dem die Sympathien nur so zuflogen. Dass er sich zwischenzeitlich nach Rhodos zurückzog und die letzten Jahre seines Lebens als Kaiser auf Capri verbrachte, spricht eher dafür, dass er lieber allein war als unter Menschen. Jedenfalls mied er gerne den Trubel der Hauptstadt Rom. Und dass der private Tiberius ganz anders war als der öffentliche Tiberius, ist nicht sehr realistisch. Robin Seager schreibt in seinem Tiberius-Buch, dass Tiberius, wäre er ein einfacher Privatmann und nicht Kaiser gewesen, das Dasein eines einsamen, misstrauischen, ängstlichen alten Mannes gefristet hätte.[8] Aber wegen der Macht, die ihm durch die Umstände zugefallen war, seien diese Eigenschaften für seine Gegner zu tödlichen Waffen geworden – eine hypothetische und spekulative Aussage, die nach dem Muster der antiken Quellen von einer konstruierten mentalen Befindlichkeit des Tiberius ausgeht.

Tacitus, der in seinem Geschichtswerk kaum eine Gelegenheit auslässt, um sich an dem »schlechten« Menschen und Kaiser Tiberius abzuarbeiten, liefert an einer Stelle ein erstaunlich kompaktes, präzises und differenziertes Charakterbild.[9] »Sein Charakter«, führt der Historiker aus, »war in den einzelnen Zeiträumen ganz verschieden. Solange er als Privatmann oder Feldherr unter Augustus lebte, war sein Wandel und Ruf vortrefflich. Als Kaiser versuchte er, solange Germanicus und Drusus noch am Leben waren, seine Laster zu verbergen und Tugendhaftigkeit zu heucheln. Ebenso waren zu Lebzeiten seiner Mutter noch gute und schlechte Eigenschaften in ihm geteilt. Wenn auch seine Grausamkeit zu verurteilen war, so wusste er doch seine Lüste zu verstecken, während er Seian liebte oder fürchtete. Zuletzt ließ er sich aber in Verruchtheit und Lasterhaftigkeit gehen, nachdem er nach Beseitigung von Scham und Furcht nur noch seiner wahren Natur folgte.«

Seiner wahren Natur? Woher kannte Tacitus die »wahre Natur« des Tiberius? Persönlich kannte er ihn nicht, er schrieb über ihn mehr als sechzig Jahre nach Tiberius' Tod. Benutzte er Quellen, die besonders gut informiert waren? Er nennt seine Informanten nur selten. Doch er konsultierte Geschichtswerke aus der Zeit des Tiberius, studierte Memoiren von Politikern, stöberte im Archiv des Senats und befragte Beteiligte und deren Nachkommen.[10] Doch nirgendwo wird er ein Psychogramm von der Art gefunden haben, wie er es hier präsentiert. Es ist zwar bemerkenswert und sympathisch, dass Tacitus im Charakter des Tiberius eine Entwicklung feststellen will (anders als Sueton mit seiner holzschnittartigen Einschätzung, vor Capri sei Tiberius einigermaßen gut, nach seinem Rückzug aber einfach nur noch schlecht gewesen). Doch der bei Tacitus porträtierte Tiberius ist ein Tiberius, den Tacitus geschaffen hat – nicht, was die Fakten,[11] sondern was die moralischen Bewertungen angeht. Was er liefert, ist eine vielleicht zutreffende, vielleicht aber auch falsche psychologische Ferndiagnose.

Einen fast schon wohltuenden Gegenpol zum gemischten Negativchor der antiken Quellen bildet Velleius Paterculus. Er ist der Einzige, der Tiberius uneingeschränkt lobt und in allem, was er tut, nur Gutes sieht. Er ist zudem mit dem Alleinstellungsmerkmal versehen, ein Zeitgenosse des Tiberius gewesen zu sein: Velleius war Zeitzeuge, was, wie Historiker nur zu gut wissen, manchmal auch den Blick trüben kann. Am Ende seines Schnelldurchgangs durch die römische Geschichte stellt er Tiberius ein glänzendes Zeugnis aus – wenn auch nicht von ihm als Mensch, sondern als Prinzeps.[12] Wo die anderen (zu?) kritisch sind, ist Velleius (zu?) euphorisch.

Von allen antiken Autoren, die versucht haben, ein Porträt des Menschen Tiberius zu liefern, präsentiert der Kaiserbiograph Sueton das ausführlichste zusammenhängende Material. Gegenüber Tacitus und anderen publizistischen Kollegen hatte er zwei entscheidende Vorteile: Erstens hatte er als kaiserlicher Archivar Zugang zu Quellen, die anderen verschlossen blieben. Und zweitens urteilt er zwar auch in moralischen Kategorien, doch liefert er darüber hinaus Informationen, auf die er bei seinen Recherchen stieß, unkommentiert und damit nicht von Wertungen überdeckt. Zu diesem wertvollen historischen Rohmaterial gehört eine längere Passage, die sich in einer für Sueton typischen Weise (so oder ähnlich macht er es auch bei den anderen Kaisern) mit sehr unterschiedlichen Aspekten der Persönlichkeit des Tiberius befasst.[13]

### *Das Aussehen*

*»Sein Körper war ansehnlich und kräftig. Von der Statur her lag er etwas über Normalgröße. Schultern und Brust waren breit, auch die übrigen Gliedmaßen bis hin zu den Füßen standen im rechten Verhältnis zueinander und waren gut proportioniert. Seine linke Hand war beweglicher und kräftiger und ihre Gelenke so stark, dass er einen frisch gepflückten und kernigen Apfel mit einem Finger durchbohren und den Kopf eines Jungen oder sogar eines jungen Mannes durch das Schnellen mit den Fingern verwunden konnte. Er hatte eine weiße Haut, das Haar trug er am Hinterkopf so lang, dass es auch noch den Nacken bedeckte. Hier schien er die Familientradition fortzusetzen. Er hatte edle Gesichtszüge, doch zeigten sich im Gesicht sehr oft und plötzlich Geschwulste. Er hatte sehr große Augen und konnte damit, und das ist merkwürdig, sogar bei Nacht und in der Dunkelheit sehen, aber nur ganz kurz und wenn er sie unmittelbar nach dem Schlafen öffnete. Dann begann ihre Sehkraft wieder schwächer zu werden.«*

### *Die Haltung*

*»Er ging immer mit steifem, nach hinten gebogenem Nacken. Fast immer machte er ein ernstes Gesicht, und meistens war er schweigsam, selbst mit seiner nächsten Umgebung sprach er kein Wort oder ganz selten, und auch dann nur bedächtig, und dabei gestikulierte er immer ganz leicht mit den Fingern.«*

### *Ein Zwischen-Kommentar Suetons:*

*»Alle diese unangenehmen und dazu noch recht anmaßenden Verhaltensweisen hat bereits Augustus an ihm getadelt und oft beim Senat und beim Volk damit zu entschuldigen versucht, dass er erklärte, es seien ihm zur Natur gewordene schlechte Gewohnheiten, aber keine Charakterfehler.«*

### *Die Gesundheit*

*»Er war immer kerngesund, und das blieb so fast während seiner gesamten Regierungszeit, obwohl er seit seinem 30. Lebensjahr selbst entschied, was für seine Gesundheit gut und recht war, ohne dass er ärztliche Hilfe und Rat einholte.«*

Kennen wir Tiberius jetzt besser? Nach antiken Kategorien reichten diese Informationen schon aus, um sich ein Bild von einem Menschen zu machen. Der griechische Biograph Plutarch schrieb um 100 n. Chr. in seiner Biographie des Erobererkönigs Alexander, den die Römer »den Großen« nannten:

*»Ich schreibe nicht Geschichte, sondern zeichne Lebensbilder, und hervorragende Tüchtigkeit oder Verworfenheit offenbart sich durchaus nicht in Taten, die Aufsehen erregen, sondern oft wirft ein geringfügiger Vorgang, ein Wort oder ein Scherz ein bezeichnenderes Licht auf einen Charakter als Schlachten mit Tausenden von Toten und die größten Heeresaufgebote und Belagerungen von Städten.«*[14]

Gescherzt hat Tiberius nie – oder wenn, dann hinter verschlossenen Türen (und folglich hörte es kein antiker Autor, sodass keiner davon berichten kann). Geringfügige Vorgänge aber sind in ausreichender Zahl überliefert. Sie sind die Spezialität Suetons, der neben den genannten Aussagen über Aussehen, Haltung und Gesundheit auch noch eine ganze Reihe weiterer, scheinbar unbedeutender Aspekte der Persönlichkeit des Tiberius liefert.[15] Einige Beispiele:

Religion, sagt Sueton, sei Tiberius gleichgültig gewesen. Also war er ein pragmatischer, rationaler Mensch? War er nicht, meint der Biograph. Er habe sich ganz und gar der Astrologie verschrieben. Er sei fest davon überzeugt gewesen, dass alles auf der Welt und im Leben vom Schicksal bestimmt werde. Das war eine Haltung, die er mit vielen seiner Zeitgenossen teilte. Aber speziell mag ihn sein eigener Lebensweg zu dieser Überzeugung geführt haben. Hineingeboren in die Zeit der Bürgerkriege, der Vater auf der falschen politischen Seite, die Flucht als Kleinkind, die unkonventionelle Art, einen Stiefvater zu erhalten, mitansehen zu müssen, wie ihm immer wieder andere vorgezogen wurden, ewig darauf warten zu müssen, endlich den Posten des Kaisers zu erhalten – es war durchaus möglich, dass ihn das zu der Ansicht brachte, dass eine übergeordnete Instanz Regie geführt habe, mit einem Drehbuch, in dem stand, dass Tiberius ein Stiefkind des Glücks sein sollte.

Dazu passt, dass der Kaiser einen hauptberuflichen Astrologen auf der Lohnliste hatte. Kennengelernt hatte er den sternenkundigen Experten Thrasyllos während seines Aufenthaltes auf Rhodos. Der Grieche durfte sich, wie sonst kaum einer, der uneingeschränkten Aufmerksamkeit und Sympathie des Kaisers erfreuen. Er starb ein Jahr vor Tiberius, nachdem er ihn auf allen seinen Wegen begleitet hatte.[16] Sah man Tiberius, war auch Thrasyllos in seiner Nähe, und wer Thrasyllos erblickte, wusste, der Kaiser kann nicht weit entfernt sein.

Tiberius hatte also eine fatalistische Grundeinstellung zum Leben. Nach einigen antiken Berichten soll er diese Haltung (›Es geschieht so, wie es geschehen soll.‹) nicht konsequent verfolgt haben. Denn er schreckte laut Sueton »über alle Maßen auf, wenn es donnerte, und wenn sich am Himmel Anzeichen von Wetterverschlechterungen zeigten, trug er immer einen Lorbeerkranz auf dem Kopf, weil man sagte, in dieses Laub fahre der Blitz nicht ein«.[17] Woher weiß Sueton das? Er war zwar ungewöhnlich gut informiert, doch man fragt sich, aus welcher Quelle er dieses Detail erfahren haben will.

Außerdem ist diese Information bestens geeignet, die Tücken und Fallstricke, die die Überlieferung in Bezug auf die Person des Tiberius immer wieder einmal bereithält, zu offenbaren und als Fälschungen zu entlarven. Denn laut Sueton befand sich Tiberius mit seiner Furcht vor Gewittern in guter (oder besser: schlechter) Gesellschaft mit einigen seiner kaiserlichen Kollegen aus der iulisch-claudischen Dynastie.

So berichtet Sueton über Augustus, den Begründer des römischen Prinzipats:

> *»Über seine abergläubischen Vorstellungen haben wir Folgendes in Erfahrung gebracht: Donner und Blitz versetzten ihn immer wieder vollkommen in Angst und Schrecken, sodass er stets und überall ein Robbenfell als Abwehrmittel bei sich hatte und er sich beim leisesten Anschein, dass ein stärkeres Gewitter heraufziehe, an einen entlegenen Ort mit einer gewölbten Decke zurückzog. Er war nämlich einmal, als er in der Nacht unterwegs gewesen war, vollständig aus der Fassung gebracht worden, als ein Blitz knapp neben ihm einschlug.«*[18]

Und auch Caligula, der Nachfolger des Tiberius, soll nach Sueton an einer Gewitterphobie gelitten haben.[19] In diesem Fall aber diagnostizierte der Biograph eine pathologische Dimension. Er erklärte den Kaiser schlicht für geisteskrank, weil er, wie es heißt, höchste Dreistigkeit mit einer Furcht verbunden habe, die alles normale Maß überstieg: »Er pflegte bereits die Augen zu schließen und das Haupt zu verhüllen, wenn es einmal leise donnerte und kurz blitzte. Wenn aber einmal ein stärkeres Gewitter aufzog, stand er von seinem Bett auf und verkroch sich unter dem Bett.«

Offenbar fand Sueton Gefallen daran, den mächtigen Kaisern höchst menschliche Schwächen zuzuschreiben und diese anhand vermeintlicher Reaktionen auf Blitz und Donner zu dokumentieren. In allen drei Fällen betont er das Maßlose der Furcht. Wenigstens erklärt er Tiberius nicht für geisteskrank – was dieser ganz sicher auch nicht war. Auffällig ist, dass Sueton bei diesem Gewitterthema bei Augustus deutlich milder im Urteil ist als bei Tiberius und Caligula. Diese Beobachtung stärkt die Vermutung, dass die Geschichten allesamt nicht stimmen. Sie sollen nicht Fakten liefern, sondern sind ein Stilmittel des Autors zur allgemeinen Bewertung der Qualitäten der drei Kaiser Augustus, Tiberius und Caligula. Augustus schneidet am besten, Caligula am schlechtesten ab, Tiberius liegt im Mittelfeld – dort, wo ihn Sueton überhaupt gern sehen wollte.

Kennen wir Tiberius jetzt besser? Noch immer bleibt seine Persönlichkeit schemenhaft, selektiv und wenig konturiert. Alle diese Angaben mögen im Einzelnen von Interesse sein, wirken insgesamt aber oberflächlich und sind nicht geeignet, den Charakter des Tiberius wirklich aussagekräftig zu erhellen. Doch Kapitulieren gilt nicht, die Spurensuche ist noch nicht beendet – auch wenn sich in einem neueren Lexikonartikel zu Tiberius der etwas resignierte Eintrag findet: »Eine gerechte Wertung seiner Persönlichkeit ist … aufgrund der negativ gefärbten Quellen kaum möglich.«[20], und Babett Edelmann-Singer in einer neuen Publikation zu den ersten römischen Kaisern mit Blick auf die antike Literatur, die sich mit Tiberius beschäftigt hat, zu dem Urteil gelangt: »Aus ihr historische Realitäten zu konstruieren und in Kombination mit psychoanalytischen Gemeinplätzen ein Charakterbild eines antiken Menschen zu formen, scheint gewagt und kann kaum gelingen.« Und so spricht sie die Empfehlung aus: »Statt nach dem Menschen Tiberius zu fragen, kann es sich als sinnvoll erweisen, nach historischen Prozessen, Veränderungen und Kontinuitäten zu fragen.«[21]

Einzuräumen ist, dass die überwiegend kritische Haltung der Quellen zum *Kaiser* Tiberius bei ihnen fast automatisch auch zu einer negativen Einstellung zum *Menschen* Tiberius geführt hat. Gute Eigenschaften habe er eigentlich gar keine gehabt. Immer wieder ist in den Quellen die Rede von Ängstlichkeit, Misstrauen, Argwohn, Menschenscheu, Unfreundlichkeit, Überheblichkeit, Ausschweifung, Strenge, Unbarmherzigkeit.[22] So schlecht kann eigentlich nicht jemand gewesen sein, der das römische Staatsschiff 23 Jahre lang einigermaßen sicher auch durch stürmische See gesteuert hat. Überdies sagen diese Begriffe an sich nichts Konkretes aus. Es sind Schlagwörter, die zwar auch mit Beispielen untermauert werden, die aber alle von einer a priori negativen Sichtweise geleitet sind. Natürlich sind diese Vorwürfe nicht alle erfunden. Tiberius war kein Mensch, der vor Temperament sprühte, er war, anders als Augustus, kein großer Kommunikator, der er als Kaiser sein musste. Aber: Wer in den antiken Quellen erst einmal eine schlechte Presse hatte, konnte sich davon nicht mehr lösen.

Oder doch? Ganz gelegentlich vergessen die antiken Autoren, dass sie Tiberius eigentlich in schlechtem Licht zeigen wollen. Was unter all den vielen Negativismen eher versteckt hindurchschimmert, ist der Umstand, dass Tiberius ein sehr gebildeter Mensch gewesen ist. Diesen Eindruck vermitteln einige Aussagen, die Sueton unter der Rubrik »Persönliches« gesammelt hat.[23]

So sei Tiberius ein großer Freund der *artes liberales*, der freien Künste, gewesen. Sie pflegte er »in beiden Sprachen«, also in Latein und in Griechisch. Sein großes Vorbild in der lateinischen Redekunst war Marcus Valerius Messalla Corvinus, ein Multitalent, das auf dem Schlachtfeld ebenso zu Hause war wie in der Politik und in den Wissenschaften. Ihn hat Tiberius, wie Sueton sagt, schon als junger Mann verehrt – damals war Corvinus schon ein alter Mann gewesen. Begonnen hatte er seine Karriere, wie auch der Vater des Tiberius, als überzeugter Republikaner. In den Bürgerkriegen hatte er sich Antonius angeschlossen und war später auf die Seite Octavians gewechselt. Kritiker nannten ihn einen Opportunisten, er selbst wird sich die Fähigkeit des flexiblen Reagierens auf gewandelte Verhältnisse attestiert haben. Bis zu seinem Tod 8 v. Chr. (als Tiberius 34 Jahre alt war) betätigte er sich als Redner, schrieb darüber hinaus Gedichte und Texte zur Grammatik. Tiberius also eiferte der Koryphäe nach, doch auch bei seinen Bemühungen, ein guter Redner zu werden, holte ihn sein ewiges Pech ein. Was bei Corvinus elegant und ausgefeilt gewirkt hatte, hörte sich bei Tiberius schwerfällig, bemüht und gekünstelt an. Seine Reden waren für die Zuhörer nicht gerade ein Genuss. Besser war es, wenn er, statt eine zuvor ausgearbeitete Rede abzulesen, frei sprach. Aber dabei fühlte er sich nicht so sicher. Es musste alles gut vorbereitet sein.

Angetan hatte es ihm auch die Lyrik der Griechen – er widmete sich ihr nicht nur rezeptiv, sondern auch aktiv. Diese Leidenschaft teilte er mit vielen Angehörigen der römischen Oberschicht, nicht aber mit der Masse des Volkes. Er war kein Nero, der mit seinen Gesangsdarbietungen ein soziales Band zu seiner großstädtischen Klientel zu knüpfen bestrebt war und damit – zumindest anfangs – durchaus Erfolg hatte[24] (später wurden die Menschen seiner in ihrer Qualität ohnehin eher zweifelhaften Künste überdrüssig und versuchten mit allen Mitteln, seinen Konzertdarbietungen zu entkommen). Tiberius stellte sich nicht der Masse, für ihn waren Kunst und Wissenschaft etwas, womit sich die gebildeten Eliten beschäftigen sollten. So wird auch eine Schrift mit dem Titel »Klage über Lucius Caesars Tod« kaum ein Bestseller gewesen sein.

In der Lyrik erkor er griechische Dichter zu seinen Vorbildern. Vor allem drei – heute weitgehend in Vergessenheit geratene – Autoren hatten es ihm angetan: Euphorion, Rheianos und Parthenios. Damals erhielten sie mit ihren Schriften und ihren Porträts einen Ehrenplatz in den öffentlichen Bibliotheken. Viele römische Dichter witterten daraufhin die Chance, beim Kaiser Pluspunkte zu sammeln, und verfassten Werke über die Favoriten des Tiberius – die sie, um die Anbiederung vollkommen zu machen, dem Kaiser persönlich widmeten.

Das Hobby aber, das Tiberius am meisten interessierte, war die Mythologie. Der Biograph Sueton kann an dieser Stelle nicht anders, als dem Kaiser einmal mehr eine schlechte Note ins Zeugnis zu schreiben: Sein Faible für die fabelhafte Welt der Griechen ging ihm zu sehr ins »Phantastische und Lächerliche«. Tiberius hatte seinen Spaß daran, kluge Menschen mit Fragen zu testen, deren Beantwortung ein hohes Maß an Expertentum verlangte. So stellte er einmal einem Gremium von Gelehrten drei Fragen zur griechischen Mythologie, um ihr Wissen zu testen. Sie lauteten: Wer war die Mutter der Hekuba? Wie hieß Achill bei den Jungfrauen? Was für Lieder sangen die Sirenen?

Wie man zugeben muss, ist das alles heute sicher nicht mehr von wirklich brennendem Interesse. In der Antike aber, auch noch in der Zeit des Tiberius, lebten die Menschen in und mit ihren Mythen. Doch mit den von ihm ausgewählten drei Fragen gab Tiberius seinen Gesprächspartnern wirklich harte Nüsse zu knacken. Zwei davon dürften die Gelehrten nicht beantwortet haben – nicht, weil sie nicht gebildet genug gewesen wären, sondern weil es auf diese Fragen keine Antworten gibt, jedenfalls keine eindeutigen: Hekuba/Hekabe war die Frau des Priamos, des Königs von Troja; wie ihre Mutter hieß, wussten die antiken Schriftsteller auch nicht so genau; Koryphäen wie Homer oder Vergil lieferten unterschiedliche Angaben. Achill, der griechische Trojaheld, der mit seinem Zorn den Erfolg des Unternehmens aufs Spiel gesetzt hatte, war von seiner Mutter, der Nymphe Thetis, aufgrund einer Weissagung zum König Lykomedes von Skyros gebracht und dort unter dessen Töchter gemischt worden; zur Tarnung trug er einen weiblichen Namen – aber welchen? Pyrrha? Kerkesyra? Issa?; da kursierten viele Varianten, und so herrschte auch hier unter den Fachleuten keine Einigkeit. Die Sirenen schließlich waren Fabelwesen, halb Menschen, halb Vögel, die mit ihrem betörenden Gesang Seefahrer ins Verderben stürzten (nur Odysseus fand einen Trick, ihnen zu widerstehen); was für Lieder sie in ihrem perfiden Repertoire hatten, wird jedoch an keiner Stelle in der antiken Literatur mitgeteilt.

Der angeblich so humorlose, spaßfreie Tiberius stellte hier seine Fähigkeit unter Beweis, sich auf ein intelligentes, ironisches Spiel einzulassen. Oder war es reine Besserwisserei, die ihn antrieb? Nein: Er wusste, dass es auf diese Fragen keine Antworten gab, und so war ihm auch klar, dass die Gelehrten kapitulieren mussten. Daran hatte er seine harmlose und gar nicht hämische Freude. Und das gelehrte Spiel zeugt auch von einer gewissen Gelassenheit und Heiterkeit, doch diese Charakterzüge gehen inmitten der sonst üblichen Tiraden und Vorhaltungen der antiken Autoren eher unter.

Tiberius war römischer Kaiser. Aber er hatte – um eine weitere Facette seiner Persönlichkeit aufzuzeigen – ein Faible für alles, was Griechisch war und nach Griechischem aussah. So bediente er sich, wie Sueton weiter berichtet, im Gespräch häufig und durchaus gewandt der griechischen Sprache. Anders als manche Senatoren, die mit ihren griechischen Sprachkenntnissen zu brillieren versuchten, verwendete er bei Auftritten im Senat jedoch ausschließlich das Lateinische, also die Sprache der Römer. Nicht weil er fürchtete, sich mit seinen griechischen Sprachkenntnissen vor dem ehrwürdigen Gremium der Senatoren zu blamieren – dazu beherrschte er die fremde Sprache zu gut. Vielmehr entsprach diese Praxis seiner konservativen Grundhaltung. Römer sprechen, wenn es offiziell wird, wie Römer, daher im Zweifelsfall: Latein! – so lautete die Devise des ersten Mannes in Rom.

Diese Einstellung trieb manchmal kuriose Blüten.[25] So bat er eigens um Nachsicht, wenn er einmal ein Fremdwort gebrauchte – wie das Wort »Monopol«, das er in eine Senatsdebatte über Steuern und privilegierte Verkäufe einbrachte. Als in einem Senatsprotokoll, im Zusammenhang mit einem Gesetz gegen den Luxus, der Begriff »Emblem« auftauchte, legte er Protest ein und verlangte, dass stattdessen nach einem entsprechenden lateinischen Begriff gesucht werde; als man keinen fand, ordnete er an, den Begriff mit mehreren lateinischen Wörtern zu umschreiben. Und einem offenbar aus Griechenland stammenden Soldaten, der vor Gericht als Zeuge auftrat und der auf Griechisch befragt wurde, verbot er, auf Griechisch zu antworten – er müsse seine Aussage auf Latein machen. Lateinkurse, so darf daher angenommen werden, müssen im Rom des Kaisers Tiberius Hochkonjunktur gehabt haben.

Wer also war Tiberius? Vieles an dem, was die Quellen über seine Persönlichkeit aussagen, ist ein Konstrukt und sagt mehr über die jeweiligen Autoren aus als über Tiberius. Doch zwischen den Zeilen, dort, wo nicht polemisiert wird, wo man darauf verzichtet hat, mit Propaganda, Verzerrung und gezielter Herabsetzung zu arbeiten, schimmert ein Tiberius durch, der auch als Mensch zu fassen ist – mit Eigenheiten, Vorzügen, Defiziten.

## Hier spricht Tiberius – Die besten Zitate

Unglücklicherweise hat Tiberius selbst keinen Tatenbericht wie Augustus hinterlassen, keine historischen Werke wie sein Nachnachfolger Claudius (die heute allerdings verloren sind), auch keine Memoiren oder geheimen Tagebücher. Aber es sind von ihm in den Quellen viele Zitate und Aussprüche überliefert – manche sind echt, manche nicht. Eine Sammlung der schönsten und prägnantesten Worte des Tiberius mag den Versuch, seiner Persönlichkeit näherzukommen, abrunden. Also: »Hier spricht Tiberius.« Der Biograph Sueton und der Historiker Tacitus jedenfalls – beide standen ihm kritisch gegenüber – legen dem Tiberius unter anderen die folgenden Aussprüche in den Mund:

Im Senat zu dem Thema, ob und wann er beabsichtige, die Herrschaft abzugeben bzw. wie lange er herrschen wolle:

> *»… bis ich so alt geworden bin, dass euch der Zeitpunkt gekommen zu sein scheint, dem alten Mann etwas Ruhe zu gönnen.« (Suet. Tib. 24)*

Gegenüber Senatoren, die Maßnahmen gegen Meinungsfreiheit forderten:

> *»Wir haben überhaupt keine Zeit mehr, uns mit noch mehr Angelegenheiten zu beschäftigen. Habt ihr erst einmal dieses Fenster geöffnet, dann lasst ihr zu, dass wir zu nichts anderem mehr kommen. Denn ihr liefert allen Leuten einen Vorwand, ihre persönlichen Feindschaften von euch schlichten zu lassen.« (Suet. Tib. 28)*

»Leutselige« Äußerung vor dem Senat:

*»Sollte jemand eine andere Meinung geäußert haben, werde ich mir Mühe geben, mein Tun und Reden vor ihm zu rechtfertigen. Sollte er aber weiterhin auf seiner gehässigen Meinung beharren, werde ich zur Abwechslung ihn hassen.« (Suet. Tib. 28)*

Monarchisches Selbstverständnis:

*Zum Senator Quintus Haterius: »Bitte verzeihe, sollte ich irgendetwas allzu offen gegen dich so wie ein Senator gesagt haben.« (Suet. Tib. 29)*

*Zu allen Senatoren: »Ich habe heute und häufig auch bei anderen Gelegenheiten gesagt, verehrte Senatoren, dass ein guter und heilbringender Kaiser (bonus et salutaris princeps), den ihr mit so gewaltigen und weitreichenden Vollmachten ausgestattet habt, dem Senat dienen müsse, oft auch den Bürgern in ihrer Gesamtheit und in einer großen Anzahl von Fällen sogar einzelnen Bürgern. Und ich bereue keineswegs, dass ich das gesagt habe, und in euch habe ich gute und gerechte und wohlwollende Herren gehabt und habe es noch.« (Suet. Tib. 29)*

Zu Statthaltern, die ihm rieten, in den Provinzen die Steuern zu erhöhen:

*»Ein Hirte erweist sich als guter Hirte, wenn er das Vieh schert und ihm nicht die Haut über die Ohren zieht.« (Suet. Tib. 32)*

Zu seinen Kritikern:

*»Sollen sie mich doch hassen, wenn sie meinen Maßnahmen nur Beifall spenden.« (Suet. Tib. 59)*

Auf die Nachricht, ein Angeklagter habe sich selbst getötet:

*»Carnulus ist mir entwischt.« (Suet. Tib. 61)*

Jemand bittet den Kaiser bei der Inspektion eines Gefängnisses, endlich an ihm die Strafe zu vollziehen:

*»Noch bin ich nicht mit dir versöhnt.« (Suet. Tib. 61)*

In einem Edikt:

*»Die Fürsten sind sterblich. Nur der Staat ist ewig.« (Tac. ann. 3,6,3)*

Vor dem Senat:

*»Ich bin ein sterblicher Mensch, menschliche Pflichten habe ich zu erfüllen, und mir ist es genug, wenn ich den Platz des Prinzeps ausfüllen kann.« (Tac. ann. 4,38,1)*

In einem Schreiben an Seian:

*»Die Normalen bleiben in ihren Plänen bei dem stehen, was sie für sich als dienlich erachten. Die Fürsten aber haben ein anderes Los: Sie müssen sich in allen wichtigen Dingen nach der öffentlichen Meinung richten.« (Tac. ann. 4,40,1)*

In einem Brief an den Senat:

*»Was ich euch schreiben soll, Senatoren, oder wie ich schreiben soll oder was ich in dieser Zeit überhaupt nicht schreiben soll, alle Götter und Göttinnen mögen mich noch ärger zugrunde richten, als ich täglich mein Zugrundegehen fühle, wenn ich das weiß.« (Tac. ann. 6,6,1 f.)*

# 9. Tiberius 21

In einigen Jahren ist es so weit: Der 2000. Todestag des Tiberius wird anstehen – am 16. März des Jahres 2037. Groß gefeiert wird er wahrscheinlich nicht. Tiberius war ein Kaiser im Schatten des Augustus. Er gehört nicht zur absoluten Prominenz unter den römischen Caesaren. Unter seiner Herrschaft passierte nichts wirklich Umwälzendes, fanden keine Ereignisse statt, die in jedem historischen Kalender Aufnahme finden. Die große Ausnahme: In seiner Zeit agierte und starb Jesus Christus, und es begann, ohne dass dies von den Zeitgenossen registriert wurde, die Geschichte einer späteren Weltreligion. Tiberius hatte an diesen Ereignissen aber keinen Anteil, sie wären auch ohne ihn genauso passiert. Entwicklungen wie der Aufstieg der Prätorianer und die Majestätsprozesse haben dem Prinzipat neue Strukturen gegeben, ohne dass allerdings Tiberius dafür verantwortlich gewesen ist. Es handelte sich vielmehr um Abläufe, die im System begründet lagen.

Warum ist es also wichtig, sich im 21. Jahrhundert noch mit Tiberius zu beschäftigen? Weil er einen bestimmten Typus von Herrscher – oder allgemeiner formuliert – von Politiker repräsentiert, wie man ihn auch heute, ja gerade heute noch kennt. Tiberius hat eindrucksvoll gezeigt, wie man gute Arbeit leisten kann – und bei der Bevölkerung trotzdem keine Sympathien erntet. Dieser Typus kommt in jeder Verfassungsform vor, in Monarchien oder Diktaturen genauso wie in Demokratien. Übrigens auch der umgekehrte Fall: schlechte Arbeit zu leisten und trotzdem populär zu sein, versteckt hinter einer imposanten, inhaltsleeren Prunkfassade.

Jeder, der politische Verantwortung trägt, braucht die Akzeptanz derjenigen, die er regiert. Nach einem passablen Start hatte Tiberius diese Akzeptanz bald nicht mehr, weder bei den Eliten noch bei der breiten Masse der Bevölkerung. Tiberius verlor das Volk, weil es das Gefühl hatte, der Kaiser interessiere sich nicht für sein Volk. Das war objektiv nicht richtig, wurde aber subjektiv so empfunden. Tiberius war nicht der strahlende Held, dem die Herzen der Menschen nur so zuflogen. Er war der gewissenhafte, manchmal auch pedantische Arbeiter. Er tat viel für Rom. Aber eben nicht das, was die Römer eigentlich wollten. Natürlich sollten die Grenzen sicher sein, natürlich sollte die Wirtschaft florieren, natürlich wollte man sein Auskommen haben, natürlich wollte man nicht zu viele Steuern zahlen müssen, natürlich wollte man das Gefühl haben, es gehe im Staat gerecht zu, und natürlich wollte man einen respektablen Platz in der gesellschaftlichen Hierarchie einnehmen.

Doch genauso wichtig, wenn nicht noch wichtiger, waren Präsenz und Kommunikation. Der Posten des römischen Kaisers war kein sanftes Ruhekissen, auf dem man sich behaglich ausbreitete und das keine weiteren Initiativen verlangte. Einen guten Teil seiner Macht bezog der Prinzeps aus der Fähigkeit, sich den Menschen als ihr Patron zu präsentieren. Dafür musste er weniger Sacharbeit leisten als vielmehr zeigen, dass er da war – zum Beispiel bei öffentlichkeitswirksamen Auftritten in der Theater- oder Circusloge, auf dem Forum, bei der ritualisierten morgendlichen Begrüßung, bei der sich Klienten vor dem Haus versammelten und der Patron sich ihnen zeigte. Spiele zu veranstalten, Getreidespenden zu organisieren, zu helfen, wenn Hilfe nötig war – dieses Repertoire musste der Prinzeps beherrschen, wollte er in der Stimmungsskala Pluspunkte sammeln.

Auch Zeit zum Zuhören sollte er mitbringen. Ein späterer Kaiserkollege des Tiberius, der an sich beliebte und umgängliche Kaiser Hadrian, wurde auf einer seiner zahlreichen Reisen von einer Frau angesprochen. Als sie mit ihrer Bitte an den Kaiser herantrat, hatte der es eilig und rief ihr zu: »Ich habe keine Zeit.« Daraufhin sagte die Frau: »Dann höre auf, Kaiser zu sein.« Sofort blieb Hadrian stehen und hörte sich an, was ihm die Frau zu sagen hatte.[1] Dies muss sich nicht tatsächlich so zugetragen haben, aber die Anekdote charakterisiert aufs Beste, was die Menschen vom Kaiser erwarteten. Auch heutige Politiker eilen, entweder um Geschäftigkeit zu demonstrieren oder auch einfach nur weil sie keine Lust zum Reden haben, an den Mikrophonen wartender Journalisten, der Vertreter der Öffentlichkeit, vorbei. Nur wenn Wahlen anstehen, entdecken sie den Draht zum Volk.

Tiberius musste nicht wiedergewählt werden. Der Kaiser hatte sein Amt auf Lebenszeit. Er brauchte nicht zu befürchten, in den politischen Vorruhestand geschickt zu werden. Doch wurde es einsam um ihn, wenn er sich abschottete, so wie Tiberius. Jedoch tat er dies nicht, weil er, wie die Quellen suggerieren wollen, die Menschen nicht ertragen konnte. Vielmehr war er kein, wie man heute sagen würde, Showtalent. Er brauchte, um arbeiten zu können, eine Ruhe, wie sie ihm das System nicht geben konnte.

Wichtig für das Image des Kaisers war die Atmosphäre in der Hauptstadt Rom. Die Masse der Bevölkerung stellte das entscheidende Stimmungsbarometer dar. Ein Spanier, Grieche oder Ägypter konnte auf den Anblick des Kaisers verzichten. Der überwiegende Teil der Reichsbevölkerung bekam den Kaiser nie zu Gesicht, außer als Porträt auf Münzen oder in Gestalt von Statuen. Doch wenn das Volk im Circus Maximus in Anwesenheit oder Abwesenheit des Kaisers seinen Unmut bekundete, so war das für das politische Klima in der Stadt schädlich. Eine Todsünde beging Tiberius also, als er seine Distanz zum Volk dadurch vor Augen führte, dass er die Hauptstadt verließ: das erste Mal, als Augustus noch regierte und er sich nach Rhodos zurückzog; das zweite Mal, als er als Kaiser mehr als ein Jahr in Kampanien zubrachte; und vor allem, als er Capri als Refugium wählte und dort die letzten elf Jahre seines Lebens verbrachte. »Tiberius in den Tiber« lautete daher auch das finale Verdikt des Volkes, als Tiberius gestorben war.

Die frühen römischen Kaiser waren noch keine Götter. Nähe statt Distanz, lautete die Devise im Umgang mit dem Volk. Dies änderte sich erst in der Spätantike, im 3. Jahrhundert, gut 250 Jahre nach dem Tod des Tiberius. Der Kaiser umgab sich jetzt mit einer religiösen Aura, nicht aus Überheblichkeit, sondern als Maßnahme zur eigenen Sicherheit, nachdem das Reich von einer Krise erschüttert worden war, in deren Folge es durch Mord und Totschlag zu einem geradezu inflationären Verschleiß an Kaisern gekommen war. Diocletian wies den Weg aus der Krise, auch indem er den Kaiser in göttliche Nähe rückte, aus dem Kalkül heraus, dass dieser Nimbus wie eine Lebensversicherung wirkte.

Wie können heutige Politiker dem Schicksal eines Tiberius entgehen? In der modernen Mediengesellschaft stehen sie noch viel mehr im gleißenden Scheinwerferlicht. Nicht auszudenken, wenn beispielsweise ein französischer Staatspräsident beschließend würde, seine residenziellen Zelte fern vom Regierungszentrum Paris auf der Insel Korsika aufzuschlagen. Oder ein amerikanischer Präsident Washington den Rücken kehrte und den Rest der Amtszeit auf Hawaii zubrächte. Oder ein deutscher Regierungschef die Insel Rügen als Rückzugsort wählte. Auch wenn die Betreffenden in ihren Refugien gute Arbeit für das Land leisteten, wird man ihnen ihre Unsichtbarkeit nicht nachsehen.

Einen Tiberius kann man heutigen Politikern kaum als Vorbild für erfolgreiches Regieren empfehlen. Einen Caligula oder Nero auch nicht. Vielleicht eine Kombination aus Tiberius und Nero? Man nehme nur deren positiven Eigenschaften und eliminiere die negativen: Von Tiberius nehme man Pflichtbewusstsein, Verantwortungsgefühl und Effizienz. Man eliminiere die Unfähigkeit, zu kommunizieren, und die Neigung, sich abzuschotten. Von Nero eliminiere man das Tyrannische, Despotische, die Missachtung der Spielregeln im Umgang mit den politischen Eliten. Von ihm nehme man hingegen das Gespür im Umgang mit dem Volk – dieses ging so weit, das Nero für das Volk sang. Soweit müssen heutige Politiker nicht unbedingt gehen, auch wenn ein deutscher Bundespräsident sich vor vielen Jahren dem Publikum in dieser Pose präsentierte. Die Rezeptur könnte also lauten: Tiberius plus Nero = Seriosität und Popularität?

Aber Nero hat eine so negative Reputation, dass ein Politiker, der heute als Zielvorgabe nennen würde, ein zweiter Nero sein zu wollen, anecken und sich ins Abseits manövrieren würde. Am besten strebte man an, ein neuer Augustus zu sein. Der erste Prinzeps konnte beides: mit dem Volk umgehen und gute Sacharbeit leisten. Vermittelbar wäre aber auch ein verbesserter Tiberius. Sein Streben nach effizienter Regierungsarbeit im Dienste des Staates, gepaart mit einer größeren Portion an Bereitschaft, auch den Wünschen des Volkes zu entsprechen, könnte Vorbildcharakter haben. Staatsmann – um einen etwas veralteten – und Populist – um einen modernen Begriff zu verwenden – in einer Person.

Wobei der Begriff »Populist« in der heutigen politischen Diskussion falsch verwendet wird. Falsch insofern, als in Rom *populus* kein soziologischer, sondern ein staatsrechtlicher Begriff war. Die Römer kannten den Begriff »Populist« nicht. Unter *populus* verstanden sie die Gesamtheit der römischen Bürger. Der römische Staat, das waren der Senat und das römische Volk, *Senatus Populusque Romanus*. Als Populist wird in den modernen politischen Debatten aber jemand bezeichnet, den man verdächtigt, im Volk Stimmungen zu erzeugen oder auszunutzen und damit Politik zum eigenen Vorteil zu machen. »Volk« ist dabei nicht die Masse der Bürger, sondern markiert die für demagogische und populistische Parolen scheinbar oder anscheinend besonders anfälligen unteren Schichten. In Rom kannte man diese Klassifizierung auch. Wenn man, meist aus der Perspektive der Oberschichten und dann in despektierlichem Ton, von der gerne auch als ungebildet klassifizierten Masse sprach, verwendete man den Begriff *plebs*. Die Plebs, urteilte der Historiker Tacitus aus seiner Elite-Perspektive, das war der »nur an Circus- und Theaterspielen gewöhnte Pöbel« – er spricht hier von *plebs sordida*, der »schmutzigen Plebs«.[2] Von dieser unterscheidet er einen »besseren« Teil der soziologischen Größe »Volk« und ehrt damit die »integren, mit den großen Familien verbundenen« Menschen, die sich dadurch, dass sie sich in der Klientel aristokratischer Clans befanden, moralisch und qualitativ deutlich von dem »Pöbel« abhoben.

Tiberius war bei seinem Tod ein Herrscher ohne Volk. Welches Volk aber hatte er verloren? Nicht das Staatsvolk. Das Staatsvolk als solches konnte ein Kaiser nicht verlieren. Es bildete zusammen mit dem Senat das Fundament des römischen Staates und war immer da. Verloren hat er die *plebs* der Hauptstadt Rom, die *plebs urbana*. Weil er sich nicht um sie kümmerte. Und das gilt gleichermaßen für die »gute« wie für die »schlechte« Plebs, wenn man der von Tacitus vorgenommenen, von der Oberschicht im Wesentlich geteilten Einschätzung folgen möchte. Aber es ist besser, dieser Einschätzung nicht zu folgen. Tacitus argumentiert nicht politisch, sondern moralisch. Gut sind diejenigen, die brav und folgsam die erwarteten sozialen Rollen spielen: wenn man so will, die Bürgerlichen. Schlecht sind diejenigen, die sich dem Zugriff der Eliten entziehen. In der Kaiserzeit entwickelte sich, in der Fortführung von Tendenzen, die sich bereits in der späten Republik bemerkbar gemacht hatten, die als *plebs sordida* abqualifizierte Masse der unteren Schichten der Bevölkerung zu einem wichtigen politischen Faktor. Wie sie den Kaiser begrüßten, wenn er ins Theater kam, wie sie über ihn sprachen, welche Stimmung sie in der Stadt verbreiteten, war für Image und Status des Kaisers ein wichtiger, nicht zu unterschätzender Faktor. Tiberius tat nichts, um die Stimmung zu seinen Gunsten zu lenken. Er arbeitete lieber, als sich im Theater zu zeigen. Er sparte lieber, als dem Volk Geldgeschenke zu machen. Er saß lieber im Senat und beriet sich mit den Senatoren, als mit dem Volk zusammen große Feste zu feiern. Und schließlich regierte er lieber von einer Insel aus, statt bei seinem Volk zu sein. So wurde er zum Herrscher ohne Volk.

Und so ergibt sich der Widerspruch, dass Tiberius ein fleißiger, strebsamer, verantwortungsbewusster Herrscher war, der sich intensiv um die Angelegenheiten des Staates kümmerte und über dieser Aufgabe ganz vergaß, dass die Masse der Bevölkerung diese Art von Politik wenig honorierte. Weniger, als er es verdient gehabt hätte.

# Anmerkungen

**1. Konstrukt oder Realität?**

1 Vell. Pat. 2,131.

2 Zum Tiberius-Bild des Tacitus vgl. Yavetz, Tiberius.

3 Tac. Agr. 3,1.

4 Schrömbges, Tiberius und die res publica Romana 232 ff.

**2. Abschied aus Rom**

1 Tac. ann. 4,57.

2 Tac. ann. 4,57.

3 Tac. ann. 4,67.

4 Tac. ann. 4,67.

5 Suet. Tib. 65.

6 Dazu ausführlich Krause, Villa Jovis.

7 Suet. Tib. 40.

8 Suet. Tib. 40.

9 Tac. ann. 4,67.

**3. Der lange Weg zur Macht**

1 Sall. Cat. 10 ff.

2 Cic. fam. 11,20,1.

3 Suet. Tib. 4.

4 Suet. Tib. 6.

5 Tac. ann. 5,1.

6 Suet. Aug. 62,2.

7 Cass. Dio 48,34,3.

8 Eine andere Datierung schlägt Kunst, Livia 336–340 vor.

9 Cass. Dio 48,44,3.

10 Suet. Claud. 1,1.

11 Cass. Dio 48,44,4.

12 Suet. Claud. 1,1.

13 Cass. Dio 48,44,5; Suet. Claud. 1,1.

14 Cass. Dio 48,44,5.

15 Sall. Cat. 13,3.

16 So aber Kornemann, Tiberius 20.

17 Suet. Tib. 51.

18 Suet. Tib. 9,1.

19 Cass. Dio 53,26,1.

20 Vell. Pat. 2,93,1.

21 Vgl. Brandt, Hartwin, Marcellus »successioni praeparatus«? Augustus, Marcellus und die Jahre 29–23 v. Chr., in: Chiron 25 (1995), 1–18.

22 Vell. Pat. 2,93,1.

23 Tac. ann. 2,43,1.

24 Vell. Pat. 2,94.

25 Vell. Pat. 2,94,3.

26 Vell. Pat. 2,94,3.

27 Suet. Tib. 8; vgl. Suet. Aug. 32,1.

28 Plin. nat. 19,24.

29 Verg. Aen. 6,860–886; Prop. 3,18,1–10.

30 Suet. Tib. 8.

31 Nach Cass. Dio 54,3 bereits im Jahr 22 v. Chr.

32 Vell. Pat. 2,91,2.

33 Cass. Dio 54,9,5.

34 Cass. Dio 54,9.

35 Vell. Pat. 2,91,1.

36 Strab. 16,1,28.

37 Vgl. Fittschen, Klaus, Zur Panzerstatue in Cherchel, Jahrbuch des Deutschen Archäologischen Instituts 91 (1976), 204.

38 Res gestae 29.

39 Cass. Dio 54,8,2.

40 Hor. c. 4,15,4–8.

41 Roman Imperial Coinage I, Nr. 46–48.

42 Suet. Tib. 7,2.

43 Vgl. etwa Timpe, Dieter, Arminius-Studien, Heidelberg 1970; Wolters, Reinhard, Die Römer in Germanien, München 52006.

44 Cass. Dio 50,23,3.

45 Strab. 7,1,5.

46 Cass. Dio 54,22.

47 Vell. Pat. 2,95,2.

48 Plin. nat. 3,136 f.

49 Res gestae 26.

50 Cass. Dio 54,22,1 f.

51 Cass. Dio 54,31,1.

52 Suet. Tib. 7,2.

53 Suet. Tib. 7,3.

54 Res gestae 30.
55 Cass. Dio 54,31,2–4.
56 Cass. Dio 54,31,4.
57 Cass. Dio 55,2,4.
58 Strab. 7,1,3.
59 Plin. nat. 7,20; Val. Max. 5,4,5.
60 Liv. per. 142.
61 Cass. Dio 55,2,1 ff.
62 Suet. Claud. 1,5.
63 Suet. Claud. 1,5.
64 Tac. ann. 1,33,2.
65 Vell. Pat. 2,97,4.
66 Cass. Dio 56,18,1.
67 Suet. Tib. 9,2.
68 Suet. Aug. 21,1.
69 Cass. Dio 55,6,5.
70 Suet. Tib. 9,3.
71 Suet. Tib. 10,2 ff.
72 Cass. Dio 55,9,7.
73 Tac. ann. 1,53.
74 Vell. Pat. 2,99,2.
75 Edelmann-Singer, Das Römische Reich von Tiberius bis Nero 25.
76 Kunst, Livia 168.
77 Suet. Tib. 11,1.
78 Suet. Tib. 11,2.
79 Suet. Tib. 10,2.
80 Suet. Tib. 10,2.
81 Res gestae 14.
82 Res gestae 35.
83 Suet. Aug. 58,2.
84 Cass. Dio 55,10a,3.
85 Suet. Tib. 14,4.
86 Suet. Tib. 98.
87 Suet. Tib. 11,1 ff.
88 Cass. Dio 55,9,6.
89 Suet. Tib. 11,3.
90 Suet. Tib. 32,2.
91 Suet. Tib. 57,2.
92 Dazu ausführlich Baar, Das Bild des Kaisers Tiberius bei Tacitus, Sueton und Cassius Dio.
93 Suet. Tib. 11,2 f.
94 Suet. Tib. 11,4.
95 Cass. Dio 55,10,4; Sen. ben. 3,32.
96 Tac. ann. 3,24.
97 Vell. Pat. 2,100,3.
98 Cass. Dio 55,10,12 ff.
99 Sen. ben. 3,32.
100 Vell. Pat, 2,100,4 ff. mit einer Liste von Namen.
101 Tac. ann. 3,24.
102 Tac. ann. 1,53,3.
103 Cass. Dio 54,10,16.
104 Suet. Tib. 11,4.
105 Suet. Tib. 11,5.
106 Suet. Tib. 11,5.
107 Suet. Tib. 12,2.
108 Suet. Tib. 12,2.
109 Suet. Tib. 12,3–13,2.
110 Suet. Tib. 13,1.
111 Cass. Dio 55,11,3.
112 Suet. Tib. 14,4. Zum historischen Wert der Anekdoten über Tiberius vermerkt Yavetz, Tiberius 103 klug: »Jeder bekommt schließlich die Anekdoten, die er verdient hat.«
113 Cass. Dio 55,11,2.
114 Gell. 15,7.
115 Suet. Aug. 81.
116 Suet. Tib. 13,2.
117 Suet. Tib. 15,1.
118 Suet. Tib. 15,1.
119 Vell. Pat. 2,101,2; Cass. Dio 55,10a,9; Suet. Aug. 65. Tib. 15,1.
120 Suet. Tib. 70,2.
121 Edelmann-Singer, Das Römische Reich von Tiberius bis Nero 26.
122 Vell. Pat. 2,104,1.
123 Suet. Tib. 68,3.
124 Vgl. dazu Kunst, Livia 176; Edelmann-Singer, Das Römische Reich von Tiberius bis Nero 26.
125 Kunst, Livia 176.
126 Suet. Tib. 15,2.

127 Edelmann-Singer, Das Römische Reich von Tiberius bis Nero 26 f.

128 Tac. ann, 1,3. 4,57.

129 Suet. Tib. 21,3.

130 Suet. Aug. 65,1.

131 Cass. Dio 55,32.

132 Vell. Pat. 2,112,7.

133 Vell. Pat. 2,104,3 f.

134 Vell. Pat. 2,105,3.

135 Vell. Pat. 2,107.

136 Cass. Dio 55,10a,2.

137 Vell. Pat. 2,108,1.

138 Vell. Pat. 2, 111,1.

139 Suet. Tib. 16.

140 Cass. Dio 56,12,2.

141 Vell. Pat. 2,114.

142 Tac. ann. 1,60.

143 Vell. Pat. 2,121 f.

144 Suet. Tib. 18 ff.

145 Suet. Tib. 19.

146 Suet. Tib. 20.

147 Vell. Pat. 2,121,3.

148 Cass. Dio 57,18,2. Nach Sueton (Tib. 26,2) war es der September, der in »Tiberius« umbenannt werden sollte.

149 Suet. Aug. 71,2. Man würfelte mit Knöchelchen, deren vier Längsseiten jeweils eine Zahl trugen. Hund: vier Einsen; Venus: alle Würfel zeigen verschiedene Zahlen.

150 Zur letzten Reise des Augustus und zu seinem Tod ausführlich Sonnabend, August 14 32 ff.

151 Suet. Aug. 97.

152 Suet. Aug. 98.

153 Suet. Tib. 21,1.

154 Suet. Aug. 98,5.

155 Suet. Tib. 21,2.

156 Suet. Tib. 21,4–7.

157 Cass. Dio 56,31,1.

158 Cass. Dio 56,30,1 f.

159 Tac. ann. 1,5.

160 Vell. Pat. 2,123,1 f.

161 Tac. ann. 1,11.

162 Suet. Aug. 99.

163 Suet. Aug. 99,1.

164 Suet. Aug. 100,1.

165 Suet. Aug. 101.

166 Cass. Dio 56,33,3 f.

167 Tac. ann. 1,11.

168 Cass. Dio 56,42,1.

169 Cass. Dio 56,35,1.

### 4. Herrschaftsantritt

1 Tac. ann. 1,24–30.

2 Tac. ann. 1,7.

3 Tac. ann. 1,11.

4 Suet. Tib. 24,1.

5 Cass. Dio 57,2,4.

6 Tac. ann. 1,12 f.

7 Tac. ann. 1,6,1.

8 Cass. Dio 57,3,5.

9 Suet. Tib. 22.

10 Tac. ann. 1,6,3.

11 Tac. ann. 1,6,3. 3,30,3.

12 Tac. ann. 1,53.

13 Suet. Tib. 50,1.

14 Tac. ann. 1,53.

### 5. Kaiser Tiberius – Die ersten zwölf Jahre

1 Millar, The Emperor in the Roman World, passim.

2 Tac. ann. 4,40,1.

3 Tac. ann. 1,15,1.

4 Tac. ann. 1,46 f.

5 Suet. Tib. 26,1.

6 Res gestae 35.

7 Suet. Tib. 26,2.

8 Cass. Dio 57,19,6.

9 Tac. ann. 4,2: Cass. Dio 57,19,6.

10 Suet. Tib. 55.

11 Tac. ann. 4,3.

12 Tac. ann. 4,7–13.

13 Tac. ann. 4,3.

14 Suet. Tib. 62,1.

15 Tac. ann. 4,39.

16 Tac. ann. 2,44,1.

17 Suet. Tib. 52,1.

18 Tac. ann. 4,8.

19 Tac. ann. 4,9,2.

20 Suet. Tib. 29.

21 Suet. Tib. 30.

22 Tac. ann. 1,15.

23 Suet. Tib. 30.

24 Tac. ann. 3,60,1.

25 Tac. ann. 4,6.

26 Cass. Dio 57,7,2 ff.

27 Suet. Tib. 31,1.

28 Suet. Tib. 33,1.
29 Tac. ann. 4,6.
30 Tac. ann. 4,7,1.
31 Cass. Dio 57,7,1.
32 Cass. Dio 57,7,1.
33 Tac. ann. 3,31.
34 Tac. ann. 1,72.
35 Tac. ann. 2,50.
36 Tac. ann. 3,50; Cass. Dio 57,20,3 f.
37 Tac. ann. 4,34; Suet. Tib. 61,3; Cass. Dio 57,24,2–4.
38 Sen., Consolatio ad Marciam 1,22.
39 Tac. ann. 4,34,1.
40 Suet. Tib. 58.
41 Tac. ann. 1,11,4.
42 Cass. Dio 57,4.
43 Tac. ann. 1,25.
44 Tac. ann. 1,31 ff.
45 Tac. ann. 1,35.
46 Tac. ann. 1,46.
47 Tac. ann. 1,49; Cass. Dio 57,6,1.
48 Tac. ann. 1,49.
49 Suet. Tib. 52,2.
50 Vell. Pat. 2,129,2.
51 Strab. 7,1,4.
52 Tac. ann. 1,62,1.
53 Tac. ann. 2,41.
54 Tac. ann. 1,62.
55 Tac. ann. 2,26.
56 Tac. ann. 2,88,2.
57 Tac. ann. 2,41.
58 Strab. 7,1,4.
59 Tac. ann. 2,42.
60 Suet. Tib. 8.
61 Tac. ann. 2,42. So auch Cass. Dio 57,17,4.
62 Laut Cass. Dio 57,17,4 litt der König an Gicht und machte außerdem einen »geistesgestörten Eindruck«.
63 Tac. ann. 2,53.
64 Tac. ann. 2,55.
65 Tac. ann. 2,59,1.
66 Suet. Tib. 52,2.
67 Tac. ann. 2,59.
68 Tac. ann. 2,69,1.
69 Tac. ann. 2,72.
70 Suet. Cal. 3,3.
71 Tac. ann. 2,69,3.
72 Tac. ann. 2,73 ff.
73 Tac. ann. 2,73.
74 Tac. ann. 3,3.
75 Tac. ann. 3,5.
76 Tac. ann. 3,6.
77 Tac. ann. 2,74,2.
78 Tac. ann. 3,7,2.
79 Tac. ann. 3,12.
80 Corpus Inscriptionum Latinarum 6, 2027. Dazu der Kommentar von Eck, Werner / Caballos, Antonio / Fernàndez, Fernando, Das Senatus consultum de Gn. Pisone patre, München 1966.
81 Tac. ann. 3,15,3.
82 Tac. ann. 3,17,1.
83 Vgl. Kunst, Livia 230.
84 Tac. ann. 4,12.
85 Tac. ann. 4,23–25.
86 Tac. ann. 4,25.
87 Tac. ann. 2,64 ff.
88 Tac. ann. 3,40.
89 Tac. ann. 3,44.
90 Tac. ann. 3,47.
91 Tac. ann. 1,46.
92 Tac. ann. 6,39.
93 Tac. ann. 1,80.
94 Tac. ann. 2,47. Weitere Berichte liefern Suet. Tib. 48,2; Plin. nat. 2,200; Strab. 13,4,8; Sen. nat. 6,1,13.
95 Cass. Dio 57,17,7.
96 Corpus Inscriptionum Latinarum 10, 1624.
97 Roman Imperial Coinage $I^2$ 97, Nr. 48.
98 Tac. ann. 4,13,1.
99 Vgl. Deeg, Der Kaiser und die Katastrophe 55–72.
100 Suet. Cal. 31.
101 Tac. ann. 4,62.
102 Tac. ann. 4,63.
103 Suet. Tib. 40.
104 Suet. Tib. 48.
105 Tac. ann. 1,76.79; Cass. Dio 57,14,7 f.
106 Tac. ann. 1,79.

### 6. Capri – Die letzten elf Jahre

1 Tac. ann. 4,67.
2 Suet. Tib. 43–45.
3 Suet. Tib. 62,2.

4 Tac. ann. 3,52 f.

5 Tac. ann. 3,53 f.

6 Tac. ann. 6,5,2.

7 Suet. Tib. 65,2.

8 Cass. Dio 58,2,5.

9 Tac. ann. 5,1,3.

10 Cass. Dio 57,12,3.

11 Suet. Tib. 51,1.

12 Suet. Tib. 51,2.

13 Corpus Inscriptionum Latinarum 5, 6416; Plin. nat. 6,11. 13,44.

14 Suet. Tib. 50,3; Cass. Dio 57,12,4.

15 Vell. Pat. 2,130.

16 Suet. Tib. 51,1.

17 Tac. ann. 3,64,1.

18 Cass. Dio 57,12,6.

19 Suet. Tib. 51,2.

20 Tac. ann. 5,2.

21 Cass. Dio 58,4.

22 Cass. Dio 58,2,3.

23 Suet. Tib. 51,2.

24 Cass. Dio 60,5,2.

25 Tac. ann. 4,8.

26 Tac. ann. 4,8.

27 Tac. ann. 5,8.

28 Suet. Tib. 53,2.

29 Tac. ann. 6,25,1.

30 Suet. Tib. 41.

31 Tac. ann. 4,59,1; Suet. Tib. 39.

32 Tac. ann. 4,41; vgl. Cass. Dio 58,5,1.

33 Tac. ann. 4,1.

34 Vell. Pat. 2,127,4.

35 Cass. Dio 58,5,1.

36 Cass. Dio 58,5,5.

37 Tac. ann. 5,9; Suet. Tib. 48,2.

38 Cass. Dio 58,11,7. Zum Ende Seians vgl. Seager, Tiberius 180 ff.

39 Cass. Dio 66,14,2.

40 Mt 27,24.

41 Tac. ann. 15,44.

42 Lk 3,1.

43 Alföldy, Géza, Pontius Pilatus und das Tiberieum von Caesarea Maritima, in: Scripta Classica Israelica 18 (1999), 85–108.

44 Phil. legat. ad Gaium 38,301–303.

45 Lk 3,1.

46 Lk 23,2; Mt 12,16 f.

47 Tert. apol. 5,1 f.; Eus. hist. eccl. 2,2,5.

48 Tac. ann. 2,32,3.

49 Plut. Sull. 37,1.

50 Tac. ann. 2,27–32.

51 Tac. ann. 2,31.

52 Die Aktionen fanden in den Jahren 59, 58, 53, 50 und 48 v. Chr. statt.

53 Tac. ann. 2,85,5; Suet. Tib. 36,1.

54 Vgl. Kornemann, Tiberius 189 ff.

55 Tac. ann. 6,1,1; Suet. Tib. 72,1.

56 Suet. Tib. 72,1.

57 Suet. Tib. 72,1.

58 Suet. Tib. 41,1.

59 Tac. ann. 4,72.

60 Tac. ann. 6,13.

61 Tac. ann. 6,13,2.

62 Tac. ann. 6,17 f.

63 Vgl. im Einzelnen Levick, Tiberius the Politician 201 ff. Tatsächlich kam es gegen Ende der Herrschaft des Tiberius zu einer Vielzahl von Prozessen, die aber weniger Ausdruck einer unkontrollierten Mordlust des Prinzeps gewesen sind, als vielmehr in der Logik eines sich institutionalisierenden Systems begründet lagen.

64 Tac. ann. 6,31–37. 41–44; Cass. Dio 58,26.

65 Tac. ann. 6,45,1.

### 7. Tiberium in Tiberim! – Der Tod des Kaisers Tiberius

1 Suet. Tib. 72 f.

2 Cass. Dio 58,28,1.

3 Zur Villa Lucullana vgl. Phaedr. 2,5,7–9.

4 Tac. ann. 6,50.

5 Suet. Cal. 5.

6 Cass. Dio 58,28.

7 Suet. Cal. 13,3.

8 Protokoll der Priesterschaft der Arvalbrüder, Corpus Inscriptionum Latinarum 6, 2027; vgl.

Edelmann-Singer, Das Römische Reich von Tiberius bis Nero 69.

9 Tac. ann. 6,51.

10 Cass. Dio 58,25,5.

11 Suet. Tib. 75,1.

12 Tac. ann. 6,45.

13 Suet. Tib. 75,3.

14 Suet. Cal. 14.

## 8. Wer war Tiberius?

1 Kornemann, Tiberius 18.

2 Kornemann, Tiberius 226.

3 Kornemann, Tiberius 232.

4 Dazu ausführlich Baar, Das Bild des Kaisers Tiberius bei Tacitus, Sueton und Cassius Dio, passim.

5 Plin. nat. 28,2; vgl. Tac. ann. 1,76.

6 Yavetz, Tiberius 176 f.

7 Christ, Geschichte der römischen Kaiserzeit 180 f.

8 Seager, Tiberius 211.

9 Tac. ann. 6,51.

10 Tac. ann. 3,16,1: »ich erinnere mich, von älteren Leuten gehört zu haben …«

11 Das hat Yavetz, Tiberius überzeugend nachgewiesen.

12 Vell. Pat. 2,129.

13 Suet. Tib. 68.

14 Plut. Alex. 1.

15 Suet. Tib. 69.

16 Cass. Dio 57,15,7.

17 Suet. Tib. 69.

18 Suet. Tib. 90.

19 Suet. Cal. 51,1.

20 Eck, Werner, Art. »Tiberius«, in Der Neue Pauly 12/1, 535.

21 Edelmann-Singer. Das Römische Reich von Tiberius bis Nero 68.

22 Baar, Das Bild des Kaisers Tiberius bei Tacitus, Sueton und Cassius Dio 19 ff.

23 Suet. Tib. 70.

24 Sonnabend, Holger, Nero. Inszenierung der Macht, Darmstadt 2016.

25 Suet. Tib. 71.

## 9. Tiberius 21

1 Cass. Dio 69,6,3.

2 Tac. hist. 1,4.

# Daten und Fakten

| | |
|---|---|
| 42 v. Chr. | Tiberius wird am 16. November in Rom geboren. Eltern: Tiberius Claudius Nero und Livia Drusilla |
| 40 v. Chr. | Die Eltern fliehen im Bürgerkrieg mit Tiberius nach Sizilien und Griechenland. |
| 32 v. Chr. | Verlobung mit Vipsania Agrippina, der Tochter des Vipsanius Agrippa |
| 26/25 v. Chr. | Erster militärischer Einsatz als Tribun in Kantabrien (Spanien) |
| 25 v. Chr. | Tod des Marcellus |
| 20 v. Chr. | Diplomatische Mission im Osten (Armenien, Partherreich) im Auftrag des Augustus |
| 16 v. Chr. | Heirat mit Vipsania Agrippina |
| 16/15 v. Chr. | Militärische Kommandos in Gallien und im Alpenraum |
| 12 v. Chr. | Tod des Agrippa. Scheidung von Vipsania. Heirat mit Iulia, der Tochter des Augustus |
| 8/7 v. Chr. | Befehlshaber in Germanien |
| 6 v. Chr. | Rückzug nach Rhodos |
| 2 v. Chr. | Scheidung von Iulia |
| 2 n. Chr. | Tod des Lucius Caesar. Rückkehr nach Rom |
| 4 n. Chr. | Tod des Gaius Caesar. Adoption durch Augustus. Verleihung der *tribunicia potestas* für zehn Jahre |
| 4–6 n. Chr. | Feldherr in Germanien |
| 6–9 n. Chr. | Feldherr in Pannonien |
| 10–12 n. Chr. | Feldherr in Germanien |
| 13 n. Chr. | Verleihung des *imperium proconsulare* |
| 14 n. Chr. | Am 19. August stirbt Augustus. Am 17. September wird Tiberius in einer Senatssitzung offiziell als Prinzeps bestätigt. |

| | |
|---|---|
| **19 n. Chr.** | Tod des Germanicus |
| **19 oder 20 n. Chr.** | Geburt des Enkels Tiberius Gemellus |
| **21/22 n. Chr.** | Aufenthalt in Kampanien |
| **23 n. Chr.** | Tod des Sohnes Drusus |
| **27 n. Chr.** | Rückzug nach Capri |
| **29 n. Chr.** | Tod der Mutter Livia |
| **31 n. Chr.** | Hinrichtung Seians |
| **37 n. Chr.** | Am 16. März stirbt Tiberius am Kap Misenum. |

## Stammbaum: Die julisch-claudische Familie

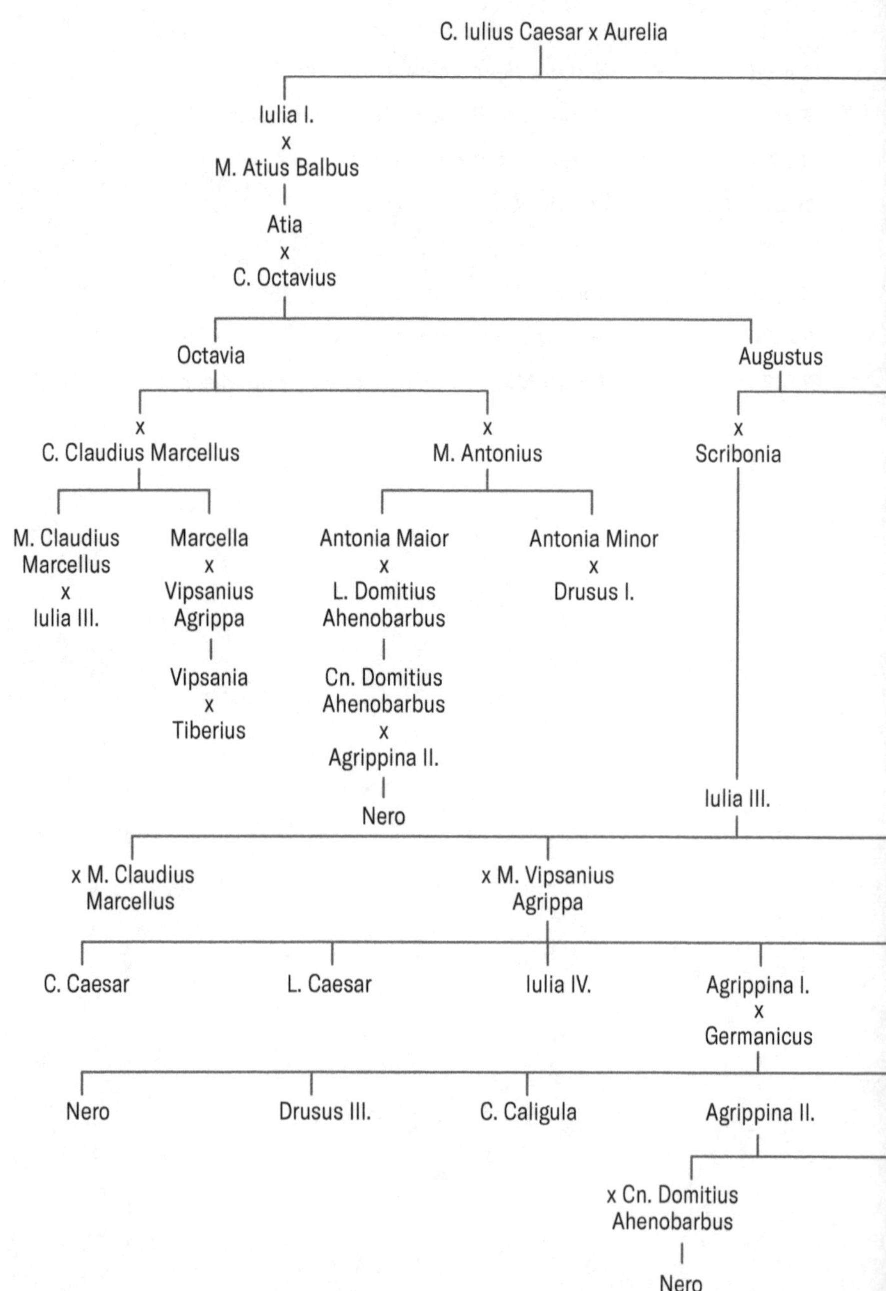

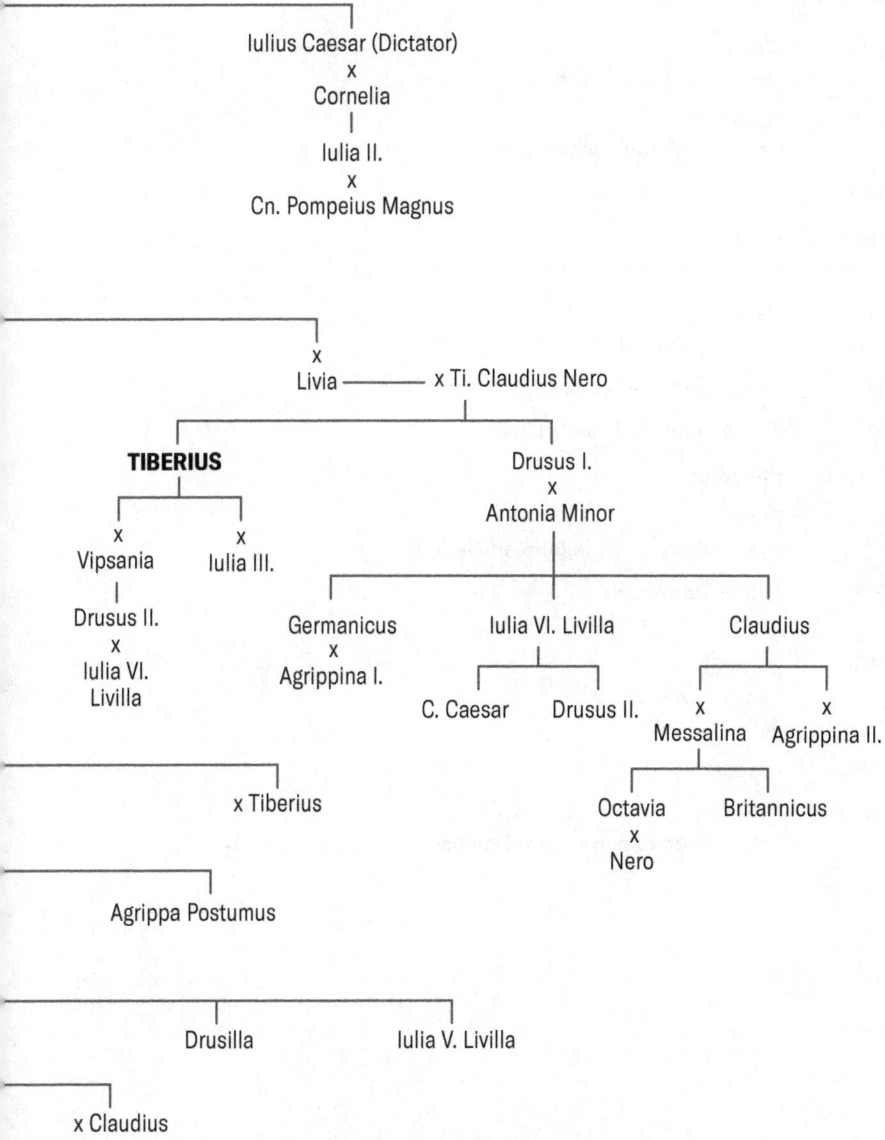

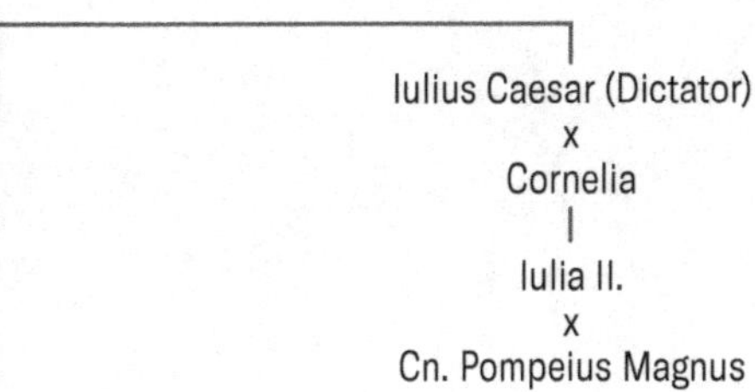


x
Livia — x Ti. Claudius Nero

**TIBERIUS**
x
Vipsania
Drusus II.
x
Iulia VI.
Livilla

x
Iulia III.

Drusus I.
x
Antonia Minor

Germanicus
x
Agrippina I.

Iulia VI. Livilla
C. Caesar
Drusus II.

Claudius
x
Messalina
Octavia
x
Nero
Britannicus

x
Agrippina II.

x Tiberius

Agrippa Postumus

Drusilla

Iulia V. Livilla

x Claudius

# Abkürzungen

| | | |
|---|---|---|
| Cass. Dio | Cassius Dio | |
| Cic. | Cicero | |
| | fam. | ad familiares |
| Eus. | Eusebius | |
| | hist. eccl. | historia ecclesiastica |
| Gell. | Gellius | |
| Hor. | Horaz | |
| | c. | carmina |
| Liv. | Livius | |
| | per. | periochae |
| Lk | Evangelium nach Lukas | |
| Mt | Evangelium nach Matthäus | |
| Phaedr. | Phaedrus | |
| Phil. | Philon | |
| | legat. ad Gaium | legatio ad Gaium |
| Plin. | Plinius der Ältere | |
| | nat. | naturalis historia |
| Plut. | Plutarch | |
| | Alex. | Alexander |
| | Sull. | Sulla |
| Prop. | Properz | |
| Sall. | Sallust | |
| | Cat. | de coniuratione Catilinae |

| | | |
|---|---|---|
| Sen. | Seneca | |
| | ben. | de beneficiis |
| nat. | naturales quaestiones | |
| Strab. | Strabon | |
| Suet. | Sueton | |
| | Aug. | Augustus |
| | Cal. | Caligula |
| | Claud. | Claudius |
| | Tib. | Tiberius |
| Tac. | Tacitus | |
| | Agr. | Agricola |
| ann. | annales | |
| hist. | historiae | |
| Tert. | Tertullian | |
| | apol. | apologeticum |
| Val. Max. | Valerius Maximus | |
| Vell. Pat. | Velleius Paterculus | |
| Verg. | Vergil | |
| | Aen. | Aeneis |

# Quellen und Literatur

## Ausgaben der Hauptquellen

Cassius Dio, Römische Geschichte, übers. von Otto Veh, Bd. 4, Zürich/München 1986.

Sueton, Kaiserviten. De Caesarum, hg. u. übers. von Hans Martinet, Düsseldorf/Zürich 1997.

Tacitus, Annalen, übers. von Carl Hoffmann, München 1954.

Velleius Paterculus, Historia Romana. Römische Geschichte, übers. u. hg. von Marion Giebel, Stuttgart 1989.

## Literatur

Baar, Manfred, Das Bild des Kaisers Tiberius bei Tacitus, Sueton und Cassius Dio, Stuttgart 1990 (Beiträge zur Altertumskunde 7).

Bleicken, Jochen, Verfassungs- und Sozialgeschichte des römischen Kaiserreiches, Bd. 1, Paderborn [4]1995.

Christ, Karl, Geschichte der römischen Kaiserzeit, München [6]2010.

Deeg, Philipp, Der Kaiser und die Katastrophe. Untersuchungen zum politischen Umgang mit Umweltkatastrophen im frühen Prinzipat (31 v. Chr. bis 192 n. Chr.), Geographica Historica Bd. 41, Stuttgart 2019.

Edelmann-Singer, Babett, Das Römische Reich von Tiberius bis Nero, Darmstadt 2017.

Hennig, Dieter, L. Aelius Seianus. Untersuchungen zur Regierung des Tiberius, München 1975 (Vestigia 21).

Kienast, Dietmar, Augustus. Prinzeps und Monarch, Darmstadt [4]2009.

Koestermann, Erich, Die Majestätsprozesse unter Tiberius. Historia 1 (1955), 72–106.

Kornemann, Ernst, Tiberius, Stuttgart 1960, Frankfurt 1980 (erweiterte Neuausgabe).

Krause, Clemens, Villa Jovis. Die Residenz des Tiberius auf Capri, Mainz 2003.

Kunst, Christiane, Livia. Macht und Intrigen am Hof des Augustus, Stuttgart 2008.

Kuntze, Claudia, Zur Darstellung des Kaisers Tiberius und seiner Zeit bei Velleius Paterculus, Frankfurt/M. 1985.

Levick, Barbara, Tiberius the Politician, London ²1999.

Millar, Fergus, The Emperor in the Roman World, London 1977.

Pettinger, Andrew, The Republic in Danger. Drusus Libo and the Succession of Tiberius, Oxford 2012.

Schrömbges, Paul: Tiberius und die res publica Romana. Untersuchungen zur Institutionalisierung des frühen römischen Principats, Bonn 1986.

Seager, Robin, Tiberius, Malden, MA, ²2005.

Shotter, David C. A., Tiberius Caesar, London ²2004.

Sonnabend, Holger, August 14. Der Tod des Kaisers Augustus, Darmstadt 2014.

Timpe, Dieter, Untersuchungen zur Kontinuität des frühen Prinzipats, Wiesbaden 1962.

Yavetz, Zvi, Tiberius. Der traurige Kaiser, München 1999.

# Register der Personen und Orte